大周期

不确定时代的确定性生存法则

正和岛

主编

人民邮电出版社

北京

图书在版编目（CIP）数据

大周期 ：不确定时代的确定性生存法则 / 正和岛主编. -- 北京 ：人民邮电出版社，2023.4
ISBN 978-7-115-61249-6

Ⅰ．①大… Ⅱ．①正… Ⅲ．①中国经济－经济周期－研究 Ⅳ．①F124.8

中国国家版本馆CIP数据核字(2023)第032119号

◆ 主　编　正和岛
责任编辑　恭竟平
责任印制　周昇亮

◆ 人民邮电出版社出版发行　北京市丰台区成寿寺路 11 号
邮编　100164　电子邮件　315@ptpress.com.cn
网址　https://www.ptpress.com.cn
涿州市京南印刷厂印刷

◆ 开本：880×1230　1/32
印张：14.375　　　　　　2023 年 4 月第 1 版
字数：322 千字　　　　　2023 年 4 月河北第 1 次印刷

定价：128.00 元

读者服务热线：**(010)81055296**　印装质量热线：**(010)81055316**
反盗版热线：**(010)81055315**
广告经营许可证：京东市监广登字 20170147 号

作者
团队

按照书中出现顺序排列

向松祚

著名经济学家，中国农业银行前首席经济学家，深圳市大湾区金融研究院院长，中国人民大学国际货币研究所主要创办人、理事兼副所长。同时还担任中国政法大学商学院、中南财经政法大学金融学院、华中科技大学经济学院、浙江大学管理学院、上海交通大学海外学院、三峡大学等多所大学兼职教授，以及担任美国约翰霍普金斯大学应用经济研究所高级顾问，货币金融机构官方论坛（OMFIF）顾问委员会副主席等。

田涛

华为公司顾问。著有《下一个倒下的会不会是华为》《理念·制度·人》《我们为什么要做企业家》等论著，主编有《枪林弹雨中成长》《厚积薄发》《黄沙百战穿金甲》《迈向新赛道》《一人一厨一狗》《蓬生麻中 不扶自直》《华为访谈录》等华为系列案例图书。

宫玉振

军事学博士，北京大学国家发展研究院管理学教授、BiMBA商学院副院长、学术委员会副主任兼EMBA学术主任。曾任军事科学院战略部副研究员、美国康奈尔大学东亚研究中心访问学者、中国孙子兵法研究会理事。著有《铁马秋风集》《善战者说》《管理的历史维度》《中国战略文化解析》《取胜之道：孙子兵法与竞争原理》《曾国藩领导力十二讲》《大道至拙：曾国藩与中国式领导力》等著作。

滕泰

著名经济学家，万博新经济研究院院长，万博兄弟资产管理公司董事长，全国工商联智库委员会委员，元宇宙三十人论坛学术与技术委员会副主席。著有《软价值》《新供给经济学》《全球通胀与衰退》《深度转型：大分化时代中国怎么办》等。曾于 2010 年、2015 年受邀参加国务院常务会议，并做经济形势汇报。主要研究领域：宏观经济、企业创新转型战略、新经济投资。

管清友

管清友，如是金融研究院院长，首席经济学家，担任中国民营经济研究会副会长、中国经济体制改革基金会理事、APEC 工商理事会数字经济委员会委员、中关村股权投资协会和广东创业投资协会首席经济学家等职，兼任新供给经济学 50 人论坛成员、中国人民大学国际货币研究所学术委员等学术职务。著有《刀锋上起舞》《新常态经济》《石油的逻辑》等专著。

陈果

中信建投证券董事总经理 (MD)、研委会副主任、首席策略官。复旦大学理学学士，上海交通大学金融硕士，曾任安信证券首席策略师，研究中心副总经理。因市场把握准确闻名，2020 年疫情期间提出"黄金坑"与"复苏生"，2021 年提出"从茅指数到宁组合"，是"宁组合"的首创者。曾多次荣获新财富、水晶球和金牛奖中国最具价值分析师等奖项，也是 A 股市场最具影响力的策略分析师之一。

巴曙松

北京大学汇丰金融研究院执行院长，中国银行业协会首席经济学家，还兼任中国宏观经济学会副会长、中国老年学与老年医学学会副会长，他先后应邀担任金融监管机构和专业研究机构不同领域的决策咨询专家。

杨现领

经济学博士、博士后，空·白研究院创始人，贝壳研究院名誉顾问。曾任贝壳找房首席经济学家、贝壳研究院院长，先后从事宏观经济、房地产和互联网新产业的研究。曾在《国际经济评论》《财贸经济》《财政研究》《宏观经济研究》《中国金融》等期刊发表论文近 20 篇；参与近 10 项国家重点课题。

王煜全

海银资本创始合伙人，Frost&Sullivan 中国区首席顾问、全球科技创新产业专家。专注于全球硬科技投资，并积极向国内引入，利用中国完备的产业链加速先进科技的量产化。作为对这一过程的总结和理论化，王煜全已出版了多本专著，包括《全球风口》《暗趋势》《学会洞察行业》和《中国优势》等。以投资作为切入点，王煜全和团队致力于推动中国创新生态的建构，以及与全球先进科技的进一步融合对接。

方兴东

浙江大学求是特聘教授，浙江大学传媒与国际文化学院和浙江大学网络空间安全学院双聘教授，浙江大学公共外交与战略传播研究中心执行主任，乌镇数字文明研究院院长，互联网实验室和博客中国创始人，全球互联网口述历史（OHI）项目发起人，中国"数字论坛"发起成员，中国信息化专家论坛主要学者。

米磊

"硬科技"理念提出者，中科创星创始合伙人，中科院西安光机所研究员，陕西光电子先导院执行院长。近年来围绕国家创新驱动战略，提出了"硬科技"概念，组建硬科技智库，发起中国最早专注于"硬科技"的早期基金，发起光子领域公共技术平台，深入推动科技成果产业化，帮助科学家团队创业，在光子、半导体、新能源、航空航天、人工智能、生命科学等领域已投资孵化了397家硬科技企业，助力经济转型升级，构建硬科技创业雨林生态。

周炜

创世伙伴 CCV 创始合伙人，科技领域成功的连续创业者和风险投资家。2007 年任 KPCB 中国基金主管合伙人，在 10 年内实现了 35% 以上的"独角兽"企业命中率。2017 年创立创世伙伴 CCV，专注于智能化、数字化及前沿科技驱动的早期投资，5 年来保持了每年一个"独角兽"的速度，并助力中国前沿科技企业走向全球。连续多年获得福布斯中国最佳创投人"Top30"及《财富》评选的中国最具影响力的投资人"Top30"。

何志毅

清华大学全球产业研究院首席专家、北京大学教授、中国国民经济管理学会会长、河仁慈善基金会副理事长、北京新瑞蒙代尔企业家研修学院理事长。曾任北京大学管理案例研究中心创始主任、《北大商业评论》主编、上海交通大学安泰经济与管理学院副院长等职务。

吴强

伟事达（Vistage）中国地区特许经营权持牌人，上海老椅子管理顾问合伙企业合伙人。曾任《投资者报》执行总编辑、正和岛副总裁。近年来常居日本，在《中欧商业评论》杂志开设《识日谈》专栏，定期与读者分享对日本社会、经济的观察和思考。

周掌柜

知名商业战略专家，英国《金融时报》中文网专栏作家，多家全球化公司战略顾问。北京周掌柜管理咨询有限公司CEO，欣孚政策咨询联合创始人兼首席顾问。

金梅

《砺石快消》主编，《砺石商业评论》副主编，主要负责大消费和大文娱领域的产业研究、企业个案分析、企业战略研究等。

戚德志

财经作家、高级编辑，深耕人文商业领域，多年供职于第一财经、字节跳动等中国头部媒体平台。著有《未尽之美——华住十五年》《万物生生——TCL 敢为 40 年 1981—2021》等。

汪建国

五星控股集团董事长，创办家电连锁三强五星电器后二次创业，孵化了孩子王（301078.SZ）、汇通达（9878.HK）、好享家、橙易达等新商业品牌，并成立星纳赫资本投资平台，形成"产业＊资本"的五星生态。

陈凌

德国柏林洪堡大学经济学博士 (1995)，浙江大学管理学院教授、博士生导师（家族企业与企业史）、浙江大学管理学院企业家学院院长。主要研究领域包括家族企业管理、创业管理、比较企业史和制度经济学。

王玥

创新战略学者、产业投资人、连界董事长。长期担任多家世界 500 强与上市公司创新战略顾问、上市公司董事。多家知名基金和科技企业投资人，至今已成功覆盖 20 余家上市公司以及 200 多个高成长项目，组合基金规模超 30 亿。在中国多所顶级商学院任客座导师，翻译《企业生命周期》。

彭剑锋

中国人民大学教授、博导，华夏基石管理咨询集团董事长，中国人力资源开发研究会副会长兼企业人才分会会长，中国企业联合会管理咨询业委员会副主任。先后被华为公司、美的集团、六和集团、新奥集团等企业聘为高级管理顾问、专家组组长，被海尔股份、歌尔股份聘为专家董事，他所领导的专家团队为数百家著名企业提供过咨询。曾获第二届中国人力资源管理大奖"十佳人物"，被中国企业联合会管理咨询委员会评为"十大值得尊敬的管理咨询专家"。

用努力跨越周期

宋志平

中国企业改革与发展研究会会长、中国上市公司协会会长

　　正和岛团队继成功推出《打胜仗》一书后，又把《大周期》一书呈现给大家。应该说，这本书又是一部力作，其主题也是今天经济领域的热点话题。和《打胜仗》一样，《大周期》也是由一些著名的经济学家、财经作家和企业家的共同智慧汇集而成的，大家各抒己见，有的详尽挖掘了经济周期的深层逻辑，有的认真分析了行业发展进程，也有的站在企业角度探索如何穿越周期以实现基业长青。应该说，本书中的许多观点是新颖的，理论逻辑也是厚重的，一些企业的实践创新基础也是扎实的，无论对经济界还是企业界，本书都是一本值得一读的好书。

　　人们对经济周期的认识是经历了一个过程的，到底经济活动有

没有周期？一开始，大家的认识可能并不一致，有的人甚至会问："我们实行的社会主义市场经济也会有周期吗？"这不光是个理论问题，更是个实践问题，我们的问题还在于——如果有周期，那我们如何缓解周期带来的阵痛？我们有能够穿越周期的方法吗？这一连串的问题也是本书的作者们希望一探究竟的问题。

记得苏联时期的经济学家康德拉季耶夫比较系统地提出了经济的长周期理论，当时的苏联政府并不认同这个理论，认为社会主义经济的发展只会一路向上，而欧美经济学家则普遍接受了康德拉季耶夫的长周期理论。

第二次世界大战以后，欧洲经济出现了惊人的繁荣，但在1965年左右出现了衰退，大家普遍认为这验证了长周期理论。但美国经济在1965—1985年更加繁荣，就业人数从7000万人增加到1.1亿人。这让经济学家们感到困惑，到底是长周期理论错了，还是美国发生了什么？最后的结论是，美国用创新型经济取代了管制型经济，从而成功地跨越了经济衰退的周期。这段历史对我们不无启发，经济周期是客观存在的，而通过努力能够跨越周期。

纵观我国改革开放以来的发展，从 1992 年邓小平南方讲话提出建立社会主义市场经济体制开始到 2012 年，我国经济经历了长时间的两位数发展，但到 2014 年左右，我国经济进入新常态，经济下行压力增大。其实，这也符合长周期的规律，我国政府为应对经济下行提出了"从高速增长转向高质量发展"的新发展理念，推出了"大众创业、万众创新"等一系列创新经济举措，推出了供给侧结构性改革的调整政策，使我国经济进入了一个稳中向好、稳中求进的新阶段。

　　如何从高速增长转向高质量发展，考验着每个企业和每位企业家。高速增长时代是资源和套利时代，机会多，发展速度快，企业得以快速成长；而高质量发展时代是一个创新和集约化时代，企业要重视的是质量和效益。这就是我们常讲的，高速增长时代，我们解决的是"有没有"的问题；而高质量发展时代，我们解决的是"好不好"的问题。

　　我去日本和日本企业家交流时，他们曾对我说，日本的年轻人很怀念工业时代，觉得那时候机会多、发展速度快，但那时候日本的环境污染十分严重，许多河流都成了臭水沟，东京湾近海都没有鱼了，日本今天的 GDP 增速虽然不如工业时代，但日本社会生活的内在质量大大提高了。这段话我至今记忆犹新，我想是说到了问题的本质吧。

既然周期是客观存在的，那我们为什么有时又很难接受它呢？其实这是个惯性思维的问题，经济上行时，大家往往会忽视周期的存在，而经济下行时，大家往往会放大困难而产生畏惧情绪。其实，如果认识到周期的客观性，经济上行时能考虑到经济下行，而经济下行时又能考虑到经济上行，这样才能因势利导，才能平稳发展，这近似中庸的想法应是经济发展的大道。

企业发展又何尝不是如此呢？对企业而言，可能有 3 个周期，即宏观经济的长周期、中观行业的中周期、微观企业的短周期。企业既要研究宏观的经济周期，又要研究中观的行业周期，还要研究自身由于技术快速迭代而产生的生命周期。在本书中，大家讲了如何穿越周期，这是个重要的话题。记得 2017 年我去万科时，郁亮先生跟我说房地产行业接下来要稳妥发展。当时其他好几家房地产企业还在高歌猛进，在规模上迅速超越了万科，而5年后的今天，反观这些房地产企业，万科其实比较早地看到了房地产行业的周期。

其实，周期不难理解，经济在发展过程中会不断积累问题，问题积累多了就得进行调整。经济快速发展会引发经济过热，而经济调整又会导致经济的低潮。我经营了40年企业，我所从事的建材行业是个周期性行业，虽然这些年总的来说，行业需求量在不断上升，但每几年都会进行阶段性的调整。现在，像水泥这些行业已进入大周期下行期，未来几年的增量空间有限，将进入一个平台期。因而，现在的建材行业必须靠创新转型获得发展的新动力，而不能沿用过去增长时期的经营办法。

在周期中，往往有两个问题让企业"难受"。一是该如何面对颠覆性创新。像胶卷相机之于数码相机，CRT显示技术（一种使用阴极射线显像管的显示技术）之于液晶显示技术，以及目前正在发生的，汽油车之于电动车……当这些变化发生时，企业该何去何从？二是周期下行时会出现产能过剩，产能过剩往往会诱发价格战，各企业搞不好便会打得"哀鸿遍野"。要解决这些问题不容易，企业要重视颠覆性创新，不然就会被颠覆，也要用技术创造细分领域的竞争优势。在未来不确定的时代，必须以变应变，以不变应万变的做法终究会导致失败。

企业没有不想基业长青的，但企业也有生命周期。韦斯特在《规模》一书中讲到，寿命超过 100 年的企业数量只有企业总数的 0.04%。因此，我想做企业既要从长远考虑，也要活在当下，长远是由一个个当下组成的。要跨越周期实现基业长青，就要付出超常的努力，因为这是一项常人看来不可能完成的任务。

眼下，我国经济和企业正面临着十分复杂的局面。一方面，国际形势复杂，另一方面，疫情带来需求收缩、供给冲击、预期转弱的三重压力。如何破解这些问题，如何化危为机，如何找到新的增长极，如何增强市场和企业的预期，我想这些都需要我们深入思考和勤奋实践。而《打胜仗》和《大周期》会给我们提供一些难能可贵的勇气和智慧，我们期待正和岛团队能推出更多具有启迪思想的新书。

大周期下的韧性成长

彭凯平

中国积极心理学发起人，清华大学社会科学学院院长、心理学教授

收到正和岛的年度图书《大周期》样章，这个话题让我眼前一亮，和我最近的思考点和关注点不谋而合。

大周期必然带来诸多变动。现在很多人谈论不确定性，往往谈的是外在的不确定性、生物的不确定性、自然的不确定性，以及市场的、政治的、人生的各种不确定性。但我发现最大的不确定性其实是内心的不确定性。那么如何在不确定性中找到确定性？我特别强调人一定要学会在不确定性中发现生命的意义。找到生命的意义，就容易找到我们生活的确定性。

大周期下，个人该如何韧性成长？我的答案是从"心随境转"到"以心转境"。我给正和岛的《决策之道》写过一篇相关话题的

卷首语，其同样适用于本书。

我这个人有点儿偏爱自己的专业——心理学，无时无刻不在讲："无论谈什么，话题都离不开人性与人心。"面对动荡的环境，我确实认为冲破内在阴霾的好方法就是培养一种"境随心转、以心转境"的积极心态。

"心境"这个词对我们来说并不陌生，甚至还很熟悉，它时时刻刻与我们相伴。但正是因为太过熟悉，绝大多数人反而把它当成了"最熟悉的陌生人"。

在日常生活中，大部分人都是"心随境转"的。也就是说，外界有什么样的事情发生，自己就有什么样的内在反应；日子过得好就开心，日子过得不好就不开心；吃饱了就啥也不想，没吃饱就饥不择食；有钱了就买这买那，没钱了就叫苦连天。这些都叫"心随境转"，真实地发生在我们周围甚至我们自己身上，这很现实，但并不智慧。

事实上，中华传统文化特别提倡"境随心转"。也就是说，环境、境遇往往可以随着心的改变而改变，这里说的"心"包括情绪、认知、经历及价值观念等。"心随境转"和"境随心转"看似只有细微的文字顺序之差，二者代表的境界却是天差地别。

梁启超先生当年在清华大学国学院教过一门课，叫"佛学心理学"。他说，佛学就是中国人的心理学。梁先生是近代中国重要的思想启蒙者之一，他为清华大学留下的"自强不息、厚德载物"的校训，激励了一代代清华学子埋头攻读于荷塘月色下，砥砺献身于时代之轮中。

梁先生的解读，让我们茅塞顿开。可不是吗，来自古老印度的佛学，经过中华传统文化的浸染与改造，融合了儒道先哲们光辉的思想精华，的确就成了中国人"安贫乐道、守正持善、坚韧不拔、心怀天下"的济世炼心的心理学。

"以心转境、境随心转"是中华传统文化赋予我们最宝贵的心灵财富：发现生命的意义、战胜一时的抑郁、创造美好的生活、拥抱心花怒放的超然。它也是一种特别重要的技能与方法，让我们不会被不确定性压倒，不会被无助感击败。它是中华传统文化赋予我们的一种极为强大的自我成长、自我发展之路，这条路上有风清云淡、大漠孤烟，有"落霞与孤鹜齐飞，秋水共长天一色"的景色。它是我们的心灵归宿，也是我们的精神家园，我们也把它称为"禅"。

东晋诗人陶渊明写有诗句："结庐在人境，而无车马喧。问君何能尔？心远地自偏。"这些诗句特别能够反映"以心转境"的境界。试想，在一个热闹喧哗的集市上，你坐看人来人往却心如止水；虽有丝竹乱耳、孩童嬉闹，你仍怡然自得。这种境界难道不是很美妙吗？我相信陶渊明在作这首诗时，内心一定是安定的，是"境随心转"的。心之可远，地之自偏。所以，我们才能继续读到"采菊东篱下，悠然见南山。山气日夕佳，飞鸟相与还。此中有真意，欲辨已忘言。"这样的绝世佳句。

如此说来，中国人是长于从内心的变迁来改善对外界的感知，再促成环境的变迁的。

那么，我们知道了"以心转境、境随心转"，又该如何做呢？我介绍5个具体的观念，大家可以尝试一下。

一是"境由心来"。我们内心的状态其实会呼唤、吸引相对应的进展、场景。比如一个人很聪明，那他就会做需要用脑的工作，不然就不匹配。所以"境由心来"指的是，境遇、境界和我们内心的特性在很大程度上是彼此呼唤的。

二是"境由心选"。这指的是我们可以根据自己的心理特点来选择、决定境遇、境界。比如一个特别喜欢社交的人，一定经常去参加聚会，这就是"境由心选"。

三是"境由心应"。人容易对特定情景做出相应的心理反应，敏感的孩子被父母训斥可能会伤心流泪，调皮的孩子对训斥可能充耳不闻。这说明我们的境遇和自己的心理状态是相互呼应的。

四是"境由心生"。这一点容易理解，就是一个人的心理特性会触发种种特别的场景，所谓"会哭的孩子有奶吃"，这样的孩子会得到这样的反应，而这样的反应会越来越多地触发这样的场景。

五是"境由心造"。也就是说，我们可以通过自己的努力去改变外界的环境、状况；反之也可能境由心灭，我们的内心可能会让我们逃避、忘却、远离某些境遇、境界。

希望对这 5 个观念的理解和体验能够帮助大家获得更充分的心灵自由。

　　我特别喜欢苏轼的《定风波·南海归赠王定国侍人寓娘》，这首词写道："试问岭南应不好，却道，此心安处是吾乡。"被贬谪到岭南这种地方好不好呢？须知，"此心安处是吾乡"。我想对企业家朋友们说，现在市场环境不是特别好，经济状况不是特别理想，未来的确隐藏着很多的不确定性。大家可能会郁闷、委屈甚至茫然，但这些都不要紧，因为我们有着"以心转境、境随心转"的伟大智慧与伟大经验。它帮助我们的先辈战胜了无数困难，也将帮助我们摆脱当下的困扰，更能帮助我们的下一代战胜未来的艰难。

　　心中有春天，我们的生命就会春意盎然。最后，我衷心祝福大家在生活中、工作中，能够做到拈花微笑、心花怒放、福流澎湃。

人心似水，世事如轮

　　去年，带一位新消费领域的明星企业家去见华为公司顾问田涛老师。聊完天，年轻的企业家颇有感触，说道："我原来一直以为世界是单线前进的，只会越变越好。"在年轻人的世界里，只有"单线前进"，很少存有迂回、后退的准备。

　　就像 100 多年前的梁漱溟。1918 年，梁漱溟的父亲梁济看到报纸上一则关于"欧战"的新闻后叹息不已，他对梁漱溟发问："这个世界会好吗？"时年 25 岁的儿子回答父亲说："我想世界会一天一天变好的。"惯看世相的父亲却没有这么乐观，此后不久，梁济就投湖自尽，义无反顾地离开了这个世界。

　　一个高歌猛进的时代落幕之后，很多人都开始告别单线条的思维与眼光，具备了"周期"的意识。

　　2022 年 4 月 28 日，正和岛《决策之道》召开首次编辑指导委员会，恕我记录下这次会议不同凡响的嘉宾阵容：彭凯平、田涛、宫玉振、陆铭、陈越光、李晓、樊登、吴伯凡、秦朔、刘积仁、汪建国、李连柱等。

　　会前和刘东华、宫玉振、吴伯凡 3 位老师餐叙毕，我们忽然发现，"周期"这个主题可孕育出一篇时代大文章，值得精耕细作，定会给企业家和大众诸多启示与价值。

　　是的，若没有周期，万古如长夜，正是周期给了时间以尺度与意义。

　　《圣经》里的故事，上帝用 7 天创造世界，前 6 天里各有内容，第 7 天是休息，7 天便是一个作息周期；神话学大师坎贝尔发现，所有的神话传说与英雄叙事都是一部周而复始的"四部曲"：启程、启蒙、历险、归来。经济运行也有明显的长短周期：繁荣、衰退、萧条、回升，循环往复……

　　中文语境里，周期观也早就存在。孟子说，"五百年必有王者兴，其间必有名世者"；《左传》中也称"其兴也悖（通"勃"）

焉，其亡也忽焉”，由此引发了探寻历史周期律的“黄炎培之问”；李太白、苏东坡、张若虚等诸多诗人或词人都曾慨叹人生无常，而月亮自有阴晴圆缺……

人的认识境界其实也是有周期的。在尼采看来，人的精神要经过 3 个阶段的变化，分别是骆驼、狮子、婴儿。毕加索为此加了注脚，他说：“我花了 4 年时间画得像拉斐尔一样，但用了一生的时间，才能像孩子一样画画。”佛家有类似的观察，将这种螺旋式上升和升级式回归看作人生的精神三阶段，分别是看山是山，看水是水；看山不是山，看水不是水；看山还是山，看水还是水。

人在年轻的时候，总相信“我命由我不由天”；到了中年，才明白“我命由我也由天”。这个“天”，很多时候便是各种周期，生命周期、历史周期、经济周期……个人、组织与产业，无不在周期之中。除了个人努力，每个人的命运还受周期这个“命运之环”的影响。看清周期，才能正确努力，顺势而为。所以，研究和把握周期，是很重要的功课。要看清前路先要追溯源头，洞察历史才能洞见未来，了解周期才能穿越周期。

我们于是马上定主题，建团队，准备撰写本书。半年多后，经过正和岛内容团队的几番打磨，本书终于要跟大家见面了。必须要说，在这个过程中"正和岛书系"主编曹雨欣贡献良多。我们也要感谢人民邮电出版社诸位同人的通力合作，更要感谢众多名家作者的赐稿玉成。在《打胜仗》之后，我们又用一根主线穿起多颗"珍珠"，做成一条熠熠生辉的"项链"。

为便于读者系统了解周期，我们将本书内容分为三大篇："宏观篇：如何理解我们所处的时代"，田涛、向松祚、管清友、滕泰等管理学家与经济学家从文明史与经济学的宏阔角度解析周期规律；"中观篇：如何把握产业机会"，则由巴曙松、王煜全等产业专家系统把脉全球重点产业的现状与趋势；"微观篇：企业与个人如何抗周期生长"，这一篇章则有日本似鸟控股、德国博世以及中国本土的多个优秀企业穿越周期逆势上扬的实例与启示。

也为了读者能够收获更好的阅读体验，我们为一些文章增加了编者按，期望帮助读者理解作者写作时的背景与心情。此外，读书的过程中，您可能还会发现作者们的某些观点并不完全相同，这也是一种特别的呈现，呈现来自不同视角对大周期的解读，能帮助我们走出固有思维的陷阱，自觉自发地思考，迈向更旷阔的天地。

人心似水，时节如流，世事如轮。当前世界无疑进入了某种下行周期，但冬天之后总会有春天接续。即便冬日漫长，也会有梅花这种奇葩傲立雪中，暗香袭人。企业家需要看清周期，顺势而为；更需要看清世界的真相之后依然热爱世界，在冬天里播种出一片春天。

陈为

正和岛总编辑、本书总策划

2023 年 1 月

目　录

中观篇
如何把握产业机会

微观篇

企业与个人如何抗周期成长

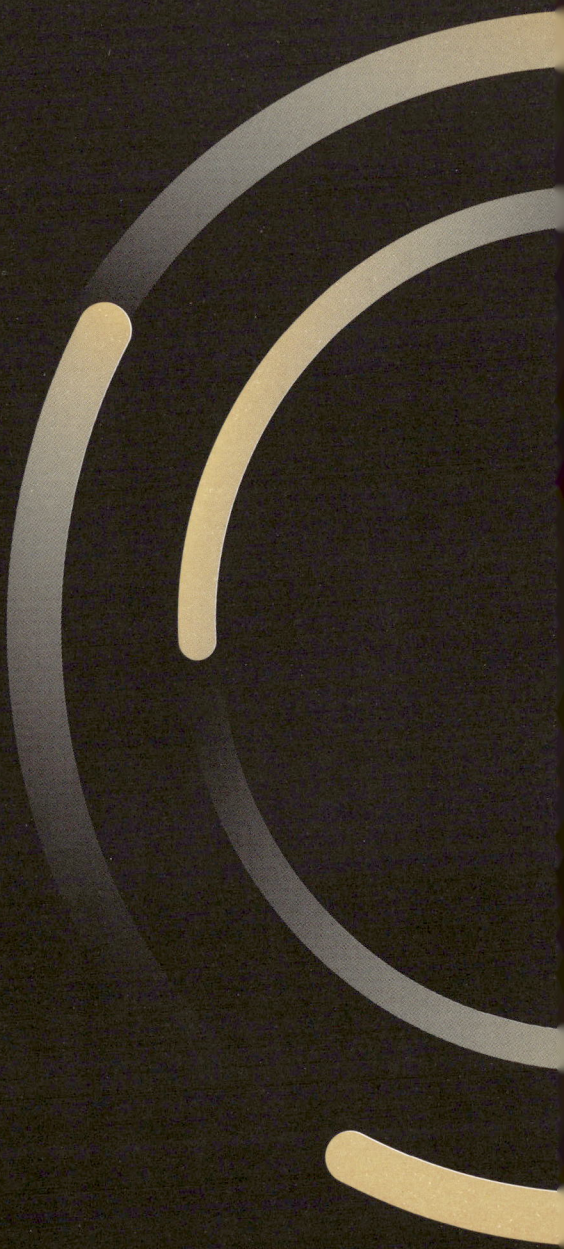

宏观篇

如何理解
我们
所处的
时代

何为
周期——
当下世界的根本性变化

向松祚

著名经济学家，中国农业银
行前首席经济学家，深圳市
大湾区金融研究院院长

周期：自然和人类社会的基本特征

古话讲，"天下大势，分久必合，合久必分"，这是说，社会存在着治乱分合的周期律。实际上，从古至今，伟大的思想流派都深刻地认识到，周期律是自然和人类社会一个最基本的特征，这是一个历史和哲学话题，也是一个数学和科学话题。

在古希腊先哲们活跃的年代，他们也在早期的天文学探索中开启了对周期的认识。后来的科学也证明了这一点：春、夏、秋、冬就是一个周期的循环，如果没有太阳的周期性运动，就不可能有气候的变化、生命的萌芽和人类的诞生。

　　周期律不仅是人类社会最本质的特征和最基础的事实，也是自然最本质的特征和最基础的事实。无论是一个地区、一个国家还是整个人类社会，出现循环往复的周期变化都是很自然的现象。

人类站在周期的关口上

　　具体观察当下的世界，我认为有两点根本性的，也是周期性的变化。

　　一是在经济层面，全球化进入逆转态势。从 19 世纪至今的 200多年间，有两次重要的全球化进程。一次是 19 世纪后期，也就是从 1860 年到第一次世界大战前的 50 多年里，英国主导了一场全球化进程，那时伦敦是全球金融中心，英镑是全球最主要的货币，英国是全球最主要的出口大国和科技革命、工业革命的引领者。这场全球化进程让美国、日本、德国乃至欧洲一些国家（地区）都成了现代化国家（地区），直到一战终结了这场全球化浪潮。另一次是经历了灾难性的第二次世界大战、对抗性的冷战之后，于 1980 年前后开始的第二次全球化，这次全球化最显著的特征就是中国改革开放，融入全球经济，东欧许多国家（地区）也在这一时期拥抱了全球化。这场全球化浪潮延续了差不多 30 年，一直持续到 21 世纪的前 10 年，在 2008 年金融危机以后开始放缓，各国（地区）的保护主义、民粹主义随之抬头，美国也好，欧洲也好，都概莫能外，加上现在以俄乌冲突为代表的地缘冲突，全球化的逆转就更明显了。

　　二是在政治层面，西式民主价值观遭到质疑。1980 年开始的这场全球化中，美国政治学者弗朗西斯·福山的《历史的终结及最后之人》广受推崇，但现在，这一思考开始逆转，许多人认为西方民主体制好像有很大问题，也解决不了人们要解决的问题。美国号称"民主灯塔"，但是美国也确实因为体制遇到了很多社会问题，而且这些问题看起来解决不了。

除了这主要的两点之外，全世界在金融层面也面临着周期的转变。1971 年布雷顿森林体系崩溃，之后全球货币政策一直是宽松的，这一宽松周期最终积累为 2008 年源自美国的全球金融危机。现在，人们也开始认识到无限量的宽松政策是有很大问题的。

总体来看，和过去的半个世纪相比，今天的人类位于一个转折点上，好像要寻找一种新的平衡或者一种新的发展道路、模式，然而并没有明确的方向：全球化在逆转，人们不知道未来会怎样，不知道是不是会进一步逆转；西式民主被质疑，人类到底选择什么样的发展道路的争论并未尘埃落定；全球金融动荡，下一步将走向哪里也看不清；全球贫富差距令人担忧，已经到了一个临界点，因为全球化之下经济的高速增长在本质上会加大收入差距、造成贫富悬殊，世界各国（地区）都冒出了一批富豪，但多数民众收入并不高……人类社会进入了一个混沌的、不确定的、摸索的时代，人们为此创造了一个词叫"乌卡"（VUCA，即 Volatile、Uncertain、Complex、Ambiguous）。

就当下而言，我主要关心 3 件事，它们会对人类面临的周期变化产生显著影响。

第一件事是俄乌之间的地缘政治冲突会在什么时间以何种方式结束。俄乌冲突对未来的世界会产生非常深远的影响，这指的不仅是安全和地缘政治方面，它还将影响人类的价值观、金融的稳定、能源和粮食的稳定以及世界是重新走向融合还是进一步分裂。俄乌冲突只是当今世界的分裂、全球化的逆转的暴力表现，战争往往是人类社会内在矛盾的极端性表现。

第二件事就是美联储的货币政策以及伴生的美元对全球的影响。我认为，和俄乌冲突相比，这一点的影响要小很多，因为人们毕竟已经比较习惯美联储的货币政策调整，它往往是在可控范围之内的。

第三件事就是新冠疫情。疫情实际上是导致全球化停顿甚至快速逆转的一个非常重要的因素，全世界的主要国家（地区）什么时候能够重新恢复往来，这是非常重要的。疫情这种外部冲突往往会加剧人类社会的很多内在冲突，所以我们会发现仿佛冥冥之中有一种力量：在上升的周期或平和的周期，好的事情似乎会同时发生；一旦进入比较糟糕的周期，坏的事情、人们不太愿意看到的事情也会集中发生，比如在全球化逆转的背景下，不好的事情纷至沓来——疫情、地缘政治冲突，甚至自然灾害等。

周期形形色色，难以精确把握

事实上，人类思想者对周期的探索是一个古老的传统，而不是在经济学诞生之后才开始的。

例如，中国、古希腊、印度的哲学家们不同程度地表达过决定人类社会周期性波动的因素。到了近代，自然科学家们用了很多科学工具观测、研究太阳黑子的周期、天体运行的周期、气象变化的周期、彗星往来的周期等。社会科学家受到自然科学家的鼓励，希望发现政治上的周期，比如明末清初的思想家黄宗羲提出"黄宗羲定律"，认为中国几千年王朝演变存在周期律："社会存在两个阶级，一个是不劳而获的以王公贵族为代表的食利阶级，另一个是靠劳动创造财富的劳动者阶级。新朝成立伊始，政策比较宽松，食利阶级人数较少，税负较轻，但久而久之，官僚队伍越来越庞大，不劳而获者越来越多，税征得越来越重，引发'积累莫返之害'，劳动者阶级没了活路，只好揭竿而起，旧的政权就崩溃了，新政权上台后又重复这个政治周期。"黄宗羲表面说的是政治周期，实际所指的是政治、经济和社会生活内在变化结合在一起的周期。

在经济学的范畴，马尔萨斯是最早研究经济周期的先驱。他认为，出现经济周期的原因是人口增长速度与食物增加速度之间的不协调，因为人口增长是几何级数的，而食物增加是算术级数的，算术级数肯定赶不上几何级数，因此就会出现大饥荒，经济也会反复波动。现在看起来这一观点并不正确，但马尔萨斯确实在尝试解释经济的周期性波动。到了 19 世纪后期，越来越多的经济学家开始研究经济周期，有人把经济波动和农业生产的丰歉联系起来，进而与气候变化、太阳黑子波动相联系。到了 20 世纪，康波周期、基钦周期等经济周期说法逐渐成为经济学家辩论的热门话题，经济学家认为经济周期有短周期、中周期、长周期等，例如康波周期的一个长波时间跨度约为 50 年。

究其根本，经济学家在努力弄清经济周期性波动背后的力量到底是什么。经济学家通常认为，3 年之内的短周期是由货币因素引发的——货币政策有时是一种被动操作，经济疲软时要降息，释放更多流动性，但这样又会导致经济泡沫或通胀，从而无可奈何地加息，如此形成经济的短周期——但货币周期究竟有多长，也很难明确判断。10~20 年内的经济周期主要由产业因素引发，一个产业从启动到成熟，再到最后停止增长也是一个周期。通常来讲，一个产业持续兴盛的时间不会超过 20 年，比如在中国，从轻工业、家电，到房地产、互联网，各个行业从兴起到快速增长，再到成熟、增长停滞，都很难超过 20 年。

美籍奥地利政治经济学家熊彼特对货币因素也感兴趣，但他最感兴趣的是由技术进步所影响的"大的周期"，他发现其中确实有一些规律：珍妮纺织机和瓦特蒸汽机开启了工业革命，之后经过 30 年，工业革命走向高潮，这一高潮又持续了 30 年，在这五六十年之后，工业革命带来的经济增长就放缓甚至停顿了，下一次的经济增长高潮还需要等到新一轮的科技大发现，例如大约 100 年之后电力的应用，又 100 年之后 ICT（Information, Communication, Technology）产业的兴起等。这样的周期未必精确，但的确有一趋势存在其中。

每一次革命性的科技出现，都会带来人类经济活动的长周期演变，这就是熊彼特的长周期理论的精髓所在。熊彼特认为人们应该关注长周期，因为长周期是最具决定性的，是滚滚洪流，是趋势所在，只要科技的潜能还没有被完全释放，它就不会结束。相比之下，某个产业兴衰带来的中周期、货币因素带来的短周期，都挡不住趋势，都没那么重要，甚至可以忽略不计。

我们还是要相信，人类社会的运行、经济的运作，其周期表象是有内在规律的，但是不管哪个国家（地区）、哪个时代，经济的实际发展都不是完全符合规律的，多少都会有所偏离。这种规律与物理学规律相比，最大的差别是什么呢？物理学的规律，偏离一点都不行，参数差一点都不行，必须百分之百地吻合，飞机才能飞起来，火箭才能上天。相比之下，人类社会是在多方作用之下达成一个动态的平衡、一个明显的趋势、一个可以把握的规律，而不是形成一种僵化的状态，特别是不同国家（地区）的历史文化环境并不一样，不存在所谓精准的"参数"。

社会的周期根植于人性之中

那么，为什么人类社会的运行、经济的运作，其周期律是动态的、难以把握呢？因为人类社会周期律的变化是根植于人性的，而人性从来不是统一的，甚至具体到某一个人，他从出生到死亡的数十年、近百年里，其情感、思想观念也不是稳定的，而是波动的：一会儿悲观，一会儿乐观；一会儿自信，一会儿自卑；一会儿朝气蓬勃，一会儿垂头丧气；一会儿立志为善，一会儿又想作恶。就像英国哲学家霍布斯所言："人是什么？一半是天使，一半是野兽。"人类永远在天使和野兽的两极之间摇摆，人的本质就是这样的。中国的先哲也认为，人性有善有恶，所以儒家学说要求人努力克己，始终警惕恶的一面，不能让恶主导自己。可是，实际上有几个人做得到"克己复礼"呢？一个人变得富有了，他马上就会拥护和珍惜私有产权、赞成以法治制度保障私有产权；当他一夜之间变成穷光蛋之后，他很可能又会觉得应该消灭私有产权。

不过，需要进一步说明的是，尽管人类社会由于人性变动呈现周期波动，一会儿和平，一会儿纷争，但这种周期性波动也是有主轴、中线的，孔子将其称为"中庸之道"，西方哲学则称之为"均衡"和"光明之道"。沿着主轴、中线展望，就会发现人类社会的周期波动不是混乱的，不是一定会倒退的（尽管可能会有短期的倒退），不是没有方向的，归根结底，人类还是在朝着光明的方向前进的。文艺复兴时候的人文学者认为，人介于魔鬼和天使之间，人只比天使"小"一点点，从这个意义上看，人类还是在慢慢地、逐渐地靠近天使一端。

什么是光明的方向？怎么衡量人类的进步？我认为，人类进步有两个最重要的标志：一个是自由，另一个是创造。自由是创造的前提，没有自由就没有创造。物质丰富、摆脱贫穷、寿命增长，当然都是很重要的，但更重要的、最核心的就是人类的自由、尊严、权利被更多的人所发现、认识、尊重。人类认识到这一点之后，就会努力创造更好的制度，对人类的自由、尊严、权利加以保障，每个人潜在的创造性也能借此更充分地彰显出来——在蒙昧的时代、禁锢的环境中，绝大多数人的创造性是没有办法彰显出来的。

我相信，在光明的方向上，人类的确是不断进步的：把眼光放得长远一些，沿着历史穿梭，就会发现的确如此。我期望，越来越多的人可以发挥他们的创造性；随着思想的传播、知识的积累，越来越多的国家（地区）更加尊重法治、保障个人自由；加上财富不断积累、技术不断进步，越来越多的人能像人一样生活，而不是像动物一样苟活。

企业家应当"风物长宜放眼量"

我们既然知道了社会周期、经济周期有长短之别，短周期容易受到货币因素、经济政策等外力影响，就该明白"风物长宜放眼量"，对于中国的企业家来说，尤其应该看得长远一些。的确，从短期来看，宏观环境上有一些不利因素，很多企业家因此信心不足，但短周期毕竟是容易受到不确定性影响的，如果放眼20年、30年的时空，我们就应该对中国、对世界充满信心，因为人类进步的大方向是不会改变的。克服短期困难，坚守价值追求，按照自己的方式努力地活下去，最终证明自己对国家、对民族有真正的贡献，这才是每个中国人，尤其是中国企业家应有的信心。

为什么我要特地为企业家群体建言？因为企业家是能够为国家和人类带来巨大价值的人，连熊彼特和乔布斯也都这样认为。企业家的主要目的不是赚钱，赚钱只是成为企业家的一个条件。那些为社会、国家、民族创造巨大价值的，帮助人类开拓视野、提升价值的，为人类的生活增加了尊严和高贵的人才是真正的企业家。至于通过投机、炒作来赚钱的，可以称为生意人，但并不是企业家。这听起来很抽象，但其实并不复杂。举一个最简单的餐饮行业的例子，过去人们追求的不过是吃饱饭，吃得精致和优雅是次要的，但是当今餐饮行业的企业家完全可以并应该致力于餐饮的不断创新，不仅让人们吃饱、吃得健康，还要吃得优雅、有品位，而且要不浪费粮食，这就是了不起的创造，这就是价值所在。餐饮行业的企业家应该引领社会改变生活方式，杜绝浪费，提升品位。

所以在此，我想多为企业家群体带来一些建议。面对充满不确定性的世界，面对可能迎来下行趋势的经济周期，企业家一定要带领企业努力活下去，这就至少要注意以下 3 点。

第一个建议，要管理好资产负债表。不要盲目地加杠杆，很多企业是倒在加杠杆上的。

第二个建议，要找准并坚守主航道，找到为社会、为国家创造价值的最重要的基点。很多企业家喜欢搞经营多元化，但在这个时代，可能需要收缩战线。

第三个建议，不要抱着投机的心理，打政策的擦边球，并且想要从中寻个方便。

此外，面对周期的波动，企业家也要重视企业的传承，尤其是家族的传承。一个国家、一个民族的财富、文化、信仰要传承下来，主要的载体之一就是家族，这是中国的历史经验证明了的。建立良好的企业治理制度，让企业成为一个独立的生命体，能够自己代代传续下去，这种模式在美国实践得比较成功，在其他国家（地区）似乎都不太成功，我想这与各国（地区）的历史、文化有关，例如日本在二战后接受了美国的一些文化理念，职业经理人介入企业传承的情况就多了一些，但对于现阶段的中国民营企业而言，可能还是家族传承更妥当一点。

最后，企业家一定要明白，根在哪里。我看到一些企业家在境外配置了一些资产，这是可以理解的，但对于真正希望成就一番事业的企业家来说，一定要明白，事业的基础在中国。中国人都推崇"天下兴亡，匹夫有责"，企业家的时代使命就是立足中国，让我们的社会、民族、国家变得更好。

企业家一定要相信，坚守终究会有回报。欧美涌现过许多举世共仰、名字在商业史上闪亮发光的企业家，他们千差万别，但也有一些共同点，其中最大的共同点就是始终如一的坚守：坚守核心价值观和经营理念，坚守对产品、技术的精益求精，坚守品牌价值和商业信誉，坚守与社会、民族、国家的共同发展。这样的企业家能够走得长远，就是因为有长期的坚守，面对困难也会泰然处之，跌倒了就再爬起来。中国也已经有了很多这种了不起的企业家，我相信，还会有更多这样的企业家。

结语

　　大周期的更迭、大趋势的转换是个体无法扭转的。当一个大时代来临，无论它是好时代还是坏时代，我们所能做的，无非就是坚守自己的价值理念，这是最重要的。

　　如果一个人没有笃定的价值理念，当时代洪流席卷而来，那就一定会迷失方向，只能随波逐流。我不希望大家随波逐流，我乐见的是企业家乃至所有人都有独立的精神、自由的思想，哪怕外部环境不利，也要做到这一点。只有做到这一点，你才有可能为社会、民族、国家创造价值，做出独特的贡献。

从古至今，
伟大的思想流派都深刻地认识到，
周期律是自然和
人类社会一个最基本的特征。

1

仿佛冥冥之中有一种力量：
在上升的周期或平和的周期，
好的事情似乎会同时发生；
一旦进入比较糟糕的周期，
坏的事情、人们不太愿意
看到的事情也会集中发生。

2

人类社会是在多方作用之下
达成一个动态的平衡、
一个明显的趋势、
一个可以把握的规律。

3

4

人类进步有两个最重要的标志：
一个是自由，
另一个是创造。
自由是创造的前提，
没有自由就没有创造。

5

克服短期困难，坚守价值追求，
按照自己的方式努力地活下去，
最终证明自己对国家、
对民族有真正的贡献，
这才是每个中国人，
尤其是中国企业家应有的信心。

读懂

四大周期律，直面严峻现实①

田 涛
华为公司顾问

衰退的唯一原因就是繁荣②：关于经济技术周期律

　　预测未来是危险的，经常会被证谬。但经济社会发展也有其宏观规律，有一种宏观层面的周期律。从周期律的视角看经济社会演

①本文是作者面向企业家群体的 3 次内部讲座的整理稿，是对《理念：卓越组织的原动力》一书中的主要观点的概括、解读与补充。
②关于经济周期律的论述，可参考《逃不开的经济周期》（拉斯·特维德著，中信出版集团）、《繁荣与衰退：一部美国经济发展史》（艾伦·格林斯潘·阿德里安·伍尔德里奇著，中信出版集团），如果读者对经济周期律还有进一步了解和思考的兴趣，可阅读《剑桥美国经济史（第三卷）：20 世纪》，该书不失为关于美国经济繁荣与衰退周期现象描述与研究的经典著作。

进趋势，也许会带给我们一些启示。

　　人类的历史隐匿于周期律的背后，大多数组织（包括国家组织、企业组织）都无法跳出周期律。

　　然而，我们必须看到，人类历史中某些伟大的国家、伟大的企业之所以伟大，就是因为它们具有逆周期生长的能力。比如，在一场持久而巨大的经济衰退过程中，有些企业却能够对抗衰退周期，在衰退中赢得发展先机，从而迎来经济复苏之后的快速崛起。

　　四大周期律支配着经济社会的发展，一是"康波周期律，二是熊彼特周期律，三是不平等周期律，四是组织兴衰律"。

　　1926 年，苏联经济学家康德拉季耶夫在对 1800 年以来的世界经济大量统计数据进行分析之后，发现发达经济体中存在一个"衰退—复苏—繁荣—衰退"的循环周期，每个周期持续 48~60 年。这就是康波周期律。

　　1936 年，美国经济学家熊彼特给康波周期嵌入了一个至为关关键的要素，即技术创新——主导经济兴衰律的是技术创新。每个周期是 45~60 年。这就是熊彼特周期律。

　　这种能够左右经济周期走向的技术创新具备以下两个特征。首先，能够引发大规模的商业革命、消费革命。其次，新的技术带来的消费浪潮又会波及各个行业，推动整个经济体进入风起云涌的"增量时代"，企业和企业家大量涌现，资本高度活跃，新产品层出不穷，整个社会充满着冒险氛围和创造活力。这个阶段是新技术、新产品、新消费的"黄金年代"，大约持续 30 年。此后，就进入了 30 年左右的技术的广泛和饱和应用阶段以及创新停滞期，这个阶段的特征是，市场竞争的烈度不断加深，到下半段末期进入极限竞争状态，整个社会消费活跃度下降，企业扩张性和盈利能力普遍衰退，随之而来的是企业对外投资的理性与保守，对内研发投入的谨慎与递减，进而导致新产品创新不足。这种供给侧与消费侧同时疲软的现象，标志着一个经济体或者全球经济逐渐步入"存量时代"。

所谓"存量"，是指经济的低增长、增长停滞，甚至负增长。推荐企业家们读一本书——《繁荣与停滞：日本经济发展和转型》，日本经济在 1950—1973 年的年平均增长率高达 9.2%，在 1974—1991 年的年平均增长率仍然为 4.1%，而从 1992 年至今，年平均增长率一直在 1% 以下[①]，在"停滞的 20 年"之后，日本经济也许会长期停滞下去，这是一个很特别的、反周期律的现象，很值得关注和研究。

工业时代以来，我们大约经历了以下 4 轮经济周期，或者叫产业周期。

（1）蒸汽机技术带动的纺织产业时代。

（2）内燃机技术带来的铁路时代。

（3）电气技术的发明使人类步入汽车时代。

---

① 可参阅《繁荣与停滞：日本经济发展和转型》（伊藤隆敏、星岳雄著，中信出版集团）。此书应该是关于日本经济兴衰周期律研究的权威著作之一。此书史实与数据翔实，论证层层剥茧，逻辑结构相当严谨，且文字流畅生动（译者郭金兴先生的翻译也功不可没）。建议我国企业界人士和经济、管理研究者认真关注和研究此书。从日本经济的崛起史、发展史、挫折史、繁荣与萧条及复苏与衰退的 400 年历史中，可以隐约看到似曾相识的影线："政府之手"和"市场之手"、产业政策与企业家精神、集权与放权、封闭与开放、贸易保护与贸易自由、重商主义与市场经济、岛国经济与全球化、制造业的蓬勃发展与当下挑战、技术创新与产业应用、房地产的暴起与暴落、金融自由化的利与弊、美国对日本经济的非正当干预与日本的应对方略、美国对日本企业的不公正打压和日本企业的应对策略……以及当今日本经济所面临的结构性挑战，比如老龄化问题、社会活力普遍而持续的衰减等。同时，日本历届政府和企业在国民经济衰退与停滞时，所采取的一系列改革举措及其成效与负效应，都值得我们认真借鉴。

（4）石化能源技术的创新带来飞机产业的形成。

以上4轮经济周期有一个共同特征，就是每轮的新技术创新都与能源相关。另外，除了纺织产业时代外，铁路时代、汽车时代和飞机产业形成的时代还有一个共同特征：交通革命带来时空革命。在过去的100多年里，随着每一轮技术创新带来产业创新，人类的商业半径、消费半径、交往半径、思想半径、行为半径都在时间和空间维度大幅度地延展。但总而言之，能源技术的发明与创新是过去200年人类经济社会周期律的决定性因素。

而发端于20世纪七八十年代的信息产业革命是唯一一轮表面上与能源技术无直接关系的产业周期（事实上，支撑信息技术产业迅猛发展的背后仍然与能源相关，比如各类电子产品的电池在过往30多年的革命性技术演进）。20世纪70年代的美国经济处于衰退期，但正是在衰退的10年里，通信与信息技术迅猛孵化，1971年，第一台微型计算机诞生；1973年，第一个光纤通信实验系统诞生；1976年，第一代移动通信系统诞生。1985年，《广场协议》签订，美元大幅贬值，美国资本市场蓬勃发展，投资高度活跃，为信息技术产业的爆发性成长创设了太平洋一般的资本巨流，而美国信息和通信技术的大规模创新、大规模商业化，也大规模地进入各行各业，得到普遍应用，进而广泛而深刻地影响着数亿人的生活方式、消费方式、认知方式、交往方式等方方面面，人类社会出现了历史上最为波澜壮阔的、长达30年左右的一轮经济复苏–繁荣周期。从1985年至今，满打满算已经过去37年了，依据熊彼特周期律，这一轮繁荣周期已经过了高峰阶段，事实上，过去10年，全球各主要经济体都处于低增长态势。

中国是这一轮繁荣周期的最大受益者，得益于天时，1978年的改革开放，使中国在最佳的历史时点融入了世界经济高速增长的大潮流；得益于地利，十几亿人的劳动力资源、消费市场与亚太经济蓬勃发展的大趋势高度契合；得益于人和，十几亿人同心同德，以经济建设为中心，一心一意谋发展。

正是天时、地利、人和三要素皆备，使得中国从一个极低的经济起点，以 40 年左右的时间，奇迹般地跻身于世界经济发展的前列，GDP 跃居全球第二位。这样多重叠加的发展机遇在全球国家经济史上并不多见，而且在未来的很长一段时间内恐怕难以再现。

文明进程从来都是非线性的：关于不平等周期律与组织兴衰律

前面讲的是经济技术周期，但很显然，无论是康波周期还是熊彼特周期，都是纯经济视角的或者纯技术与经济视角的研究，而事实上，经济技术发展永远是在极其复杂的社会背景下展开的，经济发展与社会变迁互为因果，相互纠缠、相互促进或相互对立，才真正构成了经济社会的兴衰周期律。

斯坦福大学历史学教授沃尔特·沙伊德尔写的《不平等社会》一书，被《华尔街日报》评为"商业领袖推荐图书"，中国的企业家们应该读读这本巨著。沙伊德尔通过对石器时代到 21 世纪跨越数千年的史实和扎实的数据进行分析，得出一个令人震惊的结论：和平时期，尤其是繁荣时期，不平等是一个无解的话题，而消除不平等的唯一出路是所谓的"天启四骑士"，即瘟疫、战争、饥荒、国家崩溃。几千年来，人类社会一再重复这样的崩溃性怪圈和破坏性周期。我们（不同制度结构、民族结构、文化历史结构的国家）

是否还有更多、更有效的应对不平等持续加剧的创新性、建设性的经济与社会治理模式？这关系到经济社会活动中的每一个阶层、每一种角色和每一个人，尤其是企业家群体的当下和未来。

沙伊德尔的"不平等周期"在时间维度上有着什么样的规律？这种规律与康波周期律、熊彼特周期律有无时间节点上的耦合？这些都是值得深入研究的课题。

第四个周期律是组织（国家、企业等）兴衰律。人类的文明进程永远是非线性的，从来都是起起伏伏、盛衰相依的。

我总是倡导企业家们读史，读中外国家史、企业史，读东西方政治家、企业家、科学家传记。那些一流的史著无论描述的时代、民族与国家、宗教与文化、人物、事件与故事有多么不同，但揭示的逻辑几乎是共通的：饥饿感带来奋斗，奋斗带来繁荣，繁荣又带来腐化与懈怠。读高阳先生的《胡雪岩全传》[①]，读克里斯托弗·赫伯特的《美第奇家族兴亡史》，把两本书放在一起读，你会不由得感叹唏嘘：无论东方还是西方，人性演化在本质上是一致的。东方的红顶商人胡雪岩与西方的金融巨头美第奇家族，前者仅仅兴盛了20年左右，便急剧衰败，后者繁盛时富盖王室，历经300年6代的兴衰之后，最终以最惨绝的方式终场。20年与300年，崛起的因素是一致的，即企业家的冒险精神、洞察力、勤勉、长袖善舞与时运相济；衰败的因素同样是一致的，即纸醉金迷、奢靡腐化、懈怠、雄心过度膨胀且野心跨界、势衰而运窄[②]。

---

① 高阳所著的《胡雪岩全传》（文汇出版社），关于一代红顶商人胡雪岩的描述虽颇具文学色彩，但在胡雪岩研究方面，仍不失为一部史实丰富的经典参考著作。而对企业家们来说，此书的可读性与史实性相结合，引人入胜之外，亦发人深省。
② 此处可参读《我们为什么要做企业家》（田涛著，中信出版集团）。

　　我曾经对浙江的企业家朋友们说，你们有一笔宝贵的遗产，就是胡雪岩故居。当你的企业发展得风生水起时，每半年去胡雪岩故居待半天，喝杯龙井清茶，读几遍朱镕基的题词[1]，也许会让自己变得更理性、更谨慎和更警觉。

　　我在这里还要特别提到一个人：盛恩颐，胡雪岩之后的晚清首富盛宣怀唯一的嫡子。他在"金银窝"中长大，接受过良好教育，曾在英国留学。回国后他继承父业，后来的民国财政部长宋子文做过他的英文秘书。盛宣怀过世后，他继承了最丰厚的一笔遗产：汉冶萍钢铁厂，该厂年钢产量占当时整个国家钢产量的90%。但从来不知饥饿为何物、奋斗为何物、经营管理为何事的浮华公子，夜夜沉迷于豪赌盛宴、酒池肉林，拥有12房妻妾，坐着上海第一辆进口奔驰轿车，每天正午才开始工作，躺在大烟榻上批文件，一次赌博便输掉上海一条街巷的房产……仅仅10年，就让一个财富王朝彻底败落了。败落到什么程度？抗战结束之后，他跟李鸿章的孙子两个人在大街上转，看到一个公园，想到公园里去转一转，但是两个人都拿不出买门票的钱。大潮流作弄一代风流人物，是外因；自我作弄是内因。外因内因，孰轻孰重？只能追叹历史了。而历史在微观和中观层面常常是"一团糨糊"。[2]

　　我经常穿插阅读几本不同的书，有时会有些跳跃性的思考，比

<hr>

[1] "胡雪岩故居，见雕梁砖刻，重楼叠嶂，极江南园林之妙，尽吴越文化之巧，富埒王侯，财倾半壁。古云：富不过三代。以红顶商人之老谋深算，竟不过十载。骄奢淫靡，忘乎所以，有以致之，可不戒乎？"朱镕基。

[2] 关于商业组织兴亡律，可引申阅读的参考书有《权力、资本与商帮：中国商人600年兴衰史》（王俞现著，北京联合出版公司），更值得静心（反复）阅读和思考的是《财富、商业与哲学：伟大思想家与商业伦理》（尤金·希斯、拜伦·卡尔迪斯著，浙江大学出版社）。

如过去两年困扰着我的一个问题是，"康熊"周期律的 60 年与我们老祖宗总结的"60 年一甲子"是一回事吗？为什么都是 60 年？这个"60 年魔咒"和老祖宗讲的"富不过三代"又有什么关系，或者毫无关系？我朦胧间认为它们之间应该有一定关系。第一代商人（企业家）无论是否具备所谓的企业家精神，但奋斗与冒险大约是他们共同的特质，他们中绝大部分人在商场摸爬滚打了 30 年左右，兴衰皆在一代之间，少数交班于二代。幸运的话，二代依然葆有奋斗和冒险基因，在相对厚实的财脉、人脉、文脉（良好教育）之上二度创业，也许 20 年、30 年开辟了更大的基业与事业，但也有如盛公子流，将家业尽付于腐化懈怠中。这两代人的奋斗生涯，加起来大约也是"60 年一甲子"……而第三代，则面临着一个巨大挑战，即如何跨越周期律——大约 60 年之后的组织疲劳（活力衰减）与文化疲劳（价值观倦怠与扭曲）？而对企业的基业传承者而言，饥饿感、商业激情①、好奇心、生命中不可承受之轻（不奋斗毋宁死的信念）缺一不可。

---

① 激情，是一切企业家成就自我的生理-心理基础。但那些拥有杰出成就的个体往往既具备充沛的、狂热的激情力量，同时又有坚定和清晰的人生方向。这就是所谓成功人士的"矢量原则"。具体到商业组织，在通常意义上，第一代企业家首先是被财富饥饿感所驱使，其次，他们的多巴胺能量强大，并且这种能量体现为他们对商业活动的发自本能的迷狂。而到了第二代、第三代，他们中的一些人也许能力更强，更有活力，但对商业、对企业经营兴趣寡淡，缺乏狂热追求。这常常是许多"富二代""富三代"无法超越第一代企业家，甚至将企业带入衰境的最关键的隐性原因。因此，职业经理人这一角色就变得非常重要，这种可以"批量"产生（"生产"）的特殊群体，是过去百年以来企业管理逐渐走向现代化、稳定和可持续的核心动力和轴心因素。

　　在阅读和研究中外企业家传记的过程中，我们会发现一个有意思的现象：那些发迹于经商活动的名门望族，其二代之后的子孙们大多不再从商，而在科学研究、教育、艺术、慈善等领域发展的大有人在，卓有成就者亦不在少数。而三代、三代以上"孙承祖业"者虽有，如罗斯柴尔德家族、瓦伦堡家族等，但罕有。

世界从来不是平的，全球化充满了倒退；历史从未终结，哪有什么终极胜利？书斋学者阔论"基业长青之法则"，那是因为他们不在危机四伏的棋局中，不懂组织兴衰律，企业家们则需自警和自醒。君不见，《基业长青》那本轰动一时的商业畅销书中列举的若干个"基业长青"的企业，几乎 1/3 不到 10 年就普遍陷于困境，或接近消亡。

历史总是在押韵前行：我们正处于各个周期律的下半段末期

前面我们讲了 4 大周期律，包括康德拉季耶夫的康波周期律、熊彼特周期律。熊彼特认为技术创新是影响经济兴衰律的核心因素。熊彼特周期律是一个三嵌套的周期律，长周期是 45~60 年，长周期中嵌套着若干中周期，每个中周期为 8~10 年，中周期中嵌套着若干小周期，每个小周期大约为 40 个月。

在康波周期律和熊彼特周期律之外，我们又讨论了另两个周期律：不平等周期律和组织兴衰律。我这几年一直试图把这 4 个周期律放在一起进行思考，但迄今为止并没有得出很清晰和系统的结论，尤其是后两者，它们是否也是以 60 年左右为一个周期？它们二者具有怎样的时空层面的相关性？它们与"康熊"周期律又有着怎样的关系？是同步关系还是异步关系？或者完全无关（完全无关似乎不可能）？

我们经常说："历史不会重演。"的确是，但历史又总是在"押韵前进"，这个"韵"就是周期性的韵律。

当今人类社会发生的很多现象都似曾相识，而以上 4 个周期律在今天这个历史节点似乎又有一点同步或重合之处。世界各大经济体也许正处于四大周期律的下半段末期，这也意味着我们正从本轮经济繁荣、技术创新的高峰期缓慢或急剧，甚至断崖式地向衰退的方向演进。当下，我们很可能正处于一场巨变的早期阵痛之中。

国际货币基金组织最近称，2022 年前三季度是 2001 年以来最为疲弱的增长表现，其反映了几大经济体的大幅下滑：2022 年上半年，美国 GDP 收缩；2022 年上半年，欧元区出现收缩；中国经历了持续的疫情反复，同时其房地产行业的困境在加剧。约 1/3 的世界经济体面临连续两个季度的负增长。

本轮以信息产业为主导的经济周期，兴于美国硅谷的技术创新浪潮，并广泛波及全球各大经济体，尤其是中国。但自 2008 年金融危机之后，一直到 2012 年，再到今天，无论是硅谷还是中国的互联网产业、信息技术产业，都出现了普遍的创新乏力，新技术、新产品、新企业在过去 10 年呈现出逐年衰疲不振的递减趋势。硅谷已不再惊艳和活力四射，而是正在"平庸化"，世界多国的"硅谷"亦充满暮气和迷茫。那些巨无霸互联网企业也都步入"增长的极限"，进入了饱和竞争的阶段。全球各个经济体都在自觉或不自觉地期待一种类似蒸汽机、内燃机、电力电气、石化能源、计算机和光纤通信那样的更具创新性的新技术和新产业的到来。

一般来说，推动每一轮经济复苏的新技术，必须具备这样几个特征。

（1）更广阔的市场前景，市场潜力和想象空间足够大。

（2）能够掀起更大规模的消费革命。

（3）新技术牵引的商业化、产业化浪潮必须直击人们普遍的、必需的、成瘾的潜在消费欲望。

衰退期常常是新技术孕育和诞生的产婆。20世纪70年代，美国经济处于衰退期，全球经济也不景气，但这衰退的10年孕育了计算机技术的商业化，孕育了无线终端的商业化，以及光纤通信技术的成熟。但这里有一个非常重要的前提，就是"斯坦福＋企业家／创业家＋资本"，即技术与资本的融合与互相促进，而企业和企业家精神则是其中最关键、最核心的基础性要素[①]。

衰退期带给真正的企业家的不是绝望和恐慌，而是警示和考验，更可能是机遇。有远大抱负的企业家在危机时刻，更应该最大程度地释放企业家精神。比如俄乌冲突和全球气候变暖，也许会大大加快新能源技术的创新步伐和商业化步伐，很有可能的是，下一轮的经济复苏依然会来自能源技术的突破。当然，有一种观点是，下一轮的经济复苏是多种技术创新所共同推动的，比如新能源、人工智能、生物技术、太空探索等。

今天这个时代和过去有很大不同。虽然全球经济可能会陷入衰退甚至深度衰退，但今天技术创新的全球自觉、资本的全球自觉、企业家对技术创新与资本的自觉拥抱，都与工业革命以来的大多数阶段有了很大不同。全球精英群体对经济规律、技术规律和资本规律的认识和把握，比以往更清晰、更自觉，同时也更有共识，这也许有助于抑制衰退，引导经济尽早走出衰退，步入新一轮复苏周期。

但令人忧虑的是，当下由美国发动的技术保护主义和贸易保护主义潮流，以及俄乌冲突前景的巨大不确定性等非市场因素，可能

[①] 格林斯潘在《繁荣与衰退：一部美国经济发展史》中关于技术创新、经济周期与企业家精神的论述，非常具有启发性。另一本值得阅读的著作是《美国创新简史》（乔纳森·格鲁伯著，中信出版集团）。

会导致全球经济衰退加剧，阻碍经济复苏周期的到来。

　　关于不平等周期。在本轮经济周期的孕育阶段，1976年，美国最富有的1%的人群的收入仅占国民收入的9%，30年后的2006年，这一指标增长了3倍，他们拥有美国一半的股票、债券和共同基金，而底层50%的人群仅持有0.5%的财富，中产阶级在30年间快速贫困化。2015年，美国最富有的人拥有的私人财富大约是美国家庭平均年收入的100万倍，这个倍数要比本轮经济走上复苏和繁荣快车道前夕的1982年高20倍。同样是在2015年，地球上最富有的62个人所拥有的私人财富净值与较为贫穷的35亿人拥有的财富相等，世界上最富有的1%的家庭拥有超过一半的全球私人财富净值，这还不包括他们隐匿在海外的一些资产①。

　　与此对应的是，30年前约有35%的世界人口生活在极端贫困中，而30年之后，这个比例已不足9%。财富的累积效应非常惊人，在世界范围内，多数国家的基尼系数都在上升，但绝对贫困人口比例的大幅下降同样惊人，这和中国过去40多年的改革开放所释放的发展红利有很大关系，也和中国政府在过去几十年所推动的大规模扶贫工程所创造的减贫奇迹有绝大关系。

　　严重的贫富分化现象不仅可能会引发一些其他社会问题，仅从消费的角度讲，财富过度集中化、高度聚敛于极少数人手中，毫无疑问会带来消费动力的普遍减退。消费严重不足，经济何谈持续繁荣？

　　从组织兴衰律的角度审视，我们似乎也进入了组织兴衰周期的末期，其外在特征主要是国家疲劳症与国民疫劳症。在经济繁荣

① 见《不平等社会》（沃尔特·沙伊德尔著，中信出版集团）。

期，整个社会生机勃勃，从个体到家庭，从企业到国家，充满了进取性，人们的物质生活与精神生活丰富多彩，并且人们普遍对未来充满渴望。全球尤其是中国，在过去的三四十年，大约皆如此。

但在当下，甚至比较长的一个时期内，似乎世界各大经济体都在步入个体与群体活力的衰减期，无论是美国、日本还是中国，都在滋长一种普遍的"躺平主义"，社会活力减退，到处都弥漫着对不确定性的观望与迷茫，甚至悲观与沮丧[①]。读中外历史，这样的"文明迷失"现象在任何国家的文明演化史上都频繁出现过，今天的人类面临着又一轮相同但又不同的挑战。而今天与过去的最大不同表现在两个方面，其一，"躺平"呈现出全球化现象；其二，作为人类历史上最强大的信息载体，互联网对文明进程的深度扰动。

向管理要"基业长青"：用爆发性增长掩盖粗放型管理的时代已不可持续

前面讲了四大周期律，而当今，世界各大经济体都处于本轮周期的下半段末期。如果此论成立，我们就不得不面对严峻的现实：全球经济大概率将进入衰退期，进入所谓"存量时代"甚至"缩量增长时代"。大势所趋，企业和企业家们应该采取怎样的应对之策及选择之道与术？我在《理念：卓越组织的原动力》一书中，借鉴华为应对危机的一系列战略和做法，参考任正非面对危机时的一些

---

① 可参读格林斯潘《繁荣与衰退：一部美国经济发展史》"死于绝望"一节。

观点和思路，提出了"20字生存法则"，即"稳住阵脚，收缩战线，夯实基础，等待时机，提速前进"；同时又从"术"的层面提出了"12字生存方略"，即"深挖洞，广积粮，高筑墙，缓称王"。这"20字生存法则"与"12字生存方略"仅是我对华为几十年来如何应对多轮和多重危机的形而上的提炼，并不一定准确和恰当，只是希望能给企业家们带来一点启示。

在经济衰退期，企业要有逆周期生存能力，要建立一种底线（也是最高）思维：活下来是企业管理的最高哲学。

统计数据显示，一般中小企业的寿命为7年，全球1000强企业的寿命大约为30年，500强企业的寿命大约为40年，只有2%的企业寿命为50年。亚马逊CEO贝索斯说"大企业的生命周期只有30多年，而不是100多年""亚马逊终有一天会倒下，亚马逊将会破产""我们必须尽可能让这一天晚点到来"。这些话听着是不是很熟悉？是的，任正非也是这样的腔调。像亚马逊和华为这样的大企业，它们的创始人都在"危言耸听"，都在忧患大象倒下、恐龙倒下，为什么？真正做过企业的人，相信都有彻骨的感同身受。

中国今天存活了20年以上，甚至30年以上的民营企业，无不是改革开放的既得利益者，无不是在本轮经济周期的复苏与繁荣阶段快速崛起的，无不经历了九死一生的苦难与成长，也无不是在所在行业无数企业"兴也速，亡也疾"的大败落的层叠堆积中熬出来、挺过来、活下来的。在经济的盛景期，并不是所有的企业都能活下来、活得好。在机会遍地和环境宽松的时代，企业不能错过机会，也不能滥用机会。对于许多"死"于烟花灿烂岁月的企业，最致命的因素之一就是总在"滥用机会"，被机会主义推向浪巅，又掀进浪底①。

改革开放以来的中国企业，严格地讲，仅仅经历过"康熊"周期律的前30年左右的经济复苏－繁荣周期的上半段和下半段的下行期，尚未完整经历整个经济周期，尤其是尚未经历全球范围的经济大衰退，也就是经历过春、夏、秋和暖冬小寒，还未经历真正的漫长寒冬。

同时，活了20年或30年以上的企业，今天也大多面临着一个巨坎：在湍急的河流中换马，即交接班。貌似一些企业已实现了代际传承，但第一代打天下的英雄交给新掌门人的是一个摇摇欲坠的"商业帝国"，还是一个资产负债表优良、管理优良、人才相对丰裕且稳定、组织文化充满活力、产业具有良好增长潜力的基业？经济盛景期，即所谓的"增量时代"，似乎漫天都是"财富雨"，爆发性增长使得许多企业家疏于自我学习和自我管理，疏于在企业中进行精细的系统性管理，包括客户管理、市场管理、研发管理、供应链管理、财务管理、人才管理，以及领导力建设和文化建设。当经济大环境进入衰退期时，又恰恰是二代接班期，很显然，这个时期和未来任何阶段，用爆发性增长掩盖粗放型管理的发展模式已不可持续，对仍然执掌帅印的第一代和已经或即将掌舵的二代、三代

---

① 关于这一段的论述，读者可翻检2020年以来的关于中国当代企业和企业家的一些相对严谨的文章。这两年，这方面的文章非常多。这几年，首先，由于经济下行，不少曾经辉煌的企业陷入困境，甚至经营不可持续；其次，宏观政策调控使得一些企业长期积累的资产负债表危机暴露，其中包括一些貌似大而不能倒的企业；最后，一些企业在宏观调控之前、疫情暴发之前、全球经济低迷之前就已出现经营滞缓，销售额与利润低增长、负增长，现金流短缺和负债率过高，外部环境变化对其而言更是雪上加霜。多重外部因素叠加带来的影响是巨大的，同时也使这些企业在内部管理上的诸多弊端和缺陷暴露无遗，其中最典型和最普遍的问题是过度机会主义导向的经营观、发展观。

企业家来说，向管理要效率，向管理要效益，向管理要发展，向管理要"基业长青"，既是当下应对衰退的被动之举和应然之举，也应该成为企业家们长期不懈的使命和追求。

管理是与低效经营和无效经营斗争的伟大工具，这是企业家之所以为企业家的鲜明"文身"，是卓越企业和普通企业的重要区分标志。人们都在朝前走，朝四面八方走。企业家的职能、管理的职能就是让几十人、几百上千或上万人、十几万人，甚至几十万人朝着同一个方向走。激发人、约束人、组织人，让他们围绕着同一个目标释放主动性和创造性，在为企业持续带来价值的同时，也实现自我价值的提升。

企业的经营与管理绝非对立或分割的关系，企业面向客户、市场的一切经营活动，在本质上始终是基于资源要素和激励要素的关于人、财、物的一种管理行为。

管理绝不等于管控，管理是激励与管控的双面体，而且激励始终是优质管理的主导内涵。管理也不等于烦琐哲学和叠床架屋的"鸟笼"，那只是管理的扭曲变形而已，虽然这也是每家有历史和有规模的企业所不可避免的"组织病"。所以，管理必须始终拥有一把锋利的手术刀：管理变革。管理变革和自我批判是优良管理的核心组成部分。

经济景气低迷，导致未来发展战略的不确定性更加突出时，企业家尤其要警惕"企业家病"：企图以一人之力预料一切、掌控一切、操纵一切，却经常不去承担绝对责任；一马平川时，抱持一种持续盲目的自我优越感；危机扑面时，陷入持续且盲目的悲观情绪之中；秉持"要么全赢，要么全输"的市场竞争观，不懂或漠视对内、对外的进攻与妥协的辩证法——而只有"自己活，也让别人活"的领导力哲学，才是企业领导力建设的根本之道。管理之要义，首在企业家的自我管理。所谓自我管理，无外乎企业家要有一种强大的理性精神，要懂得自我觉察、自我克制、自我反思和自我批判，要建立一种开放的思维力，形成一种成熟的悖论领导力；尤其是，要永远被健全的常识所牵引——关于人性的常识、关于管理的常识。

中国企业与欧美优秀企业之间的差距，不仅仅是技术创新能力、产品质量、规模与利润等可量化指标上的差距，更重要的是管理上的巨大差距。欧美优秀企业也经历过漫长的原始积累时期的无序管理、野蛮生长、粗放式经营阶段，它们以 100 年左右的时间，以成千上万家企业倒闭和数千数万家企业被市场和法律惩罚为代价，交了大量的学费，才走上了科学管理和管理科学之道。而非常值得关注的是，无论是美国企业还是欧洲企业，它们每一次的普遍的管理进步和提升，都是在每轮经济走出衰退低谷之后出现的。但愿中国企业在经历了 40 年左右的高速成长之后，能够抓住本轮经济衰退的"机遇"，建立对科学管理的信仰，建立对管理科学的敬畏之心，使自身能在管理观念、管理实践、管理创新、管理变革等方面跨上一个新台阶。

伟大的企业大多跨越产业周期，中小企业需要跨过产品周期

工业革命以来的标杆企业，以及那些堪称伟大的企业大多活过了 100 年甚至 200 年，它们无不跨越了产业周期，无不经历了一个甚至几个以 60 年为期的经济的"春夏秋冬"。读企业史和企业家

史，你会发现他们有一些共同特征，比如，在增量时代储存"过冬的棉袄"（技术创新与现金流），在存量时代既收缩战线，稳住阵脚，又随时寻找机会，以实现局部扩张和突围，为五年十年之后的经济复苏奠定基础。

另一个共同特征是，始终拥抱变化、强化核心能力、发展多核业务。所谓拥抱变化，就是要应对技术和产业的变化，而不是抗拒变化。以 GE（美国通用电气公司）为例，它在 130 年的发展过程中，跨越了 3 轮经济周期，在每一轮经济周期从衰退向复苏的转型期或者说产业转型的早期阶段，大都踩准了新一轮的新技术产业化的鼓点。但客观地讲，类似 GE 这样的伟大企业，它们不仅在拥抱变化，也在创造变化——即德鲁克所说的"创造顾客"。在更多情形下，它们不是在为一种或几种新技术的产业化未来下创新之赌注，而是站在技术和产品创新的制高点，引导技术发展方向和产业化潮流。

此外，还有一个共同特征是，不断强化核心能力，基于核心能力进行产业选择，形成多核业务。德国西门子有 170 余年的历史，经历了 4 轮经济周期和产业周期，比 GE 活得更久，而且今天依然拥有强大的技术和产品竞争力、规模竞争力，比 GE 活得更健康。这两家大象级、恐龙级企业在各自存在的 100 多年间，都曾涉足 20 多个行业。但仔细研究，你会发现，它们在大多数时间里，都是基于自身的核心能力去进行多角扩张和创新发展的，而不是摊大饼式的、涉足多个不同产业领域的多元化发展。GE 主要围绕材料工艺、电气和机械、数字化（3 种梯次演进中形成的核心能力）进行技术和产品的迭代、跨代创新，西门子主要围绕电气化、自动化、数字化（3 种梯次演进中形成的核心能力）进行多门类的技术和产品创新。

相反的案例也发生在 GE 身上。技术背景出身的 GE 第八任总裁杰克·韦尔奇曾经以其对技术和市场的敏感性，以其大刀阔斧的变革勇气和卓越的领导力及变革能力，使身陷沉疴的 GE 重新崛起，再创辉煌，在 1998 年成为"全球最强大的企业"。但韦尔奇在掌舵后期，却将 GE 带上了横跨多个不同产业领域的多元化之路，尤其是金融化之路。在他卸任后不久，GE 重陷危机，甚至在 2018 年被剔除出道琼斯指数（GE 于 1907—2018 年被纳入该指数长达 110 年）。盛也韦尔奇，衰也韦尔奇。在韦尔奇离任之后，GE 的新掌舵者在董事会的支持下，所进行的第一项重大改革就是去金融化，并收缩战线，去偏离 GE 核心能力和核心优势的产业。

伟大的企业也并非都跨越过 60 年一轮的产业周期、经济周期。谷歌、亚马逊只有 20 多年的历史，只经历过本轮经济周期的增量时代、繁荣时代，它们难道不伟大？某种意义上，正是谷歌、亚马逊、Facebook、华为、思科、阿里巴巴和腾讯等一大批"少年新贵"（与百年巨头企业相比）推动了这一轮经济周期的复苏和繁荣——人类历史上空前的技术创新浪潮和商业繁荣景象的出现，推动了空前规模的信息化与全球化，并推动了各行各业竞争的高度透明化，导致了竞争的空前残酷。今天一家 30 岁左右的企业，完全抵得上本轮经济周期之前的"百年老店"的寿命，而事实上，大多数跨越过一轮、二轮、三轮以上周期的传统"百年老店"在过去 30 年间也纷纷走向败落。

当然，在本轮经济周期的下行期、存量乃至缩量增长时代，"屠龙少年"们同样面临着如何"过冬的大坎"。激情火爆的联接经济的盛宴已成残宴，舞场灯火变得稀落，舞者亦纷纷退场，理性主义的企业和企业家开始全球性回归：向"乌托邦"和"大跃进"告别，向精细化管理要效益和效率，向技术和产品创新要生存，向产品质量和优质服务要市场。只有遵循了、坚守了这样的管理常识，才能在即将到来的衰退期中存活下来，并迎来下一个周期的复苏与繁荣。

"萧条的唯一原因就是繁荣"，创造了、推动了并享尽了繁荣红利的那些当今具有代表性的伟大企业，自然也要承受衰退与萧条的冲击。衰退是对繁荣后遗症的一种矫正机制和修复机制，更是一种创造性毁灭力量，也是经济重回复苏和繁荣的唯一力量。

对于中小企业和传统企业来说，经济衰退带来的影响无疑更为深重。但无论是在繁荣期还是在衰退期，中小企业和传统企业（尤其是传统制造业）面临的更直接、更关键和更现实的压力，则是如何跨过产品周期。在一个竞争激烈、饱和的市场环境中，一家企业是几乎没有可能长久地靠"一招鲜吃遍天"来持续"吃下去"、存活下去的。中小企业和传统企业同样必须拥抱创新，拥抱开放，始终坚守"客户就是上帝"、以客户为中心的生存铁律。

西西弗斯与"伟大的挣扎"

这里再推荐一本书：《伟大的挣扎：不确定时代的责任型领导力》[①]。这本书围绕希腊神话中的一个叫西西弗斯的人，精彩阐述了什么是卓越的领导力，什么是动荡时代的领导力。

---

① 《伟大的挣扎：不确定时代的责任型领导力》（小约瑟夫·巴达拉克著，浙江人民出版社）。

西西弗斯被诸神惩罚，日复一日、年复一年地从山脚将巨石往山顶推。他面对的挑战是永恒的：四季的变化、每日每时的天气变化、攀登路上的诸多不确定性；重复性劳动带来的厌烦感（厌烦是理想境界的暗疮——叔本华）；推到山腰时巨石一次次掉落带来的一次次挫败感；从灵魂深处时常袭来的巨大而浓重的无意义感；终于战胜千难万阻将巨石推上山顶后的欣悦与空虚交织的复杂情绪；登顶后，是攀登另一座更高的山峰（二次创业、三次创业……），还是卸载使命与理想，归隐于生命和生活中的"无意义之轻"？

事实上，每一位责任型的企业家皆如西西弗斯一般，一生中始终在一种"伟大的挣扎"中来回摆荡——是选择向命运妥协还是自我战胜？

真正的企业家恐怕最不易承受的是，生命中的不可承受之轻。

在我和一位创业 21 年的企业家一起交流《伟大的挣扎：不确定时代的责任型领导力》这本书时，这位早年的大学副教授创办的企业，在经历了一次次"苦难与辉煌"后，刚刚又陷入了创业以来的第 N 次危机。他从自身的领导力实践中悟出了一段富有哲理的话：你曾经非常理性和谨慎，直到你不再谨慎，然后，你就拥有了企业家精神的第一要素：冒险精神。你绷紧每一块肌肉，一点一点向上挪动巨石，你成功了。但同时，当谨慎和理性被你完全抛诸脑后时，忘乎所以的非理性能量又会将你置于衰败的困境之中，甚至生死的危境之中。

卓越领导力总是呈现出悖论的力量。在经济处于下行状态、衰退期时，尤其需要企业家们拥有一种悖论思维、悖论精神、悖论领导力。

人类历史中某些伟大的
国家、伟大的企业
之所以伟大，就是因为它们具有
逆周期生长的能力。

1

对企业的基业传承者而言，
饥饿感、商业激情、好奇心、
生命中不可承受之轻（不奋斗毋宁死的信念）
缺一不可。

2

向管理要效率，
向管理要效益，
向管理要发展，
向管理要"基业长青"。

3

4 只有"自己活，
也让别人活"的领导力哲学，
才是企业领导力建设的根本之道。

5 伟大的企业
大多跨越产业周期，
中小企业
需要跨过产品周期。

司马迁周期律背后的商业人性

宫玉振

军事学博士，北京大学国家发展研究院管理学教授、BiMBA 商学院副院长、学术委员会副主任兼 EMBA 学术主任

　　中国史学一个很好的传统，是关注周期性的治乱兴衰背后的基本规律。这一传统是两千年前司马迁就已经奠定了的。司马迁在《史记·太史公自序》中说，史学的目的就是"究天人之际，通古今之变，成一家之言"。《史记·货殖列传》（以下简称《货殖列传》）的价值也就在这里。

　　《货殖列传》不仅是一篇商业传记，司马迁还在其中记录了他对经营智慧的洞察与理解，这其中最引人注目的是后世学者所谓的"司马迁周期"。在司马迁看来，经济的发展是有周期的，经营者

要想成功就必须学会理解周期、拥抱周期、利用周期，"乐观时变"才能在周期的变动中把握最好的战略性机会。司马迁为我们总结出来的经济周期以及在此基础上的经营智慧，对于我们理解动荡时代下的管理逻辑，至今依然有参考价值。

令后世得以观择焉：司马迁为什么要写《货殖列传》

《货殖列传》是司马迁为春秋到汉初的那些巨商富贾所作的传记。这是古代正史中第一次为成功的企业家立传，也是唯一的一次。

在中国古代，国家政策最重要的一个内容就是重农抑商，在历史上的大多数时间，商人都是被排斥、被打击、被限制的对象，处于四民之末。为什么司马迁却专门在《货殖列传》中为商人树碑立传呢？

这里面有一个非常重要的时代背景，就是从春秋到汉初这个阶段，中国古代商业史上出现了一个短暂但宝贵的黄金时代。那个时代的商业经济非常发达，涌现了很多著名的巨商，如子贡、范蠡、吕不韦等。

司马迁有一个观察：如果一个人没有多少财产，但是希望变成富人，希望改变自己的经济命运，那么，"农不如工，工不如商"，也是在那个时代，从事商业才是创造财富的最好路径。商业的黄金时代，是司马迁为商人立传的基本时代背景。

司马迁写《货殖列传》还有一个背景，与他的黄老思想有关。儒家思想重义轻利，儒家对商人不是那么排斥，但是也不会那么看重；法家思想是重农抑商，以打击商业力量为能事；而黄老思想强调的是无为而治。无为而治的特点就是从人的本性出发，去引导而不是去干预经济，对于商业也是如此。这对司马迁的经济观与商业观产生了很大影响。

司马迁对人性看得非常清楚，人是有求利、求富的本性的。"富者，人之性情，所不学而俱欲者也。"追求财富是人性的组成部分，人不用学，天生就会有这样的欲望。人人都想过上好日子，这是挡不住的。

所以司马迁讲："天下熙熙，皆为利来；天下攘攘，皆为利往。"天底下这些人忙来忙去，商人也好，农民也好，所有人都为了求利。这是司马迁对人性的基本的理解。

这样很自然就可以得出这样一个结论：追求财富是正常的，求富是可以理直气壮去做的，没什么可丢脸的。赚钱并不可耻，走正途赚钱是道德的行为。

我们前面说过，古时候有士农工商之说，从事商业被认为是从事最下等的职业。中国传统文化总体来说对于商人是蔑视的，对于赚钱、对于财富，是羞于谈论的。而司马迁却认为可以理直气壮去做经商求富的事情，从事商业与从事其他的职业都是平等的。

而且在司马迁看来，商业给整个社会带来的作用是非常大的。他讲，就是因为大家都去追求自己的利益，所以带来了整个社会效益的最大化："此宁有政教发征期会哉？人各任其能，竭其力，以得所欲。""各劝其业，乐其事，若水之趋下，日夜无休时，不召而自来，不求而民出之。岂非道之所符，而自然之验邪？"商业与市场的形成，不是因为政府的政令，不是因为政府的教诲，而是因为每个人都去追求自己的利益；在追求自己利益的过程中，每个人都把自己的专业做到极致，财富就自然而然地创造出来了，社会繁荣也就自然而然地产生了。

这一思想，与西方近代经济学家亚当·斯密的思想几乎是完全契合的，这也是《货殖列传》为什么被称为中国的《国富论》的原因。

司马迁写《货殖列传》还有一个原因，就是他要总结这些经营成功的人之所以能取得成功到底是得益于哪些规律性的东西，并以此为后人商业经营提供借鉴。

用他的话说："请略道当世千里之中，贤人所以富者，令后世得以观择焉。"他写《货殖列传》的目的，就是要把这些人为什么能够正途致富的原因与规律总结出来，供后世的人去观察、去思考、去借鉴。

今天我们来看，这也是《货殖列传》最有价值的地方，它远远超出了商业本身，关注的是商业成功的底层逻辑。用司马迁的话说："智者有采焉"。真正的聪明人，一定是可以借鉴的。

底层逻辑之所以是底层逻辑，是因为它是可以超越周期的。司马迁给后人留下了哪些宝贵的思考呢？对我们今天驾驭这个动荡的时代有什么样的启发呢？这就是接下来我们要探讨的主题。

作力、斗智、争时：创造财富的三个层次

司马迁在《货殖列传》提出了一个命题，是"无财作力，少有斗智，既饶争时，此其大经也"。这是讲了一个人创造财富的三个阶段、三个途径，也是三个层次。

什么叫"无财作力"呢？你没有资本，一穷二白，这时候你靠什么来创造财富？靠出卖自己的劳动力，靠挣工资，工资就是你付

出体力的回报。

什么是"少有斗智"呢？一个人开始有了一些财富，有了一些资本，有了一些积累了，这时候就不能光拼体力，而是需要靠脑子挣钱了。要分析经济形势，洞察市场需求，分析竞争格局，制定竞争策略，赢得市场和利润。

什么是"既饶争时"呢？"饶"，就是财富自由；"时"，就是战略机会。你已经实现财富自由了，这个时候就应该把获取财富的重心，放在关注经济的大势以及其中蕴含的战略性机会了。

显然，在司马迁看来，同样是动脑子，"斗智"只是小聪明，"争时"才是大智慧。"斗智"只是战术层面的竞争，"争时"才是战略性的经营。

孟子有句话叫"虽有智慧，不如乘势。"就是说，就算一个人再聪明，也不如顺势而为、借势而上。所以有句古诗这样说"时来天地皆同力，运去英雄不自由"。

个人的智慧在大势面前是很卑微的，跟大势相抗衡肯定会碰得头破血流。要想做大事，一定要借大势。你的投资、你的战略一定要顺应时势，把财富的成长跟大的趋势结合起来。大的时势才是决定终极财富成就的关键。那些巨商的经营智慧，就在于"争时"这个层面。

《货殖列传》中经营智慧的核心就是对"时"的把握，这包括如何理解"时"，如何把握"时"，如何利用"时"。

司马迁总结了那些巨商创造财富的历史。他认为：首先，这些人都不是做官的人，不是靠做官致富的；其次，他们不违法乱纪，不破坏整个社会秩序，不是通过不合法、不合理的手段致富的。

他们共同的特点是"椎埋去就，与时俯仰，获其赢利"。

"椎"，在这里指"推"，就是推论；"理"，就是规律。"去"，就是前因；"就"，就是后果。"推理去就"，就是追究事情的前因后果，分析事情背后的基本规律。

至于"与时俯仰"，"时"，就是时势；"俯仰"，就是抬起落下，引申为进退。与时俯仰，就是根据时势、根据周期以及由此决定的时机来决定什么时间进取，什么时间收缩；什么时间激进，什么时间保守，从而"获其赢利"，以获取最大的赢利。

时势是决定经营成败的最大变量。在经营中，比关注对手更重要的是关注时势的周期性变动。没有永远成功的企业，只有不断适应时势的企业。企业管理者的一个重要任务，就是在动荡的时代里，抓住时势以及时势的变化所带来的战略性机会。

所以司马迁讲，好的经营者一定是"乐观时变"。用我们今天的话说，就是好的经营者不会因为时代的动荡与不确定性而焦虑，相反，他们是高高兴兴地接受不确定性，理解不确定性，拥抱不确定性，利用不确定性。因为对他们来说最大的机会，就包含在不确定性中。

旱则资舟，水则资车：大势背后的经济周期

当然大家可能会问一个问题：我也知道最大的机会就在充满不确定性的大势变动中，但我怎么能在动荡的环境中把握住这样的机会呢？

要想理解大势，首先要理解大势波动背后的周期。在司马迁《货殖列传》中引用了计然的话来专门讲这个问题。计然是范蠡的老师。据说范蠡就是靠计然之策来治国用兵和经营致富的。司马迁

在《货殖列传》中说：

"岁在金，穰；水，毁；木，饥；火，旱。旱则资舟，水则资车，物之理也。六岁穰，六岁旱，十二岁一大饥。"

这段话，就是学者们所说的"司马迁周期"。

"岁在金"之类，对于我们今天很多人来说很可能会不知所云。其实这里采取的是中国古代的岁星纪年法。岁星就是木星，绕日一周差不多 12 年不到。金是西方，水是北方，木是东方，火是南方。这样平均下来，岁星在某个方位差不多就是 3 年。所以 12 年为一个周期。岁在金的三年，丰收；岁在水的三年，歉收；岁在木的三年，饥荒；岁在火的三年，旱灾。十二年里再细分的话，六年一丰收，六年一干旱，十二年一次大饥荒。

从这段话我们会得出什么结论来呢？首先，经济是有周期的。在司马迁那个时代，经济的主要支柱是农业，而农业收成主要是受自然的因素影响。所以经济周期的基本逻辑是：天体运行导致气候的周期性变动；气候的周期性变动导致周期性的旱涝灾害；周期性的旱涝灾害导致农作物收成的周期性变动，从而导致经济的周期性波动。

今天看来，这只是一种朴素的经济周期理论，但有一点是很显然的，就是司马迁对于"商业所处的外在环境是周期性动荡的"这一点，已经有了初步的认识。

接下来的问题是，既然商业所处的外在环境是周期性动荡的，经营者该怎么面对这样的周期呢？只能听天由命、被动接受动荡性的周期的摆布吗？

最精彩的部分出现了。司马迁借计然之口提出，"知斗则修备，时用则知物，二者形则万货之情可得而观已。"知道要打仗，就要提前做好战备；了解货物何时为人需求购用，才算懂得商品货物。善于将"时"与"用"二者结合起来，那么各种货物的供需行情就能看得很清楚了。

具体来说，经营者应对环境周期性动荡的正确策略是"旱则资舟，水则资车"。

什么叫"旱则资舟，水则资车"？就是当出现大旱的时候，你一定要投资船；遇到洪涝灾害的时候，反而要投资车。

乍看起来这不是傻子的行为吗？发生了大旱要船有什么用？发生了洪涝灾害，车根本开不出去，干嘛要投资这个东西？

第一，周期之所以是周期，就是因为它是动态的。今天出现了旱，明天就会有水；今天发了洪水，早晚有一天会干旱。作为投资者、经营者要关注长远，而不能仅仅关注眼前。

第二，当发生大旱的时候，没有人用船，船根本卖不出去，当船卖不出去的时候会导致一个什么样的结果？船的价格非常便宜，这恰恰是你投资船最好的机会。发大水的时候，车是没用的，但是这个时候车是最便宜的，恰恰是你投资车最好的机会。

这告诉我们什么道理？普通的投资者关注的是眼前，关注的是市场的当下反应，因此会形成一种跟风效应。而真正的高手不会被表面的现象和眼前的利益所迷惑，他会透过现象看到本质，越过当下看到长远，因此超出常人，进而赚到超出常人的钱。

什么叫"物之理也"呢？船也好，车也好，都是物品，都是交通工具。人永远是需要交通工具的，可能短期的经济周期使得某一种交通工具的价值打了折扣；但是从长远来讲，交通工具的价值是不会变化的。

从这个角度来讲，你只要投资交通工具，它早晚会给你带来回报，这就是事物的本质，你不要被它当下的价格下跌迷住眼睛。

要透过表面看到本质，透过眼前看到长远，这就是"物之理"，这就是要穿越周期，了解商品的本质，了解它背后基本的规律。

"旱则资舟，水则资车"，也就是我们今天讲的逆向思维，本质上是一种提前布局的理念。这与巴菲特的那句名言一样：别人恐惧的时候我贪婪，别人贪婪的时候我恐惧。

真正的经营高手都是孤独的，为什么是孤独的？因为他跟别人做的不一样，跟一般人的本能反应不一样。压力与诱惑会造成我们采取本能的反应，选择短期主义的行为。而真正的高手不会被周期波动所带来的短期压力和诱惑所动摇。高手着眼的是大的周期，着眼的是根本的价值，并据此提前进行长远的布局。一句话，高手着眼的是超出常人的长期主义，从而在周期性的动荡中识别出最好的机会，并从中获得超出常人的战略性回报。

贵出如粪土，贱取如珠玉：利用好价格的周期性波动

经济的周期性动荡会产生一个直接的结果，就是商品因为供给的变化，而产生价格的周期性动荡。比如说在司马迁那个时代，丰收就会谷贱，歉收就会米贵。这又是一个不以人的意志为转移的周期。经营者如何应对和利用这样的周期呢？

司马迁借计然之口分析说："论其有余不足，则知贵贱。贵上极则反贱，贱下极则反贵。贵出如粪土，贱取如珠玉。财币欲其行如流水。"

"论其有余不足，则知贵贱"中的"有余"就是货品供应过多、过剩，"不足"就是货品供应不足。这体现的是供求关系，供

应的商品一旦数量过多，一定会导致价格下跌，而一旦供应不足，价格就一定要上涨。这就是自然的规律。

但供求永远是矛盾的关系，当产品价格高的时候，大家就会拼命生产，反而会导致商品供应过剩，然后价格就要开始下跌；当价格下跌到一定程度，大家纷纷退出这个市场，商品的供应就会减少，价格反而就要上涨。

所以说价格的涨跌有个规律："贵上极则反贱，贱下极则反贵"。也就是说商品的价格涨到了极点，就一定会往下走。跌到了极点，就一定会往回弹。我们一直强调，对于高手来说，最好的机会从来都是隐藏在动荡和不确定中。经营的高手，就是要掌握并利用好价格的周期波动。

那么，具体应该怎么利用价格的周期呢？原则就是"贵出如粪土，贱取如珠玉"。"贵出如粪土"，是说当价格开始高涨的时候，你要将所有的货物迅速地卖出去，甚至夸张地说，把货扔出去，就像把粪土扔出去一样，丝毫不要留恋。"贱取如珠玉"就是指货物价格下跌时，你反而要将它视同珠宝一样，果断出手抢进来，丝毫不犹豫。

普通人投资时的心理是什么？追涨杀跌。价格上涨的时候，觉得价格可能还要涨，因此往往不愿卖。价格下跌的时候，担心价格可能还会跌，所以往往不敢买。但是真正的高手正好相反，涨的时候，要像丢粪土一样大量扔出去；跌的时候，要像抢珠玉一样大量买进来。

用白圭的话说是"人弃我取，人取我与"。大家都抛售的东西我要购进，大家都购进的东西我要卖出，这是利用价格的周期。

无敢居贵：应对周期的关键是警惕人性中的贪婪

当然，上面这两条原则其实很简单，说白了就是贱买贵卖。但是问题是，道理都知道，为什么很多人都做不到呢？有两个原因。

第一个原因，在价格周期性的波动中，你永远不知道什么时候才是最贵的，也永远不知道什么时候才是最便宜的。事后看的话，哪个时候价格最高、哪个时候价格最低，是很清楚的。但是在事前和事中，你很难准确预见到最高点和最低点到底在哪里。

第二个原因，人的本性是贪婪的，人骨子里都是希望获得更高收益的。越是价格上涨的时候，就越舍不得卖。等到价格突然下跌，就算你想卖也没机会了。

所以，司马迁借计然之口，对经营者提出了这样的警告，就是"无敢居贵"，也就是不要贪图暴利。不要因为一味追求利益的最大化，而让贪得无厌蒙蔽了自己的眼睛，冲昏了自己的头脑。一定要有高度的自制意识。

贵和贱其实是相对而言的。《战国策》有一句话"时贱而买，虽贵而贱矣；时贵而卖，虽贱已贵矣。"价格低，你出手买进了，买进后发现价格更低了，你会很后悔。但其实你买的价格虽然"高"，但已经低于它的应有价格了，已经很值了。这就是"时贱而买，虽贵而贱矣"。价格高，你把它卖出去了，结果你发现价格还在涨，你会很后悔。其实你卖的价格虽然"低"，但已经高于它应有的价格了，已经很值了。这就是"时贵而卖，虽贱已贵矣"。

前面提到的范蠡，经商时"逐什一之利"，也就是只要 10%的利润，高于 10% 的利润不要。李嘉诚也讲过一句话：不要去挣最后一枚铜板。

要经营，每一枚铜板都很重要，为什么不挣最后一枚铜板呢？无数人就是因为不断地去试探最后那枚铜板的边界，最终在周期突然进入下跌阶段时已经无法全身而退。

不去挣最后一枚铜板，才能在动荡的周期中永远保持足够的安全边际。

人性的本质是贪婪的，真正做到"无敢居贵"是最难的，因为这与人性的贪婪完全是背离的。但管理就是要做难而正确的事情。认识你自己，警惕人性的致命弱点，是在周期性的动荡中做出明智决策的前提。

智、勇、仁、强：巨商品格的四大要素

那么，在由不断波动的周期构成的商业环境中，什么样的商人才能成为真正的巨商呢？《货殖列传》中借白圭之口讲了四个要素：智、勇、仁、强。原话是："其智不足与权变，勇不足以决断，仁不能以取予，强不能有所守。虽欲学吾术，终不告之矣。"

如果一个人，智慧不足以随机应变，勇气不足以果敢决断，仁德不足以正确取舍，强健不足以有所坚守，就是想学我做生意的方法，我也不会告诉他。

"智以权变"，商业环境最大的特点就是动态的、不断变化的、不确定的，经营策略必须在理解和把握周期规律的基础上，因时而变，因地而变，因人而变，才能顺应周期的变化，顺应时代的潮流。

所以好的经营者一定要拥抱变化，用司马迁的话就是"乐观时变"。经营者不能一根筋，而是必须具备动态地把握机会的能力。

只有具备随机应变、灵活变通的品质，才能根据事态的发展，做出最佳的决策，采取最佳的行动，从而顺应周期，把握住最佳的商机。这就是所谓的"智以权变"。

"勇以决断"，有了机会怎么去把握？靠决断力，这就需要勇，勇就是决断力。白圭曾经讲"趋时若猛兽挚鸟之发"，把握机会以后就像猛兽和老鹰捕食那样一击即中。

在不确定的环境下，所有的决策都是在信息不完善的情况下做出来的。所以优秀的管理者一定要有决断的魄力，根据对周期的认知以及对机会的把握，在关键时刻敢出手，敢拍板，敢下决心。只有具备强大的决断力，才能把你的智慧与果断的行动结合起来，从而把握住周期中一纵即逝的机会。

"仁以取予"，"取"就是获取，予就是分享。商业要逐利，但商人更要学会分享，有了利益就全部装到自己腰包，马上就人心大去。这样的人是成不了巨商的。好的商人，必须是利之所在，必与人共分之；名之所在，必与人共享之。

"仁以取予"就是你要有博大的胸怀，要有利他的精神。这样才能赢得别人的追随，赢得更大的合作，赢得社会与市场的认同，从而才能成就更大的事业。

"强有所守"，拥有财富后最大的挑战是什么？人在巨大的财富面前很容易迷失自己。财富会让人膨胀，甚至骄横霸道，进而为非作歹。财富可以成就人，也可以毁灭人。财富最能考验一个人的人品，考验一个人的底线。只有具备强大自控力的人才不会被冲昏头脑，始终保持低调、谦卑、清醒、冷静和理智，在困境的时候看到机会，在顺境的时候看到风险，从而做到富而不骄，败而不馁，不为外在的周期所扰乱，从而把命运掌握在自己手里。这就是强有所守。

周期的特点就是像潮水一样有起有落。有上升，有高潮，必然有衰退。如果陶醉于周期上升期所带来的势如破竹，满足于顺势而为所带来的虚幻的力量感，人就很容易迷失自己。一旦周期不以人的意志为转移进入衰退期，那些迷失了自我的人就会因曾被高高抛起而重重摔下，陷入万劫不复。

在动荡、复杂、不确定而又机会与压力并存的商业世界中，一个人身上的弱点很容易被放大，甚至导致决策和经营的失败。这就是优秀的经营者为什么一定要像优秀的将军一样。只有具备"智勇仁强"的领导者，才能在动荡的周期中始终保持清醒的头脑，冷静地分析形势，果断地把握时机，从容地调动资源，并且不管外在的周期如何波动，内心始终保持强大的定力。一句话，只有"智勇仁强"的领导者才能具备跨越周期的能力。

结束语

司马迁在《货殖列传》的最后有个非常精彩的总结，揭示出了商业环境的一个特点，就是"富无经业，则货无常主"。

财富从来不会固定在某个行业，每个行业都可能诞生巨富；财货从来没有固定的主人，你不要想永远掌控财富。财富是无主的，财富的拥有者是不断变化的。司马迁说，你仔细看看历史，就会发现，财富从来是"能者辐凑，不肖者瓦解"的。有能力的人自然就会聚集来财富，不肖的人则一定会毁灭财富。

所以，司马迁的《货殖列传》，表面写的是商人，是商业，是经营，是周期，但其实他最终写的是商业中的人性。商业和经济的周期是不断波动的，而人性是千古不变的。理解人性的本质、控制人性的弱点，是成功应对周期的最关键要素。

从人性的角度审视自我，审视财富，审视经营，经营者才能更好地理解商业与商业世界的本质，同时在动荡的商业世界中，做到世自乱而我心自治。这也是《货殖列传》给后人提供的最大的启发。

没有永远成功的企业，
只有不断适应时势的企业。

1

什么叫"乐观时变"？
用我们今天的话说，
就是好的经营者不会为时代的动荡与
不确定性而焦虑，
相反，他们是高高兴兴地接受不确定性，
理解不确定性，拥抱不确定性，利用不确定性。

2

高手着眼的是超出常人的长期主义，
从而在周期性的动荡中识别出最好的机会，
并从中获得超出常人的战略性回报。

3

4 认识你自己，
警惕人性的致命弱点，
是在周期性的动荡中做出明智决策的前提。

5 财富从来不会固定在某个行业，
每个行业都可能诞生巨富；
财货从来没有固定的主人，
你不要想永远掌控财富。
财富是无主的，
财富的拥有者是不断变化的。

大分化时代，中国经济**转型**走向何方

滕 泰

著名经济学家，
万博新经济研究院院长

编者按：作为一个深受国家决策部门重视的市场派学者，滕泰先生曾多次参加国家决策部门专家咨询会，参与对经济形势的研讨。10年前，他便极具前瞻性地提出了"新财富""软价值""新供给"等概念。滕泰先生说，"当很多人还在用罗盘来探索航线的时候，有人已经用导航卫星找到了新的发展路线"。在外界环境云谲波诡的当下，如何理解我们所处的经济周期？又该如何找到那颗导航卫星？滕泰先生在本篇采访中分享了他独到的见解。

4 种经济周期与 3 种增长模式

　　从时间跨度上，我们可以把经济周期分成大周期、中周期、小周期。时间比较长的周期通常是由科技革命决定的，比如康德拉季耶夫周期，一般 50 年为一轮。大家通常认为近现代自市场经济诞生以来，有 5 轮大周期，分别由纺织业、蒸汽机、钢铁业、化工业，还有通信业的变革性技术引起，继而蔓延到各行各业，形成新的大周期。

　　比康德拉季耶夫周期短的经济周期是库兹涅茨周期，一般持续 15~25 年，它与房地产以及基本建设投资的相关度比较高。比如，中国经济从 2001~2020 年的 20 年，从库兹涅茨周期来看，可以视为一个由房地产和基本建设驱动的经济周期。这 20 年里，建筑、建材、家装、装潢等与房地产和基本建设相关的 70 多个行业，都处于一个较长的繁荣周期，而伴随着这一轮库兹涅茨周期的结束，之后 20 年相关行业增速便会下降，部分行业会面临负增长，必须深度转型。所以，库兹涅茨周期对宏观经济和企业的影响非常大。

　　还有时间更短的周期——企业厂房设备的更新周期一般为 10 年，我们称之为设备投资周期或朱格拉周期。未来，随着快速工业化告一段落，很多制造行业的企业会受到设备投资周期的影响。

　　企业补库存、消耗库存也会造成经济波动，由此产生的周期叫作库存周期或基钦周期。

　　从需求侧来看，货币政策导致金融市场波动，产生不同的货币周期。有人说，信贷和金融市场的收缩与扩张，是全球经济不稳定的原因。不过需求侧的经济周期的影响因素远远不止金融市场的收缩与扩张，马克思、凯恩斯都从更深层次解读了资本主义社会的经济周期现象。马克思认为，经济周期源自资本家的扩大再生产和劳动者收入较少造成的相对生产过剩（需求不足）的矛盾；而凯恩斯则认为，周期性的需求不足源于边际消费倾向递减等心理偏好定律。但是二者都认为总供给超过总需求会造成经济衰退或通货紧缩，而总需求超过总供给时，则经济繁荣，也可能产生通货膨胀。

根据我这些年的研究，首先不管是市场预测还是政府决策，都更关注的还是中周期和短周期。其次，政府往往对需求侧的周期很关注。在 2012 年 11 月，我曾经发表过一篇文章《新供给主义宣言》，我在文章中提出如果仅关注短期的需求周期波动，有可能会忽视深层次的改革。政府既要熨平经济周期，引导经济稳定运行，同时必须推动深层次的改革，提高经济的潜力，这样才能让中国经济有长期增长的动力，才能让中国经济长期繁荣。

我将增长模式概括为 3 种：斯密增长、库兹涅茨增长、熊彼特增长。这 3 种增长模式是我于 2012 年在《新供给主义宣言》里提出来的。

斯密增长模式下，社会分工变革促使生产效率提高，是经济增长的主要动力，20 世纪 80 年代中国经济的增长在很大程度上就源于这种增长模式。比如农村家庭联产承包责任制推行之后，人口、土地和生产技术短期内都没有太大变化，仅仅是开始实施包产到户，几年之内中国的粮食产量就翻倍了。

库兹涅茨增长是什么？经济学家库兹涅茨主要研究的是生产要素的投入和产出对经济的影响，因此我将大量劳动力、资本、技术等生产要素的投入带来的增长模式定义为库兹涅茨增长。中国在 20 世纪 90 年代的经济增长模式是典型的库兹涅茨增长。那时候我正在读大学，见证了几亿农民工从农村到城市去找活儿干，"民工潮"现象本质上是对城市投入了大量的劳动力要素。另外，因为人们没什么投资渠道，只能把钱都存进银行，银行得以将储蓄转化为投资，这是大量资金要素的投入。此外，20 世纪 90 年代还有很多技术要素的投入，有自主发明的技术，也有引进的技术。还有管理要素的投入，如国内开始引入各种管理方法……但是现在库兹涅茨增长已经相对不可持续：劳动力红利逐渐减少了，土地和资源的投入受到环境制约，资金成本也居高不下……因此，需要深化生产要素市场的供给侧改革，以此减少供给约束、降低要素的供给成本、提高供给效率。总之，粗放式地投入生产要素就能推动经济增长的阶段已经过去了。

那我们未来应该怎么办？关键在于将增长模式转变为熊彼特增长，而实现这一转变的核心在于企业家的创新。企业家的创新包括研发新产品和新技术，创造新的场景和体验价值……苹果手机上市属于产品创新；电力革命、互联网革命属于技术创新；场景创新也很重要，以共享单车为例，共享单车使用场景中的自行车、道路、扫码技术都和过去一样，它只是创新了消费场景，就改变了我们最后一公里的出行方式。

创新是破坏性创造的过程，它是未来推动经济增长的主要力量。10 年前我提出一方面要重视熊彼特增长，另一方面要深化改革，重启斯密增长，比如深化户籍制度改革、深化教育改革等，从而挖掘社会分工的潜力，释放经济活力，让一切创造财富的源泉充分涌流。

经济大分化，原来的增长模式不可持续

大国经济和小国经济遵循不同的模型。当前全球经济增长的

80% 来自中国和美国，只有美国的市场可以和中国的市场相比。当然我们也可以借鉴其他国家（地区）的经验和教训，比如从发展道路来看，在 20 世纪 80 年代，日本非常重视产业政策和基本建设投资，但后来产业政策失效，基本建设投资也成为低效率的代名词，而那段时间被称为"失去的 20 年"。

至于共同富裕，中国很难学习欧洲那些国家（地区）的发展模式，因为他们的资本原始积累是在殖民掠夺的基础上完成的，而中国的崛起是和平崛起，没有掠夺海外资源，靠的是内部积累。

现在是一个经济大分化时代，靠投资推动经济增长的模式的不可持续性，在 2021 年表现得非常明显，具体如下。

第一，从乘数效应看，我国北方一些省份 1 元的投资居然产生不了 1 元的 GDP。但据有关学者测算，1 元的消费在农村可以产生 5 倍的消费乘数效应，在城市可以产生 3 倍以上的消费乘数效应。

第二，从微观效应看，很多投资都是亏损的。去年高速公路收支差额达 7000 多亿元，200 多个民用机场大部分是亏损的，还有 2000 多个特色小镇 80% 都是亏损甚至闲置的。

第三，从宏观效应看，投资已经严重过剩。去年我国投资总额是 55 万亿元，GDP 是 114 万亿元，投资占 GDP 的比重约为 48%，而多数欧洲国家、美国、日本等的投资总额占 GDP 的比重都处于 20% 左右，这是比较健康的水平；发展中国家如印度，投资总额占 GDP 的比重也只有 27% 左右。假设 10 年后我国 GDP 是 150 万亿元，投资总额占 20%~25%，那就是三四十万亿元，所以我们的投资总额未来要降到三四十万亿元才是合理的。如果未来每年投资总额和 GDP 一样增长 5%，10 年后投资总额就会超过 85 万亿元。

因此，靠基本建设来推动经济增长的模式已经不行了。投资总额下降，出口又遭遇贸易保护主义，未来经济增长主要靠消费来驱动。

怎么完成由投资驱动向消费驱动的转型呢？如果居民收入增速下滑，消费高增长如何实现？因此，整个经济决策观念需要转型，过去投资驱动型的财政政策要变成收入转移型的财政政策。以前政府将税收用于投资，以后应该用于给中低收入者转移支付、发补贴，以及建立健全社会保障体系。货币政策也要转型，从以前支持基本建设投资、企业投资，变成支持消费、降低融资成本、降利率刺激消费。

在我的新供给经济学理论中，新供给替代老供给的过程应该是先立后破。在乔布斯创造苹果手机之前并没有人先把诺基亚、爱立信手机关掉，而是在乔布斯创造了苹果手机，创造了巨大的新的消费需求之后，爱立信这些品牌的手机才逐渐退出市场；并且苹果手机不仅创造了市场对自身的需求，还带动了产业链上千万家企业的繁荣。

在新旧更替的过程中，先有新供给的产生，后有老供给的退出，破坏性相对较小，但是如果把它们反过来就会产生严重的破坏性。现实中，有的部门和地方机械地理解这个问题，在"去产能"时，觉得哪些企业是过剩产能就直接将其关掉，造成了经济损失和失业问题。所以我认为新旧更替一定要尊重市场的力量，尊重企业家精神，绝对不能先人为地关掉自己认为供给过剩的产业，而是要尊重先立后破的产业更新逻辑。

在深化改革中要先破后立，这里破的是什么？破的不是供给老化的企业，而是那些不合理的约束供给的政策、影响新供给产生的制度，只有突破供给约束堵点，把那些不必要的管制权、专营权都破除掉，新供给才能产生。

那么新供给到底"新"在哪里？任何一个产业都有新供给和老供给，比如智能手机相对于非智能机是新供给，新能源汽车相对于燃油汽车是新供给。

产业革命不断地往前走，经济增长的前景不在老供给结构里，而在企业家通过创新不断推出的新产品、新业态、新场景、新体验里，这些新供给会改变我们的生活方式，提高我们的生活水平，带来新的经济增长。

此外，政府可以解除供给约束，减少供给抑制，让新供给替代老供给。什么是市场化的供给侧改革？第一，减税降费，降低社会的运行成本。第二，释放五大生产要素的供给约束，让土地、资本、劳动力、技术、管理等财富的源泉充分涌流。第三，破除针对各个行业不必要的管制权和专营权。第四，让新供给创造新需求。不过，在落地中央关于供给侧改革的相关政策时，一些地方政府会选择性地执行一些对自己有利的政策。政府需要从上到下都实施"刀刃向内"的改革，要改变生产关系、解放生产力，这才是真正的供给侧改革；应该少去干预企业，刀刃向外、干预企业的活动都不是供给侧改革。

判断一个新事物能不能成为新供给，第一是要判断该事物能否受到消费者的欢迎，第二是要判断该事物能否创造 N 倍的新需求。新供给包括新技术、新产品、新场景、新体验、新商业模式，比如互联网、智能手机、共享单车、网约车。一旦受到消费者的欢迎，这些技术、产品、场景、体验、商业模式能卖出去，那么它们就是新供给。此外，新供给能够创造几倍的新需求，如果只产生 0.5 倍的需求，那就是供给老化，或是供给过剩。以苹果手机为例，它推出以后，不但卖得很好，还带动了消费者对很多 App 的需求。

新认知下的软价值

新供给经济学的学术传承主要来自熊彼特理论。经济学家熊彼特非常强调创新，用创新来解释经济增长。他认为如果没有创新，经济在原有的结构上，仅仅是原地踏步，所以过去约 1000 年前的农业社会可以说没有经济增长。关于创新，他提出了 5 种模式，新供给经济学提出的新场景、新产品、新技术、新体验、新商业模式与之一脉相承。

目前，我国既有很多人才，也有资金等要素资源，在这样的背景下，既需要企业家把这些资源组合起来，也需要政府创造好的环境。促进创新必然要打造良好的营商环境，推动"放管服"改革，但归根结底还是要靠个人的积极性和创造性。

企业要想创新，就要掌握人们创造性思维的规律。物质生产活动的投入产出关系是线性的，创新活动则不一样，它源于人们的创造性思维，如果严格要求李白朝九晚五地工作，他不一定能创作出那么多的伟大诗篇；让他喝一顿酒，他反而可能会创作出好几首诗来。对企业家来说，管理员工做研发、写程序也是一样的，可能很多团队都研发游戏，但只有少数团队能研发出像《王者荣耀》这样的"爆款"。所以要创造软环境，提供足够的创造性要素。比如要创造文化娱乐类产品，那么相关的文化素材、软资源就要准备好。

总之，创新是一种软价值的创造，它的规律与物质生产不一样，企业家需要掌握。

在周期转变和经济深度转型的过程中，企业家首先要看清大势，认清当前的宏观格局。现在是一个大分化的时代，不仅是东方经济与西方经济的大分化，还有产业分化、区域分化、收入分化，在这个分化格局中，企业找准自己的位置很重要。比如，房地产开发或基本建设行业未来可能面临低增长甚至是负增长，传统产业的蛋糕越来越小，而新能源等产业的蛋糕越来越大，那么很多企业必然会面临转型。所以企业家要看清大势，选对方向。

其次，企业家要知道，我国已经进入新的发展阶段，人们的需求跟以前不一样了。现在人们的需求是什么呢？是基于对美好生活的需要。人们要穿衣服，不仅是为了御寒保暖，还有对款式、品牌、文化、设计的需求；人们出门要开汽车，不仅仅是为了快速到达目的地，更是为了满足时尚、智能化等方面的需求。如果在满足基本物质需要的老供给红海里面挣扎，只想办法降低物料成本、人工成本等，企业很难有新出路；只有加大研发投入，创造新产品、新场景、信息眼等软价值，改变人们的生活方式，满足人们对美好生活的需求，才能开拓新市场。

如何创造软价值，是所有企业转型时面临的关键问题。

很多企业不敢投入大量资金做研发，因为研发的投入产出关系是不确定的。比如木桌制造商如果投入资金购买木料，一定能够做出桌子来，二者是线性对应的关系；但是将资金用于研发的话，可能投入 1000 万元、1 亿元，产出还是零，所以很多企业宁可在物料上降成本，也不愿意加大研发投入。

那么怎么才能掌握研发创造的规律呢？《深度转型》这本书提到的"软价值"方法对大家可能会有一些启发，其中讲了研发创造的方法、体验价值、场景的创新方法等。举个例子，1931年冬天，正是美国大萧条时期，可口可乐卖不出去。于是可口可乐公司找了一位艺术家，重新"创造了"圣诞老人——就是现在大众所看到的身着红白套装的圣诞老人，在那之前，什么形象和颜色的圣诞老人都有。可口可乐公司用自己产品代表性的红色和白色重新创造了圣诞老人，让他给孩子们送去可乐。从那以后，人们在冬天也开始喝可乐了，这便是通过场景创新创造新需求。除此之外，体验价值创新也能创造新需求，梵高的画在他生前并不值钱，现在却价值几千万元甚至上亿元，画没有变化，变化的是人们对文化潮流的追求。把握文化潮流、顺应文化潮流，借此让自己的产品给人们带来更多更好的体验，也是价值创造的一种。

在软价值时代，价值不仅可以在生产端产生，也可以在需求端创造。研发价值是在生产端创造的，场景价值、体验价值则是在需求端创造出来的。企业要做硬价值的制造者，更要做软价值的创造者，因为人们对大部分产品的需求，都是既出于对硬价值的需求，也出于对软价值的需求。如果深入剖析，甚至人们对硬价值的需求只占20%，而对软价值的需求要占到80%。手机、汽车、衣服等产品都不外如是。

现在有人认为消费升级了，因为宝马、奔驰等品牌的消费额越来越高；也有人认为消费降级了。实际上消费升级和消费降级都不能描述当前的消费状况，正确的描述应该是消费分级，有消费升级，也有消费降级。消费升级是在选择软价值，消费降级是在选择硬价值，二者并行不悖。这说明社会分工越来越细化了，人们的需求也越来越细化了，每个人都可以找到能够满足自己需求的产品。

如何培养前瞻性思维，看清大势

　　我再讲个故事，在一个行业领袖闭门会上，很多企业家都在讨论生意为什么越来越难做，有强调资金链、供应链问题的，有讨论管理、产品创新和商业模式的，甚至有谈家庭传承的。我一边听他们的观点，一边想象了一个场景。假设明代的某一年，洛阳、长安等地的商业领袖们也聚在一起开研讨会，讨论为什么生意越来越难做，是不是他们也会找到同样的原因？他们能想到真正让他们的生意越来越难做的原因其实是东西方贸易路线的改变，是万里之外海上大船的运输效率远远超过马和骆驼吗？如今这个时代的商业领袖们也觉得生意难做，除了资金、管理、产品、商业模式和家庭传承，他们能看到这个时代正在发生的深刻变革吗？

　　中国乃至全球的经济现在处于一个大分化的时代，时代变了，如果你还守在原地，就会被淘汰。所以企业家一定要想好、看透未来经济转型的方向，不要站在原地。当很多人还在用罗盘来探索航线的时候，有人已经用导航卫星找到了新的发展路线。

　　作为学者，我们的研究需要有一定的前瞻性。拿经济周期来说，如果仅关注一些同步指标或者滞后的指标，等经济周期过去了才发现这个现象，这对我们决策的作用与意义就会相对小一些。在过去 20 多年进行宏观研究的过程中，我研究了一些具有前瞻性的指标，比如在 2010 年大家都很关心通货膨胀，我参加了一次座谈会，其中一个重要话题就是汇报通货膨胀问题，当时我碰巧做了 6 个专题研究，通过探究物价的影响因素来预判经济形势，6 个专题分别是货币、原材料、人工成本、工资、粮食，以及行业竞争格局。根据那些专题研究的结果，我推断那一轮通货膨胀是短期的，会在 2012 年结束，事实证明这个推论是对的。

在理解经济运行逻辑的基础上，长期观察、关注一些前瞻性的经济指标，自然就会对经济形势有一定的判断力。但前提是对经济运行逻辑有一定的理解，比如理解 20 年一轮的房地产周期，同时关注居民收入增速、人口流向等经济指标，就可以大致判断现在的房地产行业处于什么阶段；理解了制造业的厂房设备更新周期和库存周期，就可以结合产业更替规律，以及原材料库存、产成品库存和新订单的关系，来判断经济处于什么阶段。

影响经济的因素比较复杂，有人看到 PMI（Purchasing Managers, Index，采购经理指数）跌到 50 以下就说经济不好，PMI 涨到 50 以上就说经济好，事实上二者的关系是很复杂的。PMI 有很多细分指标，如原材料指标、库存指标、产成品指标、新订单指标等。这些指标共同作用，影响下一轮周期是趋于补库存还是去库存，同时金融市场的收缩与扩张也会对经济发展产生影响。所以我们判断经济形势的关键是把其背后错综复杂的逻辑搞清楚，综合分析影响经济的各种因素，尤其注意特定阶段最关键的指标，从而得出明确的结论。

具体到普通人如何理财，我有一些建议。

首先，大类资产要分配好。如果过去 20 年在中国配置了房产，毫无疑问是获益的，但今后可能会有一些变化，因为持续 20 年左右的房地产上升周期恐怕已经告一段落。未来中国的房地产行业会进入一个分化的周期，不同区域、不同位置的房价走势会不一样：核心城市的核心区域房价或许能保持增长，但是在一些三线、四线城市或人口流出的城市，未来房价可能会下跌。对于很多年轻人而言，以前是买房好，房子既能居住还能增值，但未来可能是租房好。所以要跟着时代去转变理念。

其次，要相信企业家的价值创造能力。一般来说，股票这种权益类投资的长期收益会超过债券、固定投资，这在美国和一些欧洲国家过去 100 多年的历史中都已经得到了验证。虽然过去十几年中国的股票指数基本没有涨，但随着资本市场的治理结构越来越完善，经济增长的成果一定会体现在资本市场上，资本市场上的优秀企业会带给投资者丰厚回报。如果在购买股票时能够选到优秀企业，自然要长期持有其股权；如果没有能力去选择，那么购买专业人士管理的公募基金、私募基金也不失为好的选择。但不论是选购股票还是基金，都要与未来经济发展的方向相吻合，适合过去 20 年那种增长模式的代表行业，比如房地产、基本建设、建材等增速下滑的行业，未来总体的投资机会越来越少，而新技术、新产品、新场景则孕育着很多新的投资机会。

新旧更替一定要
尊重市场的力量，
尊重企业家精神，
绝对不能先人为地关闭
自己认为供给过剩的产业，
而是要尊重先立后破的产业更新逻辑。

1

现在是一个大分化的时代，
不仅是东方经济与西方经济的大分化，
还有产业分化、区域分化、收入分化，
在这个分化格局中，
企业找准自己的位置很重要。

2

只有加大研发投入，
创造新产品、新场景、新体验等软价值，
改变人们的生活方式，
满足人们的美好生活需要，
才能开拓新市场。

3

4

产业革命不断地往前走，
经济增长的前景不在老供给结构里，
而在企业家通过创新不断推出的
新产品、新业态、新场景、新体验里，
这些新供给会改变我们的生活方式，
提高我们的生活水平，
带来新的经济增长。

5

消费升级和消费降级
都不能描述当前的消费状况，
正确的描述应该是消费分级，
有消费升级，
也有消费降级。

周期
难以预测，保持
常识与信心

管清友
如是金融研究院院长、
首席经济学家

编者按：康波周期，这个第一眼看上去略显艰涩的经济学术语，如今不时见诸报刊等媒体，网络上甚至有"人生发财靠康波"的说法。康波周期究竟意味着什么？我们该如何透过纷乱的经济现象，把握宏观经济的周期规律？著名经济学家管清友接受采访，发表了他关于金融周期、能源周期的见解，以及对人类智慧难以穷尽纷繁世相的哲思与感叹。

经济有周期，未来难预测

经济确实是有周期的，就像一年四季，春夏秋冬；就像周期论者所说的那样，经济是有波动的、有规律的，有繁荣，就有衰退、萧条、复苏，以及新的繁荣；就像很多经济学家所说的那样，萧条的唯一原因就是繁荣，繁荣过度就会出现萧条。

经济周期的相关理论和划分方式很多。按时间跨度，经济周期有短周期、中周期、长周期之分。基钦周期，通俗地说就是库存周期，它与企业的库存变化情况有关，也叫短波理论，时间跨度为 3~4 年；朱格拉周期又称设备更新周期，时间跨度约 10 年，属于中等长度的经济周期；库兹涅茨周期一般受房地产和建筑行情影响，又称建筑周期和房产周期，时间跨度为 15~20 年，属于中长周期。至于康波周期，亦即康氏长波周期，是经济学家康德拉季耶夫提出的。他分析了英、法、美、德等世界各国的大量经济统计数据后，发现发达商品经济中存在为期 50~60 年的长周期。后来经济学家熊彼特进一步把康波周期划分为繁荣、衰退、萧条、复苏 4 个阶段，指出技术创新、革命性技术的出现是经济长期波动的根本原因，技术的演变是推动康波周期运行的主要动力，因此康波周期也叫科技投资周期。

如果你现在根据康波周期的理论来判断，自 18 世纪 60 年代以来，世界经济一共经历了 4.5 次长周期波动，当下正处于第 5 次康波周期的中端，也就是衰退末期、萧条初期，这种萧条会持续 10 年左右，之后会慢慢复苏。

是不是真的会这样发展呢？其实很难下肯定的结论。毕竟，依靠从过去的周期中提炼出的经验去预测未来，我认为是比较难的，因为当下种种因素变化太大了。我们不能简单地断言经济处于繁荣、衰退、萧条、复苏中的哪一阶段，而是要结合各种因素去判断经济周期的走向。

例如，要判断 2022 年前后几年的周期，可能与你假设的很多条件有关。假设现在处于衰退后期、复苏前期，或者萧条后期、复苏前期，并且衰退阶段和萧条阶段是可能合并在一起的，但因为政府应对很快，加上疫情防控以及与之联动的一系列稳增长的措施出台，衰退和萧条就可能慢慢结束，复苏也会慢慢开始，这正是现在可以看到的状态。但是，短期分析的结果与你分析的时间跨度以及选择基准、基点都有很大关系。

从预测趋势的角度来看，我们对下个季度、下个半年可能略微看得清楚一些、预测得准确一些。但如果被问到明年的经济形势怎么样，这就需要多预判一步，而且预判是有难度的。

甚至从资本市场的视角来看，还要预判两步——资本市场关注的是"变化的变化"，正所谓"二阶导数"，比如即使经济在变差，但它变差的速度在变慢，资本市场就会根据态势判断拐点，提前布局。股票市场就经常基于"变化的变化"呈现出"先发的走势"。

所以，短周期的变数少，政策等影响因素大致能够看清，经济走势相对就更容易判断、预测，而中周期、长周期的经济走势——基于当下情况，这个时间跨度可能为 3 个季度或者更久——就不太容易看清，很难预测。2021 年年底我就判断，2022 年的经济走势是"前低后高"，但 2022 年上半年特别是 4 月、5 月的疫情对经济的连续冲击是预测不了的；美联储加息的影响因素是去年已经考虑到了的，但金融市场的反应如此剧烈，这是没有想到的。

说到周期，很多人会想起已故的周金涛老师（周金涛病逝于

2016 年，生前担任中信建投证券首席经济学家，曾数次成功预测经济波动，被誉为中国康波周期理论的开拓者），他就很推崇康波周期理论。在我眼里，周金涛老师是个很勤奋的人，对经济研究和投资研究孜孜以求。我是到券商工作之后开始和他接触的，我们是同行，我也经常向他请教问题。他去世前一年还到我办公室里，委托我办了一些事情。很多情景，历历在目。

周金涛引入康波周期理论，对周期理论进行研究、挖掘，甚至改造，确实给大家进行经济分析、市场分析提供了一个非常好的观察工具。他不仅对长周期、中周期、短周期的嵌套提出了自己的一套分析逻辑，而且他的经济思想一以贯之，认为周期是逃不开的，人人都处在周期之中，人类的智慧是有极限或者天花板的。他的工作既是非常不容易的，也是非常难能可贵的，是值得肯定和纪念的。

周金涛用康波周期理论分析了过往的周期并且做了前瞻，那么，是否每个人都要信奉这套理论并用其进行前瞻？我想，这取决于每个人的经济思想、市场思想。

就我个人而言，我尊重这套理论，但我不太用它去解释问题，因为现实中有太多扰动因素，比如一项技术的突然出现、政策或思路的创新，甚至一个重要人物带来的巨大影响，这些因素甚至会动摇所谓的短周期、中周期的根基。所以，如果用绘画技法来比喻，短周期类似于工笔，刻画得相对比较清晰；中周期类似于白描，看起来有些模糊，但大概能看出轮廓；长周期类似于写意，重在表达神韵、意象，无法像工笔那样去描绘，这是人类智慧的极限所致。

在牛顿力学体系被推演出来之前，人类是没有很好的工具去探究天体物理的；在爱因斯坦的相对论出现之前，人类对宇宙的认识是基于牛顿力学体系的；在量子力学诞生之前，人类认为爱因斯坦的相对论已经足够解释问题了。

对经济、市场的分析，其实也是一样的，会不断出现新的工具、新的视角、新的思想。而且，与数学、物理、化学这些自然学科的发展相比，对经济、市场的分析还是远远落后的——今天人们对经济的分析还停留在将近 100 年前凯恩斯主义流行的时代，似乎还没有跳出那个圈子，当然这只是其中一个流派，算是所谓的主流；人们对市场的分析，似乎还停留在波浪理论、蜡烛图上，相关进展尤其是理论进展还是比较小的，当然这也可能是因为市场太难以把握或根本不可能把握。

宏观经济学理论的贫瘠由来已久，因为宏观经济学发展停滞，似乎没有新的理论帮助人们获得具有划时代意义的认知。甚至有人会认为大萧条时期诞生的凯恩斯主义现在看来是有问题的，经济分析可能要回归到更早的古典经济学中，尊重市场的自然调节、市场自发秩序的延展；也有人认为可以从由凯恩斯主义衍生出来的理论中寻找新的工具，当然，新的工具目前也还没有找到。

所以，经济理论的迭代相对比较缓慢，一定程度上制约了人们对经济系统的认知。很多人认为经济学不是科学，事实确实如此，你很难用科学的范式去研究经济学，也很难像推演数学公式一样去推演经济运行的趋势。这是我的一些认识。

善用政策工具，应对周期稳经济

美联储加息，以及中国的一些政策工具、金融工具，都可能对经济发展、经济周期产生一定影响。这些工具从凯恩斯主义时代之后一直都存在并能够发挥作用，实际上，财政政策、货币政策本身就是凯恩斯主义提出的两大抓手，从大萧条时期以后一直在使用。

在凯恩斯主义出现之前，它们不太被使用是因为存在一种共识——市场能够自发调节，最后形成新的均衡。在凯恩斯主义出现之后，世界经历了很长的一个阶段：二战、二战之后的重建、石油危机、布雷顿森林体系崩溃、西方国家长达十几年的经济滞胀……凯恩斯主义没有考虑到这些问题，这种情况下凯恩斯主义的套路也无法奏效，所以才出现了新供给学派等。

所谓政策工具对市场的扰动，其实目前在经济学界并没有定论，不同经济学流派的认识是不一样的。比如货币学派认为货币是起作用的，政府需要采取的唯一政策，是公开宣布一个在长期内固定不变的货币供应量年增长率，这一增长率应与实际国民收入预计在长期内会达到的增长率大体一致，以保持基本稳定的物价水平。但很多其他经济学流派认为货币政策工具不但不起作用，反而会增加对市场的扰动。

当下经济之所以频繁使用这些政策工具、金融工具，其实也是因为政府和民众已经无法接受经济的衰退和萧条了。这是政治影响经济的体现，全世界几乎都是如此，除非政府无能为力。政府——既指中央银行，也包括能够操作工具的相关机构，美国、一些欧洲国家、日本在这一点上其实是一样的——出发点是希望通过工具进行逆周期操作来熨平经济周期。经济不景气的时候，政策工具、金融工具宽松一些，经济是不是就好起来了？失业是不是就少了？大家的感知是不是就好一些了？同样，经济过热的时候，政策工具收紧一下，经济是不是就减少泡沫、挤掉一些风险了？这就是使用政策工具、金融工具的初衷。

但是，问题在于经济系统是非常复杂的。比如一个皮球在不停地弹跳，把它向下拍，它会弹起来，弹起来之后还会再下落，会有一个动能减弱的过程，再拍它，它又会有新的运动过程。同样，逆周期调节也经常出现超调，比如出台收缩政策，结果收缩力度大了，经济发展速度就变慢了，接着又出台宽松政策，结果宽松力度大了，出现经济过热，然后再收缩，再宽松……如此循环往复，下一期政策往往要去纠正上一期政策带来的结果。

政策工具总是在围绕经济波动、经济周期不停变化，今天救急，明天救火，后天救场，这样一来，原来逃不开的周期可能消失了，经济系统也可能会变得更紊乱。当然，使用政策工具有一个重要的背景：政府很难接受经济下行，而是追求经济平稳、健康发展，因为这涉及社会稳定、民生和人们的收入。

什么叫经济平稳、健康发展？就是经济增速可以低一点，但经济不能衰退、萧条。比如，新冠疫情（以下简称"疫情"）来袭，经济受到冲击，货币政策发挥了作用，这对金融市场释放流动性便是好事，可以避免经济大幅下滑。

但是，经济得到缓冲、进入新的状态之后，也会面临新的问题。比如，美国财政部门在疫情中会通过给人们发放现金来稳定经济，但这样做会带来通货膨胀的问题，如果再选择加息应对通货膨胀，就会导致经济衰退。现在大家已经在预测美国何时进入实质性衰退了。

从过去40多年的历程来看，中国经济增长的动力是开放和改革——开放是利用国际规则、国际市场，是参与全球化的过程；改革是放松管制，释放土地、资本、技术、劳动力等各种生产要素的活力，让人敢干、能干、干成。

从当前阶段来看，中国经济正处于增长动力转换的过程，没有基本建设拉动经济不行，但只靠基本建设也不行，因为基本建设投资的收益越来越少了，投资回报率很低，这是不可持续的，只能积累债务——当然这种债务积累也是需要的，只是不能再像2008年和2012年那样做，而是要适度地允许一部分地方政府的杠杆高一点。值得强调的是，2008年的"4万亿元刺激"计划起到了很大作用，刺激经济是完全正确的，但一些基本建设项目的做法有待探讨；此外，基本建设需要适度超前，但杠杆不宜太高。所以，在今天的情况下，基本建设投资应该是拉动经济增长的辅助手段，更重要的手段、真正推动经济增长的动力，应该是消费——大家花钱买东西，工厂全力生产，从而真正实现中国经济的内循环。

过去中国为什么要利用国际市场呢？因为国内消费能力不足。这些年来，经过参与全球化、从全世界赚钱，国内的消费能力提高了很多，但总体上还是不够的，特别是自疫情发生以来，很多人的收入有限，而且对消费的预期也有限。

这种情况下该怎么办？我想，办法就是"发钱"，通过特别国债的形式，直接给人们特别是中低收入群体发放现金，让大家拿现金直接去消费。核定"发钱"数量、核定"发钱"人数是没有障碍的。

当然，"发钱"归根结底是一种短期提振经济的手段，可能会造成经济过热。那么，为什么还说"发钱"拉动消费非常重要呢？因为它可以扭转大家的预期。假定未来5年每个月定期给人们发1000元，他们会花出去吗？肯定会。不用担心发放的现金会被储蓄起来，每个月领来的1000元总会花掉一半吧。这样的可预见的收入，就会有效对冲部分疫情之下人们对未来收入的不确定感和经济波动带来的种种影响。在此基础之上，可以再进行一些拉动经济增长的基本建设，当然，一定要把相关投资的杠杆率控制在可持续的区间内。

在旧能源通胀中展望新能源未来

最近几年，国际油价、煤价屡创新高，特别是今年的国际局势更造成了油价大涨，我看到一些评论把当前称作能源大通胀周期。对此我认为，这一轮的能源通胀不是暂时性的现象，不会马上结束，持续的时间可能比较长。从 2020 年下半年开始我就有了这一判断，比美联储判断这轮能源通胀是个长期问题要早一些，美联储甚至认为它可能是暂时性的问题。

为什么我会有这样的判断？这和我的个人从业经历有关。我在中海油工作过很多年，负责过跟踪、观察油价，也总结、划分了过去的油价周期。这种对油价周期的划分也是根据实际需要进行的：我们认为哪些因素重要，然后据其划分，再向未来延伸、展望，当然，未来是很难说清楚、说准确的。当时我们就有一个基本共识：油价一旦从低价格周期进入高价格周期，就不会马上结束，除非出现重大事件撼动市场基础。

我认为 2020 年下半年是油价从低价格周期进入高价格周期的时间窗口，这一结果不是一两天形成的，推断其长期原因，是 2008 年金融危机之后国际大型石油企业在勘探开发上的资本开支总体呈现减少趋势，同时世界各国（地区）都在追求低碳化，这给化石燃料的投资带来了限制。油气行业的市场走势也可以代表煤炭等行业的状态，所以我想，2020 年下半年之后，一个能源大宗商品的长时间的牛市周期就来临了。

不过，这个能源牛市到底能持续 3 年、5 年还是 10 年，目前还不清楚。1973 年石油危机爆发之后，石油行业景气足足持续了 10 年，直到 1984 年，那一轮油价才到达最高点，之后油价慢慢回落，一直持续到 2003 年。也就是说，这一轮油价大周期里从高油价过渡到低油价足足用了 20 年，当然，中间还有油价起伏的一些中周期、小周期。

油价的高价格周期、低价格周期都是引发重大国际政经事件的重要原因，它当然不是唯一原因，但至少是重要原因。这一轮的油价高价格周期，从从业者感知角度来说，可能持续时间比较长，由此一并出现的煤炭等化石能源价格上涨将带动电力价格、化肥价格、粮食价格，乃至化工产品价格上涨，也就是说，这种基础原材料的价格上涨会带来高通胀压力。

众所周知，20 世纪 70 年代的石油危机导致了西方世界的经济滞胀，类似地，这一轮油价的高价格周期也带来了高通胀压力，这是否会让滞胀重现呢？20 世纪 70 年代的生产能力还不够强大，所以那时会出现经济停滞，反观今天，中国的生产能力是足够的。当然，中美关系的变化也在一定程度上影响了生产与贸易的全球化，甚至使其有逆全球化倾向。所以综合来看，初步可以判断的是，即使再次出现所谓的滞胀，总体程度也不会像上一次那样严重，具体怎样演化，还要继续观察。

对中国而言，一方面化石能源的高价格会倒逼清洁能源发展，另一方面，中国作为生产型国家也难免受到成本提升带来的压力。这种压力对中下游产业利润的挤压从 2020 年开始逐步显现，再加上疫情的冲击等因素，导致很多企业的经营很不容易。

用乐观的眼光来看，国家会对能源价格进行干预，所以通过

PPI（Producer Price Index，生产价格指数）来观察，好像上游企业的压力没那么大，但是，这种干预本质上是一种利润分配，不可能永远通过价格管制降低中下游产业的经济成本，否则对能源行业来说是不公平的，所形成的生产模式也很难一直持续下去。而且，国内能源价格可以控制，但国际能源价格是无法控制的，加上 2022 年以来，国际上存在一些冲突因素，更加剧了能源供应的紧张。所以总的来说，面对能源价格的上涨，中国企业要主动去适应。

前文提到，化石能源的高价格会倒逼清洁能源发展，的确，新能源相关领域今年得到了资本市场和社会的广泛关注。不过我认为，我们在向新能源转型的道路上还有许多亟待解决的挑战。

从理论上讲，化石能源价格上涨，有利于非化石能源、清洁能源发展。但是，从我国的能源结构来看，一次能源风能、太阳能等非化石能源占比较低，主要使用的还是煤、油、气；二次能源电力，70% 左右是烧煤发电。如此来看，实现能源结构改革、大量应用非化石能源，还有很长的路要走。同时，太阳能也好、风能也好，都是间歇性能源，用它们来发电，对电网的冲击也很大，电网升级改造、储能技术创新也要解决很多重要问题。

所以，从煤价以及我国的电力基础设施情况等方面来看，煤电是比较经济的，也是比较清洁的。但是，煤是高碳能源，因此，必须改变能源结构，也要改变能源需求结构，慢慢地把煤电的比例降下来。

要把煤电比例降下来、新能源电力比例提上去，总的来看，需要重大的技术突破，比如储能方面的技术突破，或者用能方面，如氢能的重大技术突破。值得高兴的是，新能源汽车领域里有很多技术进步很快，这既包括技术的突破，也包括进步过程中成本的下降、技术能够大规模实现商业应用——就像光伏发电，和十几年、二十年前相比，它使每度电的成本已经下降了 90%，这是很可观的。我们期待未来能够在风电、氢电、储能等诸多领域里能有比较大的技术突破，进而改善能源结构。虽然关于技术的具体迭代是预测不了的，但新能源汽车电池领域这些年的技术发展可以为我们提供信心。

说到新能源汽车或者新能源板块，这个领域涉及的产业链、技术路线是非常庞杂的。从资本市场的视角来看，要想在投资时投到比亚迪这种企业，可以说是相当难的，王传福的表哥借给他 200 万元，也没想到他能把企业规模做到这么大。王传福在带领比亚迪发展的过程中，也面临过很多技术路线方面的艰难选择。站在今天回顾过去，可能会总结出一些经验来，但过去如果面对类似的问题去做选择，仍然会面临种种不确定的因素。虽然企业今天掌握了一条已经被认可的技术路线，但谁能保证，5 年之后，技术路线还正确、企业还辉煌呢？

所以，A 股市场新能源板块的未来实在是太难判断了，我感觉只有两个要素可以依赖：常识、信心。

常识是很容易理解的。信心怎么理解呢？举个例子，"双减"之后，新东方股价一度跌到二点几元，连过去的零头都不到了，大家都觉得新东方没有希望了，段永平却投资了新东方，他认为俞敏洪团队不会就此倒下，总能做些事情，这就是一种信心。当然，这是对人的信心。更坚实的信心一般基于对行业和模式的理解，这是需要较强的认知能力和洞察力的，一般人很难做到。

所以，投资这件事，最后讲的就是信心，考验的是投资者对标的行业的了解、理解，以及在此基础之上的更高维度的思考与信念。有些时候，行业内部的人做投资，未必做得好，投资中运气成分占比较大。投资者也是人，人都会有思想和智慧的极限。

总的来说，新能源是个大赛道，未来也符合国家战略，这个领域应该还有很多不错的公司，现在很多市场表现不错的公司可能还有新的发展空间。未来，大家可以继续关注这个行业的产业结构、技术路线的演变，我个人会更看重技术迭代。

宽松的环境孕育创新的潜力

最后我想说的是，王传福、俞敏洪这些中国企业家的代表，他们的企业经营是充满不易和探索的，我觉得中国企业家是一群很值得尊敬的人。当然，企业家根据不同的维度有不同的划分方法——有套利者，也有创新者；有商人，也有真正意义上的企业家——这和经济的发展阶段、特定阶段里的产业变迁，乃至东方的儒家文化等因素都有关系。但有一点是确定的，只要环境宽松、友好，中国企业家创造财富的意识、发展的意识、创新的意识都是无限的。

中国的企业家群体中是否存在问题？不同时代的企业家的问题是不是各有各的特点？答案是肯定的。比如一些高科技企业已经做得很大了，但其实没有太高的科技含量，大家对它们的期望是不光要自己赚钱，还要带动行业、带动我国在某些领域实现更大的飞跃。所以企业家们需要不断学习，弥补过去发展中的缺点。在中国经济需要再上一个台阶之际，中国企业家应该为中国经济的转型、创新贡献一份力量，甚至应该有更高的理想和信念，即为世界、人类的发展做贡献。

从政府的角度来说，我想应该为企业经营、创业、创新提供更宽松、更包容、更好的环境，要相信中国企业家的潜力是无限的。企业家精神，是经济进步的动力源泉之一。

如果为我国的经济发展打个比方，可以说现在的考试成绩已经能上一所 211 高校，但如何考上 985 高校甚至清华、北大呢？这就需要全方位地努力，从学习节奏、学习时长到学习方法、学习内容，全方位地进行升级改造。多花点时间背背书，可能考得上 211 高校，但这对进入好的 985 高校乃至清华北大是不够的。为什么有人能考上清华、北大？可能他们有名师辅导、学习方法很好、考试时的心态也好。当然，有了这些条件，也未必能实现目标。但没有这些条件，大概率实现不了目标。

所以，我们应该去总结、学习成功者的经验，从政府的治理水平、宏观经济的管理方式、政府与市场和企业家的关系、统一大市场的建设、中国与世界关系的构建等一系列角度进行优化升级。

中国改革开放之所以成功，除了对外利用国际规则、国际市场，对内释放生产要素活力之外，还有一点就是中国人勤劳、勇敢、能干——只要环境宽松、鼓励创新，中国人的潜力就是无限的。所以，只要让大家想干、能干，就会发现千千万万的企业家、市场主体可以做成无数大事，但这话说起来简单，做起来难。

我们不能简单地断言经济处于
繁荣、衰退、萧条、复苏中的哪一阶段，
而是要结合各种因素去
判断经济周期的走向。

1

如果用绘画技法来比喻，
短周期类似于工笔，刻画得相对比较清晰；
中周期类似于白描，
看起来有些模糊，但大概能看出轮廓；
长周期类似于写意，
重在表达神韵、意象，
无法像工笔那样去描绘，
这是人类智慧的极限所致。

2

经济政策有一个特点，
就是往往没有最优解，
只有次优解甚至次次优解，
没有只有收益、没有成本的选择，
甚至要"两害相权取其轻"。

3

4

投资这件事，
最后讲的就是信心，
考验的是投资者对标的行业
的了解、理解，
以及在此基础之上的
更高维度的思考与信念。

5

只要让大家想干、能干，
就会发现千千万万的企业家、
市场主体可以做成无数大事，
但这话说起来简单，
做起来难。

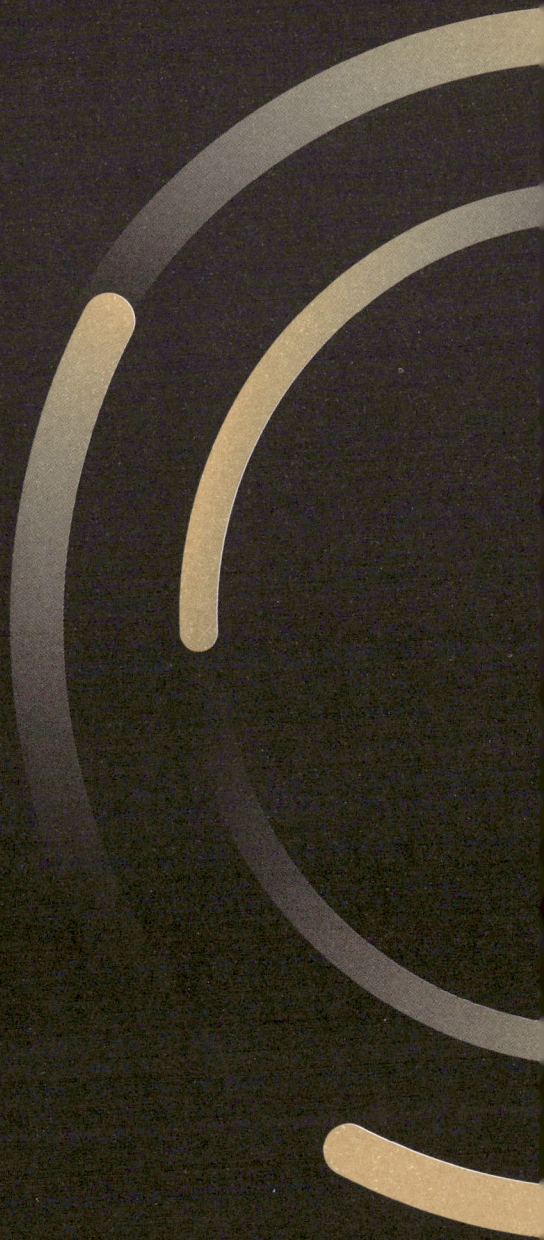

中观篇

如何把握
产业机会

识别
11 个上行
的行业

陈 果

中信建投证券董事总经
理 (MD)、研委会副主任、
首席策略官

　　在我们的行业比较体系中，对行业周期的判断是把握各行业景
气及趋势的基石，很多时候，我们还会辅以高频数据的跟踪及产业
信息的汇总加以验证判断。一般而言，多数行业的发展遵循一定的
周期规律，这可以是宏观经济周期规律、地产周期规律，也可以是
行业自身的周期规律。通过界定各行业周期核心驱动力、周期长
度、景气趋势，才能更好地从策略层面把握行业机会并进行跨行业
比较。

　　识别行业上行周期，即识别持续时间较长且上升幅度较强的投

资机会。本文对 2019—2022 年较典型的处于上行周期的行业的股价表现、估值变化、基本面驱动力进行了简要复盘，其中的 11 个行业大致可分为：周期成长行业、周期规律性变弱后的结构升级行业、处于快速爆发期的科技成长行业、传统周期行业 4 类，基本涵盖了我们平时所关注行业的周期表现形式。我们从中可发现处于上行周期的行业普遍有 50% 以上的涨幅机会，若不同周期共振则"弹性"更强。

周期如何帮助我们识别风险和机会

行业周期长度通常在 1 年以上，把握行业周期可帮助我们更好地识别与区分短期波动与中长期趋势。中长期趋势一旦确立，即使短期内或因某个具体事件造成行业表现有所波动，也不会改变整体趋势。真正具有景气上行机会的行业通常在波动后仍能有趋势向上的表现，而相应地，若景气前景不再，则情绪高点时的股价风险便值得警惕。

行业周期有较强的可预判性。较多行业周期遵循 3~5 年的规律，如半导体、生猪养殖、房地产及或传统制造业等行业。通过对周期的划分和界定，我们可较好地把握周期上行阶段的机会、规避周期下行阶段的风险。即便是周期性偏弱的部分消费成长行业，我们也可通过总结其发展规律对其后续发展趋势进行判断，如新兴科技成长行业渗透率突破界限后能迎来快速爆发期，成熟消费品在量增空间不再增大后将逐步移向结构性升级。

多数行业具有核心驱动力及景气跟踪指标，从周期的视角理解，对于数据的把握就不会仅仅停留在解释层面，更重要的则是抓住数据后暗含的关于趋势方向的信息。对于数据的把握重在预判，而非解释，这样对于景气方向的把握才能有前瞻性而非滞后的效果。

界定行业周期后才可以更好地进行跨行业比较。在不同的中观线索的影响下，行业的景气周期决定了其波动的大小，如疫情后复苏的消费品链条中，受地产周期影响的传统家电板块弹性将小于汽车链；行业景气周期的不同还决定了机会是否有可持续性，如部分偏主题性的机会难以与偏趋势性的机会进行同一维度的对比，对于这两种机会所采取的投资方式也应有所不同。

目前我们已形成了近 70 个重点子行业的周期性梳理报告，并建立了相应的前瞻 / 后验指标的高频数据库。结合两者及中观线索，我们在前期做出了一系列被逐步验证的判断。下文主要通过复盘近年来 11 个经典上行周期的案例初步展示我们的研究体系及研究框架。

案例复盘：行业的上行周期带来过哪些投资机会？

1. 周期成长篇

1.1 半导体

2021 年，半导体行业上演了"涨价 + 产品周期 + 国产化"3 周期共振驱动的高景气行情。半导体是一个典型的周期成长行业，且包含时间跨度不同的大小周期。一般而言，在产能周期及产品周期的共同作用下，全球半导体销售额和设备出货额呈现 3~5 年的周期表现，如 2016—2019 年便是一轮较为完整的周期。2020 年，全球范围内的新冠疫情蔓延致使正常库存周期被打乱，上半年供给端行业悲观情绪蔓延，上游厂商备货不足，但在需求端，疫情意外催化

"宅经济"的发展，拉动了消费电子需求的增长。供需错配致使上游厂商原有库存见底，加之新产能的释放需 1~2 年，供需矛盾开始驱动半导体行业进入涨价上行期。2021 年年初，美国遭遇暴风雪、东南亚疫情形势恶化，以及下游汽车销量需求的爆增都加剧了缺芯问题，交芯周期不断被拉长。瑞萨、晶导微、矽力杰、富满微等芯片厂商均在 2020 年年底发布涨价函。行至 2021 年下半年，消费电子周期率先拐头向下，但车用芯片、功率半导体等仍维持结构性的高景气表现，产品周期的特殊性凸显。

而除本身周期性外，我国半导体行业还叠加了国产替代的成长逻辑，2021 年整体处于"涨价 + 产品周期 + 国产化"3 周期共振阶段，行业收益表现尤为亮眼。国产替代长周期约从 2019 年起步，且为值得持续关注的长周期。自 2018 年起，美国发起制裁，企图限制我国高科技领域的发展。自此，半导体产业自主可控诉求极大提升，加之 5G 时代带动下游景气度提升，在政策和资金的支持下，国产化浪潮正式兴起。2019 年以来，国内优质半导体企业相继上市并进一步打开融资渠道，国家集成电路产业投资基金第二期成立。2020 年年初，华为、中兴事件对行业的影响也逐步落地——均大幅提振板块情绪。近几年来，行业国产化率稳步提升，以半导体设备为例，目前国产半导体设备企业已经在大部分半导体设备生产环节中布局和渗透。在蚀刻设备领域，中微公司等已占据 20% 左右的市场份额。在去胶设备方面，我国已完成大部分国产替代，屹唐的干法去胶设备在全球的市场占有率超过 30%。以龙头公司北方华创为例，该公司于 2021 年拓展了集成电路和泛半导体装备市场，与国内的主要封装厂均建立了合作关系，其生产的新能源光伏设备、半导体照明设备、第三代半导体设备实现批量销售，实现归母净利润 10.8 亿元，同比增加 100.7%。

1.2 建材

2019 年，建材行业在市场风险偏好回暖、流动性合理宽裕、成长风格盈利增速开始企稳回升等的催化下，整体成长风格表现占优。建材行业的景气度与基建及地产周期密切相关。地产作为典型的周期性行业，周期跨度为 3~5 年，表现为地产开发投资完成额以及商品房销售面积的触底回升与触顶回落的循环。地产自 2016 年开始迈入景气上行期，沿着"销售—新开工—施工—竣工"景气链条，新开工、竣工分别约滞后于销售高峰 0.5~1 年、2~3 年。

按照这一规律，2019 年前后地产将逐步步入后周期，竣工链有望转向高景气。自 2019 年 7 月起，地产竣工面积同比持续上行。基建方面，随着政策的变化，地方政府专项债发行节奏加快，2023 年部分专项债新增额度提前下达并扩大使用范围，投资增速相较于上半年而言持续回暖，均间接带动了建材行业的超预期景气度表现。水泥方面，2019 年三季度淡季不淡，9 月旺季后量价齐升，下半年涨幅累计约 13.2%。玻璃方面，下半年限产推进、产能供应回落及需求回暖带动库存水平快速下降，玻璃价格持续回升并达到历史高位。与此同时，地产行业 B 端渠道的兴起亦助推了 2019 年消费建材细分子板块景气度的上行，成为又一亮点。2017 年精装房兴起，从一线、二线城市逐步下沉至更广阔的三线、四线城市，2019 年地产行业发展明显加速，并带动建材、厨电等地产链部分公司享受了相应的渠道红利。

从成长逻辑来看，集中度的提升使得建材板块龙头企业表现尤为亮眼。水泥、玻璃等子领域自 2016—2017 年供改持续推进、环保要求趋严后，一系列低端产能面临淘汰，龙头企业占领低端产能退出带来的市场空间，市场占有率获明显提升。而防水材料行业则是典型的"大市场＋低集中度"行业，在地产 B 端的崛起及环保标准提升的背景下，2019 年行业龙头东方雨虹的市场占有率快速提升至接近 20%，加速上升态势明显。从 2019 年建材板块盈利表现看，各子领域龙头企业（海螺水泥、旗滨集团、东方雨虹）在营收、盈利上均普遍好于板块本身。

1.3 锂

在下游新能源车／动力电池需求爆发的催化下，锂价自 2020 年三季度在供需错配下进入新一轮上行周期，从每吨 4 万元快速上涨至 2022 年每吨 40 万 ~50 万元的水平。周期属性、成长属性共振带动锂板块戴维斯双击行情。2020 年以前，锂行业具有典型的周期属性，彼时关于新能源车的设想和炒作曾带动过板块短暂表现，且龙头企业大幅扩张、收购境外资源，但终因需求证伪落幕。但从 2020 年起，需求端迎来快速爆发，欧洲新能源车市场在补贴推动下快速增长，中国新能源车增速快速回升且在 2021 年步入渗透率加速期。锂板块成长属性凸显的同时，由于供给端锂矿开采周期较长、扩产难度较高，供给阶段性滞后于高需求导致供需错配带动价格步入周期性上行期。

2021—2022 年无论是锂矿还是盐湖的产能供给释放均较为有限，供给低弹性与需求强韧性抬高价格中枢并支撑价格高位。2018—2020 年，锂资源市场的低迷行情挫伤了锂矿企业资本开支意愿，叠加疫情影响，锂矿企业扩产速度更加缓慢，因此，进入2021 年之后，碳酸锂供不应求的局面持续加剧，从而导致锂价暴涨。考虑到盐湖提锂产能爬坡时间较长，实际供应增量可能仍然有限，而当前新能源车仍处于加速渗透的快速爆发期，供需预计仍是紧平衡格局。

1.4 光伏

2020 年光伏进入平价时代后迎来放量周期，在政策鼓励下量的爆发带动了板块近两年以来亮眼的收益表现，其中产业链产能周期的不匹配阶段性影响需求、利润分配格局及板块收益。光伏板块具有一定周期属性，这主要是上下游产业链产能投放节奏存在差异引起的，同时光伏板块在技术进步持续降本的驱动下又被赋予了成长属性。对于光伏下游需求的预期是决定光伏股价的最核心要素之一，虽然该指标在不同阶段的变动有不同的解释方式，但最核心的仍是其反映的需求预期。以 2021 年为例，光伏产业链上硅料环节供应增量不大，但硅片及电池片环节的扩展节奏却加速，造成全年硅料供需紧平衡局面，上游原材料多晶硅料价格从每千克 13.74 美元最高涨到每千克 40.84 美元，涨幅高达约 197%。自 2022 年年初起，上游硅料价格因供需紧平衡格局已开始提涨，但偏弱的装机需求却使产业链价格传导困难，组件端仅能以降低开工率进行应对。行至 5 月，中游电池片难抗上游硅料 / 硅片压力进行一轮调价，进一步挫伤下游需求及开工意愿。但 6 月起，低迷的需求反馈至产业链上游，硅料价格止涨，产业链主要环节包括终端组件价格均开始松动，市场预期产业链博弈拐点或已到达，下行的价格也在一定程度上促进了终端需求的回暖，带动 7 月起组件开工率和排产环比的上行及光伏板块 6—8 月的亮眼行情。

产业链价格企稳预期、国内外需求放量使得光伏板块从进入 2022 年以来在面对分母端压力时收益仍优于其他成长板块。自 2020 年国家推行光伏平价上网等政策发布以来，光伏板块需求的确定性也有了较强的保障。尽管在 2021 年产业链价格处于高位的情况下装机需求不及预期，但需求并非被扼杀，而是延缓至 2022 年一季度释放。2022 年以来硅料产能虽陆续释放，但在需求拉动下产业链价格仍持续处于高位，反向证明了需求旺盛。

1.5 猪肉

2019 年成长占优的行情中，值得一提的是超级猪周期推动的养殖板块的相对收益表现。产能周期驱动猪价形成 3~5 年的价格周期，2018 年产能出清、周期底部叠加非洲猪瘟对供给端的再度扰动，致使生猪产能降至历史低位水平，在偏刚性需求的支撑下猪价大幅上扬，从底部到顶部涨了近 3 倍。

2006 年以来国内市场历经了约 4 次完整的猪周期，前 3 次猪周期的涨跌幅度以及规模大小相对较一致，时间基本维持 4 年左右，价格涨幅为 70%~140%；第四次猪周期的涨幅在非洲猪瘟影响下远高于前 3 次，价格增长超过 300%。

从基本面看，猪周期即猪肉价格的周期性波动，其驱动因素为生猪产能变动带来的供需不匹配，从母猪繁育到生猪出栏的养殖周期为 1~2 年，而后生猪存栏量增多，导致生猪价格及养殖利润被压低，行业低点时加速出清，能带来新一轮的价格上行，周期整体时长为 3~4 年。2019 年之前的 3 轮猪周期中，生猪存栏量同比增幅基本维持在 -10%~10% 的水平，且能繁母猪存栏量同比增幅也未低于 -20%，因此前 3 次猪周期的涨幅也较一致。但第四次猪周期中，由于 2018 年年中非洲猪瘟的逐步扩散，生猪大面积死亡且存在暂无治疗方案的情况，生猪产能急剧收缩：2019 年年初生猪及能繁母猪出栏量同比增幅进入下行，到了 2019 年三季度末，生猪存栏量同比增幅接近 -30%，能繁母猪存栏量同比增幅接近 -40%，而后迎来超级猪周期，生猪均价最高上升至每千克 40 元，至此基本迎来了此次猪周期的白热化阶段——时间长达近一年半的高位震荡。当生猪产能逐步回升至初期水平并于 2021 年年初突破新高点，其中能繁母猪出栏量同比增幅接近 50% 的高位，生猪出栏量同比增幅超过 30%，生猪价格也基本跌落至每千克 15 元的水平，而后随着生猪价格的震荡调整，市场便进入此次猪周期的尾声阶段。

除周期属性外，近年来猪产业上市企业还体现出较强的成长性，在低集中度、低壁垒性的情况下，龙头企业产能快速扩张抢占市场。从整体看，我国生猪养殖集中度偏低，基本都是农村小而杂的散户养殖，主体化的规模养殖户仍旧偏少。规模化养殖通常能压低成本，从而助力企业扛过周期低谷，在受益于需求刚性实现量能扩张的同时增强企业的盈利周期稳定性。近年来，上市养殖企业纷纷加码以扩大产能、提升市场占有率，板块资本开支同比高峰顶点呈上移趋势，促使企业在下一周期来临后有良好的成长性表现。

2. 结构升级篇

2.1 白酒

2016 年以来，白酒周期性弱化，消费升级和提价成为行业景气的主要驱动力。2015 年以前，白酒与宏观经济周期具较强的相关性，如 2007—2008 年、2012—2014 年。2013—2015 年行业处于低迷期，白酒企业对渠道及产品结构进行了调整，2016 年，白酒消费结构中大众消费占比逐步提升，周期性弱化，白酒行业在产量整体平稳的背景下进入结构性繁荣阶段，结构升级带来的均吨价提升开始成为推动行业发展的主要因素。自量增空间不再后，中高端白酒发力，行业竞争格局持续优化，自 2016 年起，茅台、五粮液、国窖等行业领头羊批价逐渐走高，并进一步使次高端白酒的价格达到了天花板级别，整体白酒主流价格带在 2016—2020 年逐步上移。

同时相关次高端白酒企业近年来纷纷加强其产品的营销部署，大幅进行渠道扩张，酒鬼酒、舍得酒业等代表企业步入量价齐升发展阶段，整体板块实现业绩的超预期韧性及稳定性表现。

2.2 啤酒

2018 年起，啤酒行业格局在经历了前期整合并购潮后趋于稳定，寡头垄断市场基本形成。伴随存量博弈、格局固化而来的是行业高端化进程的加速，产品结构升级及成本的持续优化带动了板块盈利能力的提升。2019 年起，行业整体净利润增速、毛利率均上升了一个台阶：净利润增速自 0~20% 上升至 20% 以上，毛利率自 38% 提升至 40%。

与白酒相似的是，作为典型的消费板块，啤酒整体量增空间在 2013 年以后随人口红利渐退便开始收窄，行业竞争格局逐步稳定后，结构升级、盈利提升成为行业景气的重要推手。啤酒因运输半径具有较强的区域性特点，历经几轮并购周期，2018 年后其整体竞争格局已然趋于稳定。

2019 年后，啤酒行业盈利上行趋势主要受到成本驱动的提价以及结构高端化两方面的影响，成本驱动提价可带动企业短期业绩恢复。从 2017—2018 年的经验看，由于大麦、包材等价格的持续性上涨，啤酒企业在成本压力下进行提价以传导压力，带动了 2019 年业绩的回暖及释放；而从中期看，结构升级带来的盈利水平提升颇具看点。2020 年开始，各啤酒企业的高端产品销量加速放量，以重庆啤酒为例，2019—2021 年，其高端产品占比加速提升，从 2019 年的 10.1% 提升至 2021 年的 23.7%，近 5 年，其中高端产品占比持续提升，中端产品销量占比从 66.3% 提升至 72.4%，高端产品销量占比从 9.2% 提升至 10.1%，对公司毛利率、盈利及股价表现均有较为强劲的带动效应。

3. 科技成长篇

3.1 新能源汽车

2021 年，新能源汽车市场整体呈现典型的成长结构牛行情，从全年维度看，新能源产业的绝对收益和相对收益均尤为亮眼，其主要原因在于经济复苏后期至回落期，相关板块仍维持了量价齐升的超预期景气表现。

对于科技成长行业而言，最为重要的是紧抓渗透率加速提升的初期阶段，业绩爆发和成长属性凸显带动板块戴维斯双击行情，这也是驱动 2021 年新能源汽车行情亮眼的核心。2020 年以前，政策端发力是引导新能源汽车产业发展和下游需求增长的关键，产品推广的痛点主要在于性价比及续航问题（包括电池续航能力及充电桩的普及程度）。2020 年，在疫情冲击下，国内新能源汽车消费经历了一段销量低迷时期，但供给端优质新产品研发、充换电系统基础设施建设及电池续航技术的进步却在持续加快。伴随着特斯拉上海工厂正式投产交付，比亚迪推出刀片电池，在政策的支持下换电系统建设加速，比亚迪、欧拉黑猫、宏光 MINI 等高性价比产品推出，政策继续发挥推动作用（补贴延期至 2022 年、双积分政策进一步完善）下，全年下游需求先抑后扬。

在需求端，明星车型需求强劲，新势力销量稳步攀升。小鹏、蔚来、理想等新势力车企销量同比均实现了翻倍以上增长。在新能源汽车产业链上，动力电池环节占 40% 的价值量。2021 年新能源汽车产销旺盛拉动动力电池产业链形成高景气表现，产销持续增长，与新能源汽车制造相关的锂、四大辅材等由于产能紧张问题价格大幅上行，带动相关企业量价齐升。

3.2 消费电子

智能手机市场增速趋于饱和，但 5G 手机换机潮及可穿戴设备的爆发仍使得消费电子板块在 2019 年后迎来又一轮景气周期，整体板块 2019 年的涨幅位居市场前列，净利润在低基数效应下同比大幅增长，2019—2021 年的业绩复合增速高达 22.2%。智能手机创新已达瓶颈，但可穿戴设备及产业链零部件创新空间仍存，尤其是 TWS 耳机在 2019 年以来技术进步、产品质量提升、出货量实现超预期爆发，成为消费电子行业股价上涨的重要驱动力。

有效创新及技术痛点的解决是推动科技产品渗透率大幅提升的重要驱动因素。苹果于 2016 年 9 月推出 AirPods 耳机，迈出行业从 0 到 1 的第一步。不同于传统有线蓝牙耳机，TWS（真无线立体声）耳机摆脱了传统耳机的物理线材束缚，并提升了智能化体验感。良好的使用体验驱动 TWS 耳机市场出货量持续高增。进一步地，随着新一代蓝牙音频技术标准的发布以及新芯片方案技术助力安卓手机 TWS 耳机体验提升，TWS 耳机市场在 2019 年更是迎来加速爆发，华为发布了新款半开放式主动降噪耳机 FreeBuds 3，OPPO 发布了首款真无线耳机 EncoFree，部分中低端无线耳机兴起，凭借较低的单价迅速完成市场的开拓，消费需求激增。2019 年，TWS 耳机的出货量高达 1.2 亿副，在基数提高的基础上同比高增 160.9%，也带动了 2019 年除苹果供应链外其余国内代工消费电子厂商业绩及股价的超预期表现。

3.3 CXO（医药行业的研发、生产、销售外包）

2020—2021 年，新冠疫情带来的业务增量及境外疫情造成的产能扰动进一步加速全球 CXO 产业链向国内转移的进程，部分优质企业通过一体化布局、业务扩张及出海战略的加速实现供给端升级，在国内高速发展、境外产业转移承接加速的双轮驱动下，CXO产业迎来业绩爆发：2020—2021年，CXO板块同比增速分别达64%、51%，自2020年二季度起维持7个季度40%以上的高速增长。

全球药企及Biotech的研发意愿及境外产能转移趋势是国内CXO板块景气表现的两个中长期跟踪重点，新冠相关药物的开发热潮则为短期景气再添催化剂。CXO企业的订单来自上游药企或Biotech公司，国内方面，2015年以后，在政策的推动下，国内医药创新浪潮兴起，板块发展得以加速。起初，国内CXO企业依靠低人力成本获取境外订单从而完成原始资本积累。行至2015年，国内药审制度改革启动，后来MAH（上市许可持有人）制度推出并不断完善，解绑药物研发与生产环节，同时仿制药集中采购、医保改革等一系列鼓励医药创新的政策频出，国内药企研发投入意愿大幅增强，一级市场投融资数据持续亮眼，开始逐步带动CXO产业景气度提升。2020—2021年，全球及我国医疗健康产业融资额同比增幅连续两年维持在40%以上，新冠相关药物的研发需求激增亦提升了行业短期景气度。境外方面，凭借不断提升的产能和不断降低的规模成本，以及近年来兴起的工程师红利，国内CXO企业加速承接来自全球的订单，并受益于产业链分工细化后的外包渗透率提速效应。

4.传统周期篇：航运

受全球需求复苏、境外生产受扰、有效运力供给不足等影响，2021年运价大幅超预期上涨，相关航运公司的业绩及股价因此表现强劲。新冠疫情影响下，主要经济体均采取扩张性的财政和货币政策刺激经济，由此带来贸易端的持续活跃。疫情冲击下，全球经济恢复道路漫长坎坷、充满不确定，各国（地区）尽可能避免过早撤回财政和货币政策支持。截至 2021 年 5 月，全球各国（地区）政府为应对疫情并提振经济而推出的财政刺激计划高达 20 万亿美元，约占全球 GDP 的 20%，包括直接刺激措施（财政支出和减税）和间接刺激措施（政府贷款、资金注入和担保等）。全球库存持续去化，库存周期叠加政策周期驱动需求预期向上。2021 年境外部分国家（地区）疫情持续反复，使得当地经济处于停滞状态，生产活动大幅受限，而本地制造与本地消费产生供给缺口，客观上刺激外部贸易需求增加。以美国为例，面对疫情，美国全社会库存水平处于低位，制造业、批发业与零售业库存同比增速均处于历史低位，存在较强的补库需求。因此，政策周期和库存周期奠定了未来需求上升的基础。

在疫情扰乱境外供给，运力不足但经济需求复苏的背景下，2021 年主要集装箱航线运价大幅上涨，疫情反复带来的供应链中断愈发严重。2021 年 4 月以后，法国、德国、日本、印度等相继封锁，中国华南区域以及东南亚地区疫情有所蔓延，供应链的中断造成班轮公司航线大面积跳港，进一步造成港口拥堵，降低整体供应链运转效率。在供应链极度紧绷的情况下，航线运价持续维持高位走势。

通过界定各行业周期核心驱动力、
周期长度、景气趋势，
才能更好地从策略层面
把握行业机会并进行跨行业比较。

1

真正具有景气上行机会的行业
通常在波动后仍能有趋势向上的表现，
而相应地，若景气前景不再，
则情绪高点时股价风险便值得警惕。

2

周期成长行业、
周期规律性变弱后的结构升级行业、
处于快速爆发期的科技成长行业、
传统周期行业，
基本涵盖了我们平时
所关注行业的周期表现形式。

3

4 把握行业周期可帮助我们更好地
识别与区分短期波动与中长期趋势。
中长期趋势一旦确立，
即使短期内或因某个具体事件
造成行业表现有所波动，
也不会改变整体趋势。

5 行业景气周期的
不同还决定了机会是否有可持续性，
如部分偏主题性的机会
难以与偏趋势性的机会
进行同一维度的对比，
对于这两种机会所采取的
投资方式也应有所不同。

中国
房地产
大周期的切换与超常波动

巴曙松
北京大学汇丰金融研究院
执行院长，中国银行业协
会首席经济学家，兼任中
国宏观经济学会副会长

杨现领
经济学博士、博士后，
空·白研究院创始人，
贝壳研究院名誉顾问

编者按： 从烈火烹油、鲜花着锦到步履蹒跚、前路未卜，20多年来，中国房地产市场经历了一轮浩浩荡荡的峰谷之变，也在大江南北催生了无数或繁华、或炫目、或荒诞、或辛酸的人间故事。万众瞩目的变局之下，中国房地产市场将往何处去？北京大学汇丰金融研究院执行院长巴曙松、空·白研究院创始人杨现领共同受邀，探讨房地产大周期的去路与风向。

当下的中国房地产市场正在经历一轮复杂的下行调整周期，新房交易量大幅下降、开发商拿地意愿减弱、消费者预期走低，陷入债务危机的开发商既面临偿债压力，也面临交付压力，部分城市甚至出现业主"强制停贷"现象。同时，中央和地方政府虽然实施了一系列放松政策，但是市场效果目前看来依然相对有限，交易量复苏的趋势仍然充满不确定性。在一定程度上，过去 20 多年运行状况总体强势的房地产市场基本制度框架已经开始出现明显的裂痕。从深层次来看，这一轮周期不仅仅是一次短期的市场下行，同时也可能是一次长期的调整，旧模式步履蹒跚，新模式曙光未现，当下的中国房地产市场可以说正处于 20 多年来最大的变局之中。

当下中国房地产市场面临的挑战：相当复杂的一轮下行周期

本轮下行周期始于 2021 年上半年。在二手房参考价、"三线四档"、贷款集中度管理、开发商拿地资金严格审查、房贷额度收缩、放款周期大幅延长等一系列因素的叠加冲击下，从 2021 年 3 月开始，一线城市和大部分二线城市的二手房成交量率先出现大幅度下降。接着，这一冲击在 2021 年下半年逐步传导至新房市场，引发新房交易量大幅度下降，并延续到 2022 年上半年。交易量迅速下降加剧了开发商的债务危机，并进一步影响土地市场和宏观经济，从而形成典型的负反馈。具体情况如下。

第一，交易量大幅度下降。2022 年上半年大部分城市新房交易量同比下降 50%，惠州、珠海以及环沪外溢城市的新房交易量下降超过 70%。这一次不仅下降幅度大，而且周期也很长，从 2021 年下半年开始，这一轮周期的下行时长已经超过 18 个月，2022 年交易额同比下滑超过 30%，相较 2021 年的历史峰值，已经有明显的回落。

第二，开发商深陷债务危机的泥沼难以自拔。自 2021 年下半年部分房企"暴雷"以来，一些开发商持续陷入债务危机的泥沼难以自拔。一方面，外部融资规模持续缩小，据统计，2022 年上半年 100 家典型房企融资规模同比缩小超过 50%。另一方面，新房交易量的持续下降导致开发商的自我筹资能力严重受限。在内外部双重压力之下，开发商同时面临着到期债务规模持续增大的压力，如果不能通过发行新债偿还旧债，不少开发商的偿债能力都将持续面临巨大的挑战，违约事件有可能进一步增加。进一步看，在开发商面临债务危机的情况下，新房的烂尾风险可能也难以消除，购房者对新房项目，特别是 2~3 年后才能交付的新房项目可能会持谨慎态度，从而使得有限的购房需求被庞大的二手房供应所吸收，这会进一步加大新房的销售压力。近期呈现局部蔓延势头的部分城市业主"强制停贷"现象可以说只是对这个问题的极端反应，它的负面影响不只是停贷本身，还可能进一步传导至潜在的新房购买者，使得部分潜在需求者对于购买新房产生恐慌情绪，这会放大单一事件的全面冲击，加剧新房市场的下行风险。

第三，土地市场持续低迷。在全球疫情反复、债务缠身、交易回落等多重压力之下，开发商拿地意愿与拿地能力都显著减弱。2022 年上半年土地成交量同比降幅超 50%，拿地企业中，国企、央企、地方城投是绝对主力，即便是资金情况相对稳健的民企，在拿地和新投资方面也处于相当谨慎的状态。预计在未来相当长的一段时间内，开发商的优先选择仍然聚焦在偿还债务和保交楼两个方面，销售资金的回笼将主要用于这两个方面，对于拿地仍将十分克制，这意味着土地财政和开发商上下游产业链的恢复性重启仍将是一个漫长的过程，从而使得房地产对于宏观经济的负面冲击仍可能会持续一段时间，并可能进一步影响居民的收入预期和住房消费热情。这个负反馈是当下房地产市场值得高度关注的市场冲击机制，交易量下降—拿地热情下降—土地财政和土地金融传导链条中断—经济增速承压、居民收入预期减弱、加杠杆意愿减弱—交易量螺旋式下降。

第四，政策放松的边际效果目前看来还不明显。尽管过去几个月从中央到地方已经实施了一系列放松政策，购房利率已经下降到接近历史最低水平，刚需和改善需求的首付比例已经明显降低，限购、限贷、限售等行政性限制政策在逐步解除，但是目前看来交易量的边际改善仍然十分有限，购房预期仍然十分脆弱，未来房地产市场的复苏态势仍可能会是一条充满不确定性的崎岖之路。总体上看，这一轮放松政策的真实效果与 2008 年、2009 年和 2015 年、2016 年的两轮刺激性政策的效果相比是十分有限的。究其原因，主要有 3 个方面。首先是房地产的"基本盘"已经十分庞大，2008 年、2009 年那一轮周期，新房交易额的总盘子只有 4 万亿~5 万亿元规模；2015 年、2016 年那一轮周期，总盘子达到 10 万亿元规模；而这一轮周期的"基本盘"已经达到 18 万亿元，如果考虑二手房市场的规模，总规模已经超过 25 万亿元。在这样的大体量之下，任何的放松政策都很难起到显著的作用。其次是居民杠杆率已经达到相对较高的水平，进一步加杠杆的空间并不大。2020 年年底，我国居民杠杆率为 62%，处于国际平均水平，低于发达国家水平，但是增速极快，尤其是在 2008 年全球金融危机之后，我国居民杠杆率经历了快速增长，10多年间提升了44个百分点。可以说，我国居民加杠杆的空间已经被过去几轮放松政策挤占了不少，本轮周期的加杠杆的潜在空间明显受限。特别是在经济增长下行的大环境下，人们对未来收入的预期相对谨慎，对于贷款买房保持十分理性的态度，甚至在一些城市出现全款买房增多的案例，这也从侧面反映了人们的谨慎预期。最后是全球新冠疫情反复，这是本轮周期的一个外生变量，也是新的冲击，特别是对于环沪和环广深市场的冲击是巨大的，无论是嘉兴、嘉善等环沪市场，还是惠州、东莞、佛山、珠海等大湾区市场都受到了明显的影响，这些城市也是房地产市场交易量下降最严重的区域。

长期视角：新旧周期的交替

我国房地产市场上的短期问题往往是长期矛盾的映射，周期问题往往是结构矛盾的反映。当下错综复杂的房地产市场调整的表面现象隐含着更底层的影响机制，那就是新旧两个周期的交替与碰撞，这可以说是理解当下房地产市场的长期视角。

（一）旧周期：大型开发浪潮的落幕

当下的调整是对过去20多年我国房地产市场运行框架的一次系统性冲击，也将是一次集中修正。许多当下的问题需要以相对长期的历史视角才能看清楚。

1998年，面对东南亚金融危机的外部冲击与寻找新的经济增长点的内在要求，我国政府下定决心停止城镇住房福利分配制度，全面推进住房市场化与商品化，土地"招拍挂"、商品房预售、住房金融、住房税收等一系列关键领域的改革取得重大突破，由此推动了普通商品房与经济适用房的快速发展，住房的商品属性得到极大释放，住房消费、保值增值的观点日益普及，房地产也日益成为我国经济的重要支柱之一。2008 年，全球性金融危机出现，我国采取了"一揽子"刺激政策，其后 10 年左右，住房的金融属性逐步彰显，土地财政与土地金融成为地方政府加杠杆的重要基础之一；借助于高杠杆、高周转率的发展模式，开发商迅速发展壮大；居民的自住、投资需求全面释放，住房条件得到极大改善，同时杠杆率也快速上升。总的来说，过去 20 多年，尤其是过去 10 年是我国房地产市场超高速发展的时期，对于开发商可以说是真正的"黄金时代"。过去 20 年商品房销售额累计约 130 万亿元，超 9 亿城镇人口的住房需求基本上得到了满足，住房存量面积超过 350 亿平方米，户均住房套数大于 1，城市家庭住房自有率超过 85%，人均住房建筑面积从 1978 年的 6.7 平方米增加到 40 平方米以上。可以说，经过 20 多年的发展，我国住房市场已经告别了总量短缺时代，相应地，一些在总量短缺时代出现的阶段性现象必然会面临巨大的调整。这种大调整可以归结为"3 个不可持续"。

第一，大开发浪潮不可持续。2016—2020 年，我国商品房交易量达到 7000 万套，年平均交易量达到 1400 万套，是 2009—2015 年平均交易量 950 万套、1998—2008 年平均交易量 330 万套的大约 1.5 倍和 4 倍。2021 年，在新冠疫情、房地产调控等一系列政策的影响下，我国新房交易额仍然逆势达到 18 万亿元的巨量。可以说，过去五六年是真正的住房开发和销售浪潮的巅峰期，未来新房开发和销售的长期下行在考虑人口结构、城市化进程等多重因素之后可以看出是不可逆的。虽然家庭结构快速小型化、加速到来的换房和改善需求、数亿流动人口的租赁住房需求、庞大的活跃老年人的养老住房需求等结构性因素意味着新房交易仍将保持一定的规模，但是过去那个新房交易量持续高速增长、开发商"一张图纸走天下"、消费者竞相抢房、抢到等于赚到的大时代已经落幕了，当下的市场调整可以说只是一个序曲。

全国商品房销售金额变化（亿元）

图 1　新房交易额历史性回落

第二，开发商高杠杆、高周转率、高利润的"三高模式"不可持续。与美国和日本的房地产表现形式不同，我国房地产行业剧烈调整的引爆点主要是开发商。2008 年，美国次贷危机中的房地产金融危机的引爆点是居民过度加杠杆及以此为基础的金融衍生品过度创新。在金融衍生品创新工具的帮助下，居民抵押贷款被打包成金融资产进行杠杆交易，次贷危机爆发初期，房地产抵押贷款组合市场总值为 6.06 万亿美元，占银行信贷的比例高达 69.6%。当贷款家庭支付能力出现问题，不能按期偿还贷款时，房地产抵押贷款组合就会变为有毒资产，美国的整个金融系统都会被卷入，进而引发次贷危机。日本房地产危机的引爆点是实体企业和银行进行大规模的土地投机。1984—1990 年，金融机构不动产贷款余额与制造业贷款余额之比例由 27% 上升至 74%，日本非金融企业土地资产占总资产比例由 21% 上升至 32%，金融机构房地产抵押贷款余额占其贷款总额的比例由 17% 上升至 25%，高达 89 万亿日元。1988 年，日本全国地价平均上涨超过 21%，三大都市圈地价上涨 44%，东京圈地价涨幅高达 65%。当日本政府采取加息和收紧货币政策时，土地投机企业还款能力下降，进而抛售土地，从而导致地价、房价大幅下跌，房地产泡沫破灭。

目前看来，我国的房地产风险主要集中在高杠杆的开发商。过去 20 多年开发商高负债和高杠杆的发展模式是以高周转率为基础的，一旦交易量下滑、销售回款速度减慢，就很容易引起债务违约和信用评级下降，导致开发商融资更加困难，偿债能力进一步减弱，从而陷入恶性循环。在这个循环之下，杠杆过高的将会面临较大的偿债压力，出现信用危机，相应地会出现 4 种形式的风险。一是金融系统传导，使银行形成坏账，部分房地产相关债务占比较高的银行将受到冲击。二是开发商破产将产生烂尾楼，影响社会稳定。三是开发商债务危机向上下游产业链蔓延，导致整个房地产行业进入衰退期。四是房地产风险向土地市场蔓延，开发商减少拿地，导致地方政府以土地为担保的债务出现危机。可以说，当下住房市场的各种乱象正是这 4 种形式的风险的初步显现和释放，这也意味着过往的"三高模式"已经走到尽头。

第三，地方政府以土地谋发展的土地财政和土地金融模式不可持续。任何经济体的住房问题，归根结底主要表现为两个问题：一个是土地问题，另一个是金融问题。土地与金融的互动则构成住房问题的关键。具体到我国，基本上是单一主体垄断供应的土地市场决定了土地金融化问题会更加突出，地方政府几乎可以说是住房用地的唯一供应方，价高者得的土地"招拍挂"是商品房用地的唯一供应方式，开发商则是商品房的唯一开发供应者。在这个机制下，地方政府把土地视为重要的收入来源。据统计，1999 年，我国国有建设用地出让收入只有 514 亿元，2021 年，我国 300 个城市的土地出让总收入超过 6 万亿元。进一步看，过去 20 多年，每平方公里的土地价值从 1 亿元提升到 18 亿元，地价的增速远远超过房价增速和收入增速。尤其突出的是，2008 年之后，部分地区的土地出让收入占地方财政收入的比重一直保持在 40% 以上，土地出让收入成为重要的地方财政收入来源，杭州、南京、济南、武汉等城市土地出让收入与当地政府一般性预算收入的比例超过 100%。同时，对于地方政府而言，土地的重要性不仅在于创造出让收入，实际上，近年来，随着征地拆迁成本的上升，以及前期大量的"三通一平"基础设施投入，扣除所有相关成本之后的土地净收益不断下降。因此，土地的核心功能已经不是单纯地创造收入，而是以土地作为抵押品的金融化，形成地方政府债务扩张的核心机制，加大地方债务风险。此外，垄断的土地供应使得部分地区"人地错配"的矛盾有增无减，高地价、高房价、人口净流入的城市，如北京、上海、深圳、厦门等，土地供应量不足，而且在趋于减少的土地供应量中，用于住宅开发的比例下降。而且在这个模式下，地方政府有可能缺少动力为流动人口提供租赁住房用地，更不容易在子女教育等公共服务方面进行大规模的投资，这会造成流动人口租赁住房问题得不到有效解决。

然而，从当前的房地产市场周期来看，我国土地财政和土地金融的联动机制正在逐步重构。其中的关键点是二手房市场形成了大量的供给，从根本上制约了新房的开发和新增土地的供应。在新房主导的时代，人们解决住房问题的主要有效路径就是购买新房，从而推动对新增住房用地的需求，由此带动土地财政的循环。然而，随着越来越多的一线、二线城市进入二手房主导的时代，特别是在当下的市场情况下，许多城市的二手房在售库存量都超过 10 万套，重庆、成都等城市甚至达到 20 万套，庞大的库存量为人们提供了更广泛的选择，且相对于可能产生烂尾风险的部分新房，二手房是确定的现房供应，周边配套设施成熟，可选择性强，且业主降价空间大。基于这个原因，大量的购房需求被分流到二手房市场，这也是当下新房交易量不能明显反弹的原因之一。在可预期的未来，二手房供应量会越来越大，且在部分城市可能会远远超过新房供应量，这将从根本上抑制过往那种外延式的新城扩张和土地开发模式，如果地方政府不能供应更有竞争力的土地，开发商不能提供更有品质的新房，那么购房者就可能会"用脚投票"，转向二手房市场。

（二）新周期：一、二手联动与平衡的新阶段

中国当前房地产市场新周期的突出特征是二手房市场的加速发展，从而形成一、二手双重供给，增量与存量市场平衡互动的新阶段，这将从根本上重构我国住房交易的长期波动机制。

第一，二手房供给将日益在更多城市成为主导力量。随着住房总量的扩大，我国住房市场逐步从增量市场步入存量市场，未来 5 年，二手房交易额将从当前的 6 万亿 ~7 万亿元增长到约 10 万亿元。这个趋势性变化意味着二手房供应将成为住房供应的重要组成部分，二手房市场的健康发展对于新房市场将会发挥日益显著的联动与平衡作用。具体而言，一是相比于新房，二手房供给具有更丰富的产品、位置、户型和价格，可以满足不同人群的多层次住房需求；二是发育成熟的二手房市场中，同一时点二手房可售量往往

是新房可售量的数倍，特别是随着城市的发展，新房供给越来越偏远，相对于二手房没有明显的优势。以西安的西咸新区为例，这目前是当地新房集中开发的地区之一，在上一轮周期中，该地区吸引了大量来自周边城市的住房刚需人群，然而由于部分新房品质不高，且相对偏远，在这一轮周期中，这些新房并不能满足住房改善人群的需求，由此导致新房需求量下降，交易量难以上升。进一步来看，随着限售政策的逐步放开，过去5年开发和销售的商品房将在未来5年逐步交付、入住，从而为住房存量增加一个极大的"基数"。据粗略统计，过去5年我国新销售商品房达到7000万套，这些商品房一旦进入交付使用阶段，按照3~5年的流通周期计算，就会逐步变成二手房流通，从而形成巨大的二手房供应量。

第二，换房和改善需求成为主导力量。过去20年住房市场的主要矛盾是如何解决"有房住"的问题，当下和未来的主要矛盾是如何解决"住得好"的问题。特别是中高收入家庭对高品质住房的需求仍有很大的提升空间。这些家庭不再简单满足于"一宅一生"，对质量高、配套设施全、社区服务好的"好宅"需求越来越大。从趋势上看，一方面，首改、再改以及旅居需求成为"新刚需"；另一方面，一、二线重点城市进入"换房"阶段，人们的资金通过二手房市场和住房存量流通，实现以小换大、以老换新、以远换近……一定程度上，改善性换房已经成为一种刚需，成为支撑未来房地产市场需求的重要力量。

第三，资金流动的方向可能会发生结构性变化。在新房交易主导的阶段，通常购房者的首付款和按揭款流向开发商，并经由开发商流向开发链的上下游，支撑资金流通总量增加的前提要么是人们的收入增长，要么是杠杆扩张。然而，随着二手房交易量占比的上升，购房者的首付款和按揭款更有可能会流向二手房业主，业主拿到房款之后，通常会选择换房，要么换新房、要么换更好的二手房，从而产生资金的第二次流通。如果这个业主选择换二手房，就会有第二个业主的房子被卖掉。同样地，第二个拿到房款的业主也可能会继续换房，从而产生资金的第三次流通，如此往复，在这个过程中，需求一次次被创造出来，从而催生更多的交易。

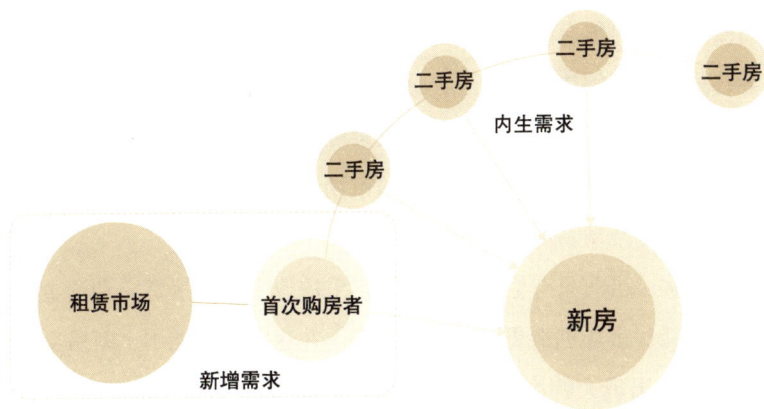

图 2　住房市场的需求循环

由此可见，在这个二手房的交易过程中，每当一个购房者带着需求进入二手房市场，就会释放一个业主的置换需求，这个业主再去释放其他业主的需求。需求被层层激发、创造出来，可以说这里的需求具有自我扩张的"乘数效应"。

进一步来看，如果这个"乘数效应"持续大规模产生，就可能会出现以下几个现象。

首先，少量刚需群体入市可以创造更多的换房和改善需求。以这一轮周期为例，2022 年上半年的政策放松，显著降低了刚需群体的首付比例和购房利率，从而使得刚需群体成为上半年购房市场的主力军。由于部分地区的新房可能存在一定程度的烂尾风险，这些刚需群体在很大程度上可能会流向二手房市场，从而释放了许多二手房业主的购房资质和资金，正常情况下，这些业主将会在 2022 年下半年自然进入换房和改善链条，从而驱动新房市场的交易活跃。反过来看，当下的市场情况下，部分地区高杠杆的开发商楼盘仍然可能存在烂尾风险，更多有换房和改善需求的业主或许会选择二手房解决住房问题，这是未来新房市场复苏最主要的不确定性之一。为了解决这个问题，政策可能需要有针对性地为"保交付"提供更明确的支持，在当前的市场环境下，只有保障交付的正常化，才能推动新房交易的恢复。

其次，当前只有更充分地释放二手房业主的购房资质和资金，才能为新房市场创造更多的潜在需求。在这一轮周期中，新房交易量之所以出现大幅度的下降，一个很重要的原因是 2021 年 3 月以来，许多城市开启了对二手房市场的严格调控，通过二手房参考价、限售等政策抑制业主卖房，使得许多城市的二手房交易量下降 50% 以上，二手房市场的下行比新房市场的下行领先了 6 个月，或者说，二手房市场的冷却在 6 个月后必然影响新房市场，导致联动式下降。

最后，如果开发商不能提供差异化、高品质产品，购房者就可能会选择二手房，从而倒逼开发商做出改变和创新，使房地产行业的竞争从规模竞争走向品质竞争。在本轮房地产市场的下行周期中，依然有许多优质的新房获得了明显的竞争优势。从市场数据来看，民营企业中，以龙湖、滨江等为代表的高品质开发商受到了消费者更多的认可与青睐。

总体上看，当下的新房交易量下降、开发商拿地意愿减弱、部分业主"强制停贷"等现象是新旧两个房地产市场周期碰撞导致的。在旧周期退潮、新周期重构的过程中，当下的调整显得更加剧烈，许多现象交织在一起，这是当下房地产市场波动的复杂性所在。

破题的关键：畅通一、二手循环，恢复市场交易秩序

尽管 2022 年上半年的政策放松让许多刚需入市，但是目前看来只有刚需还不足以支撑下半年的市场恢复。从新旧周期转换衔接的角度看，只有激活潜在的换房和改善需求，才能从根本上为新房市场的反弹注入更强的动力，相应地，短期内有效的政策就是畅通一、二手循环，为换房和改善需求进入新房市场铺平道路。

第一，消除二手房的交易障碍，将更多换房和改善需求引入新房市场。从实际情况来看，2022 年下半年的新房市场复苏具备一定的有利条件，那就是 2021 年下半年和 2022 年上半年已经卖房的业主将在 2022 年下半年逐步进入市场，进入正常的换房和改善链条，从而为新房市场的反弹提供坚实的基础。另外，2022 年下半年新房库存量增加，优质的商品房项目也逐步入市，从而为换房和改善群体提供潜在的买房机会。当下的主要障碍体现在两个方面：一是部分城市的认房又认贷、限售等限制性政策不利于换房和改善需求的正常释放；二是部分地区存在新房交付风险。后续的政策需要在这两个方面有更大的突破，取消认房又认贷、限售等政策，同时最大限度地缓解开发商的资金压力，以"保交付"为抓手，恢复

正常的新房施工和交易秩序。

第二，有序优化预售制度，给予购房者更多的安全保障。近期部分地区的业主"强制停贷"现象引发了公众对预售制度的讨论，一些人认为应该取消预售制度，然而在当下的开发商债务压力巨大的现实条件下，取消预售制度可能会引发更大的问题。短期内合理的选择是尽快恢复交易量，只有交易量正常化，交付才能正常化。从中长期来看，可以逐步优化预售制度，而不只是简单取消。例如，从我国香港的预售实践来看，购房者可以一次性付款，也可以分期付款，根据工程进度依次付款，起初可以交一定比例的定金，中间根据工程进度支付相应房款，交房前大概完成 30% 的支付，并办理按揭。

第三，促进更多优质地块入市，改善土地市场预期，并扩大优质商品房的潜在供应。特别是一线城市和部分核心二线城市，在城市化继续推进的过程中，仍然存在一定的新房供给缺口，尤其是缺少优质的商品房以满足人们的换房和改善需求，在这种情况下，土地政策层面可以引导更多的优质地块入市，这既能改善土地市场的悲观预期，也能扩大优质商品房的潜在供给，并为经济增长带来新的动力。

旧模式步履蹒跚，

新模式曙光未现，

当下的中国房地产市场

可以说正处于 20 多年来最大的变局之中。

1

我国房地产市场上的

短期问题往往是长期矛盾的映射，

周期问题往往是结构矛盾的反映。

2

那个持续新房交易量高速增长、

开发商"一张图纸走天下"、

消费者竞相抢房、

抢到等于赚到的大时代已经落幕了。

3

4 过去 20 年
住房市场的主要矛盾是
如何解决"有房住"的问题，
当下和未来的主要矛盾是
如何解决"住得好"的问题。

5 在旧周期退潮、新周期重构的过程中，
当下的调整显得更加剧烈，
许多现象交织在一起，
这是当下房地产市场波动的复杂性所在。

从全球化视角
看**科技**周期
与 10 年机会

王煜全

海银资本创始合伙人，
全球科技创新产业专家

编者按：全球科技创新产业专家、科技投资人王煜全深耕科技产业领域 30 余年，以独到、深刻的目光探寻科技周期规律。他认为，科技周期将会深刻影响世界的发展。科技周期规律是否能够被把握？下一个 10 年，机遇又在哪里？如何做好企业跨越生命周期的领航员？王煜全以全球化视角，探讨科技周期如何主动影响社会周期与金融周期，从而塑造未来。

三重周期塑造世界的未来

瑞·达利欧在其新书中提到了一个很重要的观点，他认为世界的未来是由三重周期塑造的，一是社会周期，二是金融周期，三是科技周期。实际上，社会周期和金融周期背后的主动影响者都是科技周期。

一个周期可能跨越 100 年，而人类因为寿命的限制很难跨越较长的周期，也很难仅凭个人经验真正充分地了解历史和社会。因此我们要从更广阔的范围来看世界，为了对世界的未来有更深刻的理解，我们要同时理解社会、金融、科技的变革。

首先，社会周期表现为国家兴衰与社会价值取向。从短期看，世界目前的波动还会持续一段时间。因为世界的波动，尤其是中美之间的冲突——从贸易到科技——背后的底层逻辑则是内政重于外交。本次冲突也跟美国自己的内政问题关系很大，为了竞选成功需要树敌，中国因此成了"靶子"。这个逻辑很难改变，核心与中国无关，所以短期内中美冲突解决不了。

瑞·达利欧本人认为，中国处于上行周期，美国基本处在下行周期，中国正慢慢地超越美国。不过这个周期可能会很长，所以我们的未来很光明，但也要做好充分的准备。

其次，金融周期将经历从金融资本到产业资本的发展。科技革命推动社会发展的时候会改变社会结构，其中一个会立刻发生改变的结构叫作资本结构。任何新科技经过展开期以后，就会进入下一轮科技革命的导入期。在导入期，人们还不知道新科技的价值，大多数人不敢碰，因为不知道能不能赚钱。只有爱冒险的资本才会去碰，所以会有风险投资的说法。为了获得更可观的回报，风险投资一定会采取金融资本的模式，即通过低买高卖赚钱。

金融资本最大的问题就是它有垂直周期。金融资本在推动产业规模化，尤其是在推动科技进入导入期的时候是有效的，但在展开期，它的有效性相对就会低很多。因此，科技的展开期需要更稳健的资本和更长期的合作，典型的例子是巴菲特的伯克希尔·哈撒韦。

中国未来的产业资本要和制造优势相结合。中国的制造优势在于产业侧，中国产业的优势在于量产化，量产化很重要，需要大量投资。大量美国的科技企业（尤其是小企业）没有量产化能力。但因为传统误解，美国此前对中国的量产化能力没有给予充分的认可，因此中国要以资本的形式介入，让中国的贡献能够得到与之匹配的回报。

从大的趋势来看，产业资本会发挥很重要的作用。要想实现产业的规模化发展，必须要有大量的金融资本转成产业资本，但要想使产业资本较大地发挥作用还需要创新。

最后，社会周期和金融周期背后真正的影响者是科技周期，科技的周期性影响了社会的周期性和金融的周期性，从而影响着人们的行为、习惯和观念。

我眼里的科技周期分为3个阶段：一是生产的规模化；二是服务的规模化；三是创意的规模化。一个科技大周期会跨越几十年甚至上百年。工业革命花了200多年的时间，数字革命到现在经历了一段时间，后面还有几十年的黄金期。

第一阶段，关于生产的规模化。其核心是实体产品的规模化生产，因此它需要工作的标准化、组织性、纪律性。

第二阶段，关于服务的规模化。从计算机、互联网和软件时代开始，我们进入了数字革命时代，它的特点不是生产实体产品，而是生产数字化产品。服务规模化的核心不是组织性和纪律性，而是经验的系统性和可重复性。服务规模化意味着我们要把服务融入产品，卖产品不是最主要的，卖服务才是最主要的。比如卖机器人，实际上卖的是机器人提供的服务；卖自动驾驶的车辆，实际上卖的是更便捷的交通出行服务。在未来，服务市场会大很多，因为大量的需求都会用服务来满足，这个市场就会进入另一个高速增长期。

第三阶段，关于创意的规模化。随着社会对科技的接受程度越来越高，科技革命的周期正在逐渐缩短，可能在 30 年后的某个时间点，我们就开始进入下一个阶段——创意的规模化，那个时候会有更多非标品出现，更加强调创造力、协同力和领导力。

关于科技周期的规律，经济学者卡路塔·佩雷斯（Carlota Perez）总结得非常清楚，她认为科技进入社会后的阶段可以分为导入期和展开期。在导入期，原有系统被破坏，少数企业赢利，贫富差距加大；在展开期，科技被广泛接受和采纳，大批企业因此受益，大批劳动者收入增加，贫富差距减小。

现在我们处于一个大周期的从导入期进入展开期的中间阶段，所以波动得特别厉害。上一个从导入期进入展开期的中间阶段是 1929 年美国经济大危机时期。美国的电气革命发生在 20 世纪初，1929 年之后电气革命才大规模展开，是电气化使得工业生产规模化真正普及。工业革命延续了很长时间，经历了好几轮"小革命"，这一轮生产规模化的"大革命"才具备了充分条件。

二战之后，生产规模化进入展开期，各行各业都可以充分利用生产规模化来提高自己的产量和销量，这时也出现了大量的跨国企业，各行各业都在迅速发展。所以从 1945 年开始，美国进入持续

30 年的经济高速增长期，这奠定了它能够在世界上独树一帜、领航发展的基础。

那么，如果应对得当，我们的波动就会相对小一点。怎样叫应对得当呢？导入期的展开有一个重要的特征，即未来会有大量的科技进入越来越多的传统领域，对传统产业形成冲击。现在受到的冲击较大的是交通出行产业。在这个大的波动期里，如果有大量的资本让科技可以更快地进入产业，这个波动期就会缩短。

疫情发生后美国政府大量"放水"，误打误撞提供了大量的资金，如果这些资金能够进入产业，将有助于产业的发展，使得应用于该产业的科技能够更快地从导入期进入展开期。但是美联储的错误政策使这些资本的优势受到了压制。所以我们现在还处在波动期，这种波动还会持续一段时间，我们预测可能还有三四年。

如今已经进入了"数字革命"阶段，它的第一轮小革命实际上是 20 世纪 60 年代末 70 年代初，比尔·盖茨、乔布斯等对于软件、计算机的开拓；第二轮小革命是 20 世纪 90 年代初互联网的流行；第三轮小革命就是 10 年前人工智能的初见端倪。前文说到，在这之前的 3 轮小革命主要解决人类设计的产品如何被规模化复制的问题，也就是如何实现生产规模化，进而催生了一次大革命——工业革命；现在这 3 轮小革命催生了服务的规模化，推动了数字革命。

中国现在正处于数字革命的转折点，尤其还受到了疫情这一突发事件的影响，完成重组、完成数字革命很有可能还需要两年甚至更长的时间。但是，一旦挺过这几年，中国就会进入一个可以和1945 年美国大发展时期相媲美的黄金发展期。

未来在数字革命从导入期进入展开期之后，以中国为代表的世界经济体有可能进入一个黄金增长期，但中国能不能在这个黄金增长期中做"领航员"，取决于中国的全球化是否能成功。要真正做到全球化，中国必须走出去并向欧美发达国家（地区）学习，然后超越它们。

所以，从大格局来看，波动的持续时间可能比我们想象的更久，但是波动一旦过去，辉煌的持续时间也会比我们想象的更久，其影响也更加深刻。我们必须要为未来的辉煌做好充分的准备，而不只是盯着今天的"苦日子"。

中国如何破除"卡脖子"症结

具体到中美，中国和美国基本处于同一个周期。原因很简单，现在的科技革命是全球化的，全球的科技产业布局是一个而非多个，尤其是前沿科技产业的生态，只能说处于相同周期的中国和美国各有各的特色。具体如下。

首先，关于贫富分化的问题，在这个问题上，美国体现得更为显著。

其次，关于金融周期的问题。在中国，通常由政府主导干预金融资本周期，资本能够更快地变成产业资本，这是中国的优势。在这之前，不管是红杉还是软银，风险投资基本是私人机构主导的。这些年，中国大量的投资都已经转化为产业投资，实实在在地投到了产业里，而且是由政府基金主导的，这类投资的特点是没有非常明确的回报周期，不需要考虑退出。相比之下，红杉或软银怎么可能连续投一个公司，投 30 多年？

美国现在也在弱化风险投资，强化产业资本。但是美国的产业资本是私有的，这是其最大的一个特点——有很多资金、基金的规模已经大到超过风险投资，没有办法用风险投资的方法来运作了，更常见的做法是投上市企业以及对资本进行长期持有，但这在过渡期会产生混乱。当资金的基金规模已经大到不应该按风险投资的方法来运作，但是行为上还没有转变过来的时候，会出现一系列的问题。但这是过渡期或波动期的问题，是会逐渐被解决的。

我们在美国做 SPAC（特殊目的收购公司）基金和企业合并上市时，用的也是典型的产业资本，而不是风险投资的方法。因为 SPAC 基金上市以后，投资者是否赎回是个人行为，但基本上上了股市以后，SPAC 基金的大部分是不会被赎回的，也就是说，它是可以被长期使用的产业资本，而不是用于风险投资的金融资本。在未来，产业资本价值越来越高，金融资本价值逐渐降低，在这一点上，中国和美国的外在表现一样，但内在动力不完全一样，因为中国经济由政府主导，美国经济由市场主导。

目前，全球不光是新兴科技企业的发展速度加快了，新兴产业的发展速度也加快了。也就是说，以前是突然冒出一家家企业，比如微软、苹果，现在是动不动就冒出一个产业，比如自动驾驶、人工智能、机器人等。新兴产业会迅速、蓬勃发展，然后带动经济热火朝天地增长。

新兴产业成了全球竞争的焦点，新兴产业的配置和孵化，以及新兴产业当中的控制点，是各国（地区）经济乃至全球经济竞争的核心。既要能够孵化这个新兴产业，让它蓬勃发展，还要对这个新兴产业有所掌控，在其中的控制点上有话语权，这才是良性的发展。中国在这一点上相对比较弱，中国几乎参与了每个新兴产业，但还是强调企业式的发展，在产业培养方面缺乏经验和能力。

如今，社会进入了产业生态竞争的阶段，产业生态的特点是什么？就是木桶法则。有短板就会造成整个产业都出现问题，但产业生态一旦有短板就会被迅速补上，因为有市场需求、经济增长和投资回报作为奖励。一个产业刚兴起的时候，处处是短板，各方面都有问题，但是随着产业的逐渐发展，各块"板"是同步成长的。也就是说，产业生态的特点是被培育起来的，而在产业生态的发展过程中，产业生态的各个参与者所在的"板"都会越来越长，以至于当产业生态逐渐完善成熟的时候，各块"板"都变成了"长板"，各方都对产业生态有了一定的控制力和一定的话语权。

这就给了我们两点启发，以解决"卡脖子"症结：第一，我们要在产业生态发展初期尽早参与；第二，监管者要鼓励竞争和长期协作。也就是说，产业生态是一个倡导合作共赢的游戏。在这一点上，我们还有一段路要走。

过去 40 年，我们自己主导的从零开始完善一个产业生态的案例不多，其中做得不错的是太阳能和电动车这两个领域。在很多领域，我们的做法叫"进口替代"，也就是说别人已经培育了一个产业生态，我们针对的是这个产业生态中能优化的环节，它不一定最赚钱，也不一定对整个产业生态有控制力，但对整个产业生态的发展是有促进作用的。当每个环节都有人负责优化时，整个产业生态"木桶"的各块"板"就会变得又长又大了。

不过突然有一天，当外国人发现整个产业生态中 90% 的环节都是被我们所优化的，他们开始担心我们涉足剩下 10% 的环节，从而把整个产业生态都收入囊中，所以现在才会出现"卡脖子"现象。然而，真正接管别人培育起来的产业生态是不容易的，因为控制点掌握在别人手里，这就是现在芯片产业面临的问题。

所以，我们要在新的产业生态上去寻求突破，因为不断有新的产业生态崛起，而新的产业生态是由新的科技催生的。于是，根据"弯道超车"逻辑，我们要找弯道，也就是新的科技。我们必须学会自主创造产业生态，扶持所有产业生态的必要环节，从最开始就形成深度协作，最后大家一起把自己的"板"做长，一起把产业生态培养起来。

对于全球化，有些人的态度是悲观的。多数人都是短视的，他们的悲观通常源于想到明天日子可能不好过。但我认为，目前我们处于巨大的革命中，数字革命是可以媲美当年的工业革命的，而一旦进入高速发展期，全世界都会受益，这是一定的。

长远来看，我们应该乐观地在这两年做好迎接未来的准备。所有的机会都是属于做好准备的人的，产业机会、市场机会、科技机会更是如此。就像任正非所说，要到冬天了，要存粮食。这时候会出现两种心态，一种是"我的目的就只是活下去"，另一种是"我的目的是要活到大发展的时候"。这两种心态看似相似，其实完全不同，也将导致两种截然不同的做法：一种是只存粮，另一种是厉兵秣马、高筑墙、广积粮。

世界发展是有周期的，但是很多周期100年才循环一次，我们已经非常幸运地赶上了改革开放。而目前，我想告诉你的是，世界科技现在马上要进入持续30年的大发展周期，我们赶上了，是该乐观还是该悲观呢？其实这并不重要，怕来不及才是重要的，因为我们要赶紧准备，这样到大发展的时候才能不被淘汰。

在我看来，中美科技脱不了钩。怎么脱？美国的大部分制造业务都在中国，脱钩他们就"死"了。美国现在的主要矛盾是通货膨胀严重，按理说购买力应该下降，但是由于中国的商品便宜，其购买力反而增强了，这是核心的问题，即美国的购买力增强靠的是中国强大的制造能力。

有一个定律叫作莱特定律，即任何的商业商品生产，如果产量翻倍，生产的价格就会降低，与此同时商品的性能也会慢慢提升。生产价格为何降低？因为产量提高后，生产经验就会得到积累，而且产量越大，就会有越来越多的人愿意投入研发，来帮助改善生产过程，进而实现规模效益。所以中国制造的优势不是廉价的劳动力，更不是所谓制造转移的优势，而是中国能够以极低的价钱和极高的品质大规模地生产先进产品。中国的规模化生产使美国可以购买到价廉物美的产品，这是其他大多数国家都做不到的。

做好企业跨越生命周期的领航员

前段时间，大家一直在拿目前的中国与 20 世纪 30 年代处于大萧条时期的美国做对比，美国企业经历了这样的一个大周期，但中国的科技企业没有经历过这种风雨。

企业如何跨越生命周期，这是一个非常重要的问题。

第一，我要强调并不是非得去找那些老企业案例来学习，关键在于把握大环境，要有生态化经营和平台化经营的思路。数字革命发展仍在加速是我们正在经历的，但是对于这种发展，我们要辩证地理解，技术的发展可以分为原创技术发展和技术应用发展。举例来说，电动车涉及的原创技术包括锂电池技术。锂电池技术带来了一场技术大革命，正是这场技术革命使得电动车有了今天的发展。一旦产业形成，原创技术的革命就基本宣告结束，不过技术改良仍在进行，从而酝酿出产业革命。因此，产业革命的特点是技术革命之后的持续性技术改良，我们称之为"性能调优"，就是由工程师将一个个细节的性能调优。例如，锂电池电动车刚推出的时候，百公里续航都是难以实现的，不过现在，这类电动车已经能够实现千公里续航了。取得这样的进步主要依靠的就是针对锂电池的性能调优，人们认同它的产业价值以后形成了马太效应。

对于科技企业来讲，首先要理解我们正处在科技进步、风起云涌，各个领域都出现了大量的"性能调优"的时代。任何一个领域都很容易被技术连续冲击，当被技术连续冲击的时候，就不能搞封闭体系，而是需要平台化。我在给 TCL 的员工讲课的时候曾说："或许你原来认为自己是个家电企业，但现在请你视自己为 IT 企业，并且是要 IT 化经营的 IT 企业，这非常非常重要。"因为 IT 企业是开放的、平台化的，是支持第三方开发者参与技术研发的，是追求生态培养的。

第二，企业跨越生命周期是有规律可循的，它其实很简单。我们把企业发展分成 3 个阶段——初创期、高速成长期和成熟期。在不同阶段企业的特点不同，经营侧重点不同，而且对 CEO（首席执行官）的素质要求也不同，很多企业发展到最后，往往"成也萧何，败也萧何"。

为什么经营企业难，扩大企业规模更难呢？因为要求 CEO 有优势升级能力。在企业初创期，CEO 要具备的是技术能力优势和产品能力优势。但是，在企业高速成长期，CEO 要具备的是管理能力优势，要具备很高的管理水平。到了成熟期，CEO 要具备的是战略能力优势，要懂得战略布局、调动资源、合纵连横。

优秀的企业往往是由优秀的人带起来的，这就要求 CEO 不断提升自身的能力，以便在企业发展到下一阶段时，CEO 自身的能力跟得上。

为什么企业家必须要持续学习？就是因为在不同阶段，要有不同的能力，不断地提升自己，才能让自己不沦为企业发展的瓶颈。

举例来说，大疆的创始人汪滔其实担任的是 CTO（首席技术官），大疆一直在进行技术创新，但是技术创新似乎没有抓住关键点，因为他不是 CEO，他们的创新没有战略引导。今日头条的发展似乎抓住了关键点，但今日头条的创始人张一鸣其实是一位厉害的 COO（首席运营官），也不是 CEO，在某种程度上缺乏战略思维——而这几乎是企业管理普遍存在的问题。

虽然"不想当元帅的士兵不是好士兵"，但是一个士兵从第一天起就想当元帅，就学习当元帅的技能是没有用的。不管是投资、创业，还是在产业里与他人合作，脑子要清醒，要知道未来会怎么样，自己该承担什么角色，这是最主要的。

要想掌握这种系统思维，关键是要看到本质规律，要将身处任何一个产业、处理每一件事都当作一次"训练"。

我曾听到别人点评电动车产业生态，说比亚迪和宁德时代都挺好，但是宁德时代的业务范围相对比较窄，只有电池；比亚迪的业务范围相对比较宽，有电池、有车，所以比亚迪未来的发展可能更好。我不认同这个观点，为什么？因为电动车这个产业生态里，电池研发和制造是核心环节，某个企业只要掌握核心环节的技术，并且成为核心环节的头部企业，那这个企业就远远强于各个环节都涉及的、不是头部的企业。

我们经常会做预测性的分析。电动车的革命有"3 个弯道"。第一个弯道是电动化，即传统燃油车向电动车转变。第二个弯道是智能化，就是电动车要实现自动驾驶，还要实现车内智能化、车外智能化。第三个弯道是服务化，也就是电动车要提供出行服务。在第二个弯道中，比亚迪已经落后了，他们第一轮的领先优势没有延续到第二轮。

宁德时代确实也没有未雨绸缪，但因为电池在电动车中占据很重要的地位，所以一旦成为电池制造领域的头部企业，就会有研发能力强的企业主动寻求合作，这就意味着宁德时代立于头部基本是板上钉钉的事。而比亚迪电动车，虽然产量大但是相对偏低端，所以虽然下一阶段它还会发展，但如果不创新，其发展速度将会减缓，甚至会落后。而在我看来，未来"蔚小理"（蔚来、小鹏、理想）表现会比较突出，宁德时代也会保持良好发展态势。

中观部分我们将主要从 3 个角度来分析科技产业到底谁才是胜出者。

第一个角度是技术。哪些是技术革命中的主流技术？人工智能、云计算、大数据等。哪些是辅助性的技术？新能源技术、电池技术、材料技术等。要想在科技产业中胜出，就要看清产业格局，规避技术冲击风险，最后要得出属于自己的结论。很多技术一被人提起就是"颠覆式创新"，我们都听习惯了，但其实大多数技术并不是颠覆式的。技术对产业的影响有 3 种，一是产业增强，二是产业新增，三是产业颠覆。大多数技术可以起到产业增强的作用，少数技术能做到产业新增，只有极少数技术能实现产业颠覆。

第二个角度是产业，要看清产业格局和未来趋势。

第三个角度是企业。谁拥有技术，谁来主导产业颠覆或产业增强，谁才会胜出，要将这件事当作一个系统结构来分析。

当然，每个产业的结构都不一样，但整体思维都是这样的，即先看技术，再看产业，最后看企业。

在公共信息时代，一个人能不能脱颖而出，关键在于其是不是有持续进行系统思考的习惯，会不会不断地把思考的收获放在一个可用的、活的系统里。

我认为我的精神导师是 J.P. 摩根（约翰·皮尔庞特·摩根）。当年，J.P. 摩根的爸爸在英国经营投资银行，但是竞争不过罗斯柴尔德家族，因此他爸爸就把他送到美国学习和工作，他成功以后总结了 3 条规律。第一条是要到新兴经济体去，而当时的美国是比英国更新的经济体。第二条是要进入当时的新兴经济体的前沿企业工作。当年美国的福特、通用电气、爱迪生照明等科技企业都是前沿企业，他就要在这类企业工作。第三条是要有控制力，要有话语权，要有掌控力。

我一直认为，这 3 条规律是可行的，尤其适用于投资。只不过我一直有一个疑问：目前这 3 条规律是否发生了一些变化。

如今，数字革命已经突破了地缘。在工业革命时期，我们要具备地域概念是因为要把货物通过轮船、火车等交通工具运到世界各地。但是现在数字革命是把服务传到世界各地，通过互联网瞬间就能够实现。所以我们强调现在的世界是数字化世界，这和物理世界分别属于两个不同的维度。

今年我和张笑宇老师进行了一次交流，他出版的《技术与文明》一书让我大受启发，书中有很多关于技术发展思路的描述，与我的观念非常相似。他提到的一个概念很重要，叫产缘政治。他说："过去老说地缘政治，现在地缘不重要了，产缘才重要，一条产业链、一系列企业和一系列技术在今天可能对国与国之间的关系影响更大。"

把 J.P. 摩根的 3 条规律和张笑宇老师的产缘观点结合在一起，我恍然大悟。其实所谓"到前沿去布局"中的"前沿"当年在

J.P. 摩根看来是到"地理的前沿",而今天我们应该到"产业的前沿"布局,如人工智能、云计算、机器人新能源……都值得我们广泛布局,全世界都应该是我们的"运动场"——我们不应该受地域限制。从过去的地理维度思维转换到现在的产业维度思维,让我一下子就摆脱了先前的思维束缚,收获特别大。

10 年之后的未来是什么样

怎么做好投资呢?我认为应该顺应潮流。

首先要判断潮流,然后比别人早一点看清局势、早一点布局。未来到底有没有机会?对这个问题的想法可能是我和别人最不一样的地方。前段时间跟我同事交流,他说未来很迷茫,回望过去机会却很多,10 年前如果投了宁德时代、特斯拉、英伟达,现在就赚翻了。

10 年前,大家在哀叹什么?原来我们做投资的时候,哀叹的是互联网市场已经被 BAT(百度、腾讯、阿里巴巴)这样的巨头瓜分了,已经没有好的投资机会了。结果后来又出了个今日头条,对不对?所以,10 年前和现在一模一样。站在那个时间点,往未来看,充满了迷茫;往过去看,也充满了机会——20 年前,很多投对了的人还在赚大钱呢!所以我得出的结论就是在任何时间点,机会都很多,关键在于如何抓住机会。

一个人要学会先预知未来,再往回看,预知的那件未来已经确定会发生,但还没发生的事情,就是最好的布局机会。

那么,10 年之后的未来到底是什么样?

首先,自动驾驶技术与服务一定日趋成熟。到时候交通出行服务商（相当于今天的运营商）的规模会比今天的电信运营商还大，因为人人都需要它，它的覆盖面更广。这意味着，未来交通出行服务产业大有可为。

其次，机器人会被大量采用。我指的不仅是小米、特斯拉制造的那种人形机器人，而是不同形态的机器人。机器人是人工智能的体现，要为专有的事设计专有的机器人，未来有专门端茶送水、炒菜做饭，甚至控制室内空调的机器人，它们是无所不能也无处不在的。尤其是服务型机器人，在未来 10 年将会有巨大的发展。

在此就不多举例了，我已经能够比较清晰地描绘出我看到的，10 年之后将会发生的事情，而其中的任何一件事情只要从今天开始布局，在未来都会有巨大的收获。你说究竟有没有机会呢？

在投资中，周期是明显的，但是有些人缺乏耐心，这样的人成功不了，原因很简单，他是短视的。盯着明天的回报、明年的回报，是没有意义的，我们要看到大产业的变革。以一天为期什么都看不清，以 10 年为期则不然，因为以 10 年为期是可以触及规律的，以百年为期规律则更加清晰。所以为什么自己要难为自己呢？大多数成功的企业家，不都是以 10 年为期进行布局的吗？

一个人要先相信，未来是被科技推动的，了解这一规律后就要付出努力。我周围很多人听到要做一件事张口就说："这件事太难了。"我就问一句，这件事重不重要？对于重要与否的判断是第一位的。如果这件事重要，不管难不难你都应该付出努力，努力了之后再来说难。绝大多数人一点儿努力都没有付出，只在那儿闭着眼睛喊难，有什么事是你从来不需要训练，天生就擅长的呢？

过去的 30 年我就干这一件事——看产业，理解产业规律、产业协调，这才有了一点儿心得。宏观层面的周期规律除非遇到大的变革，否则基本会保持稳定。难的是从微观层面对每个行业进行动态的观察，首先要知道观察的核心点是什么，然后对其进行持续跟踪、掌握，这是要经过训练的。

如果一个人认同科技是改变世界的最本质的力量，认同科技是有规律的、是可以被理解的，也认同一旦自己先掌握了规律，不管是创业还是投资，比别人提早布局都会有额外的收获，那么他就会和我一样花时间和精力去付诸实践。原因很简单，机会就站在那儿等你，你为什么不把它抓住呢？所以我特别希望每个人都看到未来，都真正去把握未来，而不是躺在那里哀叹。

未来在数字革命
从导入期进入展开期之后，
以中国为代表的世界经济体
有可能进入一个黄金增长期，
但中国能不能在这个黄金增长期中做"领航员"，
取决于中国的全球化是否能成功。

1

新兴产业成了全球竞争的焦点，
新兴产业的配置和孵化，
以及新兴产业当中的控制点，
是各国（地区）经济乃至全球经济竞争的核心。

2

为什么经营企业难，
扩大企业规模更难呢？
因为要求 CEO 有优势升级能力。

3

4

在公共信息时代，

一个人能不能脱颖而出，

关键在于其是不是有持续进行系统思考的习惯，

会不会不断地把思考的

收获放在一个可用的、活的系统里。

5

一个人要学会先预知未来，

再往回看，

预知的那件未来已经确定会发生、

但还没发生的事情，

就是最好的布局机会。

中国
互联网
跌宕起伏，创新是唯一方向

方兴东

浙江大学求是特聘教授，互联网
实验室和博客中国创始人

中国互联网迎来颠覆性时刻

最能直观、生动地展示中国互联网近 30 年进程的，莫过于两根曲线。第一根曲线是始终昂扬向上的网民规模数据。1997 年 11 月，CNNIC（中国移动互联网络信息中心）第一次发布《中国互联网络发展状况统计报告》，此报告中，62 万成为中国网民规模权威的起点数据，此后 CNNIC 形成了每半年发布一次报告的机制。2022 年 8 月 31 日，CNNIC 发布的第 50 次《中国互联网络发展状况统计报告》称，中国网民规模已经达到 10.51 亿。第二根曲线是中国互联网企业的市值走势曲线。该曲线的走势除了在 2000 年互联网泡沫、2008 年金融危机和 2015 年等短暂向下之外，也是一路高扬。中国互联网的发展似乎是抗周期的。而最近两年，局势之变超乎想象，观察中国互联网似乎也需要拿起"周期"这个思考工具。

　　现实和历史中的"周期"概念基本上都属于实证概念，与哲学上的概念相距甚远。对我们来说，周期循环往复，其最大的作用就是给不确定的未来以一种确定性。在互联网这个人类创造的技术奇迹中，周期更是成了一种信心，一个希望，甚至一份信念。

　　2000 年 3 月 10 日，纳斯达克综合指数盘中创下 5132.52 的最高点，随后便开始了漫漫的下跌之路，将近 15 年时间，原最高点再也不可及。从此，5000 点既是一个传说，也是一根耻辱柱：钉着互联网泡沫的历史原罪！人们习惯将互联网泡沫与法国的"密西西比泡沫"、荷兰的"郁金香狂热"和英国的"南海泡沫"这三大欧洲早期臭名昭著的经济泡沫相提并论。

　　将泡沫做扎实，证明互联网并不是基于幻想的真正泡沫，人们用了近 15 年时间。2015 年 3 月 2 日，纳斯达克综合指数大涨 0.90%，报收 5008.10 点。纳斯达克综合指数时隔 15 年重新突破 5000 点大关，这也成为纳斯达克综合指数复兴过程中的一个里程碑事件。同年 6 月 18 日，纳斯达克综合指数涨到历史最高的 5138.73 点。纳斯达克综合指数盘中价打破历史，此前纳斯达克综合指数的最高纪录是 2000 年 3 月 10 日创下的 5132.52 点。纳斯达克综合指数重返最高点，用了近 15 年时间。但其市盈率仍远低于 2000 年、2002 年的相关数据，并且在 2000 年，纳斯达克综合指数排名靠前的 20 只成分股已经有 8 只不复存在了。人们收复了 15 年前丢失的高地，完成了为互联网正名的目标。这一次，互联网再也不是泡沫，谷歌、Facebook 等领军企业以扎实的业绩和强劲的增长势头脱颖而出。

进入 21 世纪 20 年代，中国互联网迎来了又一个颠覆性的时刻，固有的惯性和旧有的逻辑发生了重大的变化。随着 5G 的普及，由数据和算法驱动的智能物联时代全面开启，同时叠加着突发疫情和渐趋激烈的世界局势，一系列重大的技术变革和超乎想象的历史性事件频频发生。在全球地缘政治、全球性卫生危机、全球宏观经济、全球军事冲击等面前，曾经浩浩荡荡、势不可挡的互联网发展进程显得如此脆弱。尤其是包括风险投资和互联网股票等在内的互联网资本市场，上演了如过山车般跌宕起伏的大戏。互联网究竟怎么了？互联网究竟会怎么样？我们该如何研判互联网的未来？

就像 2000 年互联网泡沫破灭时一样，不管产业和资本市场的局势如何严峻，互联网技术依然义无反顾，继续高歌猛进，进一步深入社会。2022 年，全球网民规模突破 50 亿大关，世界进入全球一体化的新阶段，世界各地的人们更紧密地联结在一起。工业和信息化部发布的 2022 年 1—8 月通信业经济运行情况表明，截至 8 月末，3 家基础电信企业发展蜂窝物联网终端用户达 16.98 亿户，较上年末净增 3 亿户，移动网连接终端中代表"物"连接的蜂窝物联网终端用户数首次超过代表"人"连接的移动电话用户数。Statista 预测，2025 年全球物联网设备数量将达到 386 亿台。由算法和数据驱动、智能主导的信息传播格局已经初步形成。

但是，产业、资本、政策和地缘政治的惊涛骇浪，依然强烈影响着我们的情绪，影响着我们对未来的判断。如何在迷惘中找到切实的逻辑？尤其是地缘政治矛盾激化，开始超越技术和商业化的影响，越来越强烈地冲击着互联网的发展进程。数字时代的治理挑战也进一步增多。最终的问题是：互联网的好日子还能回来吗？如果能，什么时候才会回来？周期的念想就这样萦绕在我们的脑海中。

仅仅思考现实，难以让我们获得清晰的答案。我们需要借助历史，才能总结规律，才能洞察周期，才能眺望未来。在这样的背景下，全局性回顾、剖析和总结中国互联网的发展历程和经验，有着特别的意义，尤其是对于我们研判下一个 10 年的趋势以及更远的未来，至关重要。

以"中时段"的"社会时间"重新审视中国互联网

2024 年 4 月 20 日，将是中国互联网正式接入国际互联网 30 年的纪念日，也是国际互联网诞生 55 周年的日子。这两个时间长度非常有趣，恰到好处，与著名历史学家布罗代尔所说的"中时段"视角或有呼应。也就是说，我们的视角既可以超越基于具体"事件"的"短时段"的"个人时间"视角，也可以不同于基于"结构"的"长时段"的"地理时间"视角，从而获得一种基于"局势"的"社会时间"视角。

"中时段"视角本质上是一种社会史视角。法国历史学家布罗代尔拿河流来做比喻："长时段"的结构仿佛水流之下的河床，而"中时段"的局势相当于深水暗流，"短时段"的事件不过是水流表面的泡沫。可以说，迄今为止，学术界和产业界围绕中国互联网发展历史的梳理，几乎都是从"短时段"的"个人时间"视角进行的。正如布罗代尔所说："它不是人类规模的历史，而是个人规模的历史……这是表面的骚动，是潮汐在其强有力的运动中激起的波涛，是一种短促、迅速和动荡的历史。这种历史本质上是极其敏感的，最轻微的脚步也会使它所有的测量仪器警觉起来，这是所有历史中最动人心弦、最富人情味，也最危险的历史。"这种视角材料充足，真切生动，而且激动人心。但是，人和事的热闹与喧嚣极大地阻碍了我们获得更具普适性、持久性的认知。或者说，过去我们看待中国互联网，基本都基于"显微镜"视角，注重各种纷繁复杂、喧嚣热闹的事件。

我们可以以 20 世纪 80 年代为起点，远眺 21 世纪 20 年代后期，以大致半个世纪的时间跨度，来梳理和总结中国互联网的发展历程。这使我们终于可以从互联网技术及其应用和商业的喧嚣中脱离出来，站在社会变革的高度，以更加理性、冷静、多元和多层次的方式，审视和总结中国互联网的发展历程。

而"中时段"的历史不长不短，不近不远，可以让我们超越一时一事，尤其是事件的热闹。借助"中时段"最大的妙处，就是我们既可以立足经验事实进行微观实证，也可以衔接全局进行一般性的宏观总结。从这个角度看，以年代作为划分标准，无疑是最合适的，具体原因如下。

第一，互联网是全球数字技术演进的结果。技术和应用的更替，基本上以 10 年为一个周期，无论是通信技术、计算机技术，还是互联网技术的发展都大致如此，并且以年代来划分阶段，基本可以很好地概括每一轮的周期与特性。第二，以年代来划分阶段，互联网与社会、经济、文化甚至政治等的变革节奏存在着很好地协同与共振。第三，以年代来划分阶段，具有较好的稳定性，起码可以在不是很长远的未来，保持着阶段划分的确定性，可以很好地避免每过几年就不得不改动阶段的划分标准，形成研究的连续性和比较性。

第四，以年代来划分阶段，可以更好地展开全球性的比较研究。中国互联网在早期落后于欧美，而今天在一些应用方面正开始引领全球互联网的发展。以年代来对标，可以很好地获得宏观视野。

表1 互联网各发展阶段特点

阶段	时间	技术特性	数字化特点	驱动力	网民规模	普及率	联结度
20世纪80年代	1980—1989年	思想启蒙	数字化前	思想理念	—	—	欠联结
20世纪90年代	1990—1999年	Web 1.0	内容数字化	信息内容	890万	<1%	弱联结
21世纪00年代	2000—2009年	Web 2.0	个人数字化	精英用户	3.84亿	27%	中联结
21世纪10年代	2010—2019年	移动互联	大众数字化	大众用户	9.04亿	64%	强联结
21世纪20年代	2020—2029年	智能物联	社会数字化	数据算法	全民	100%	超联结

以"中时段"的视角梳理中国互联网的发展历程，可以让我们避免陷入"短时段"的"泡沫"陷阱。尤其是过去30年的互联网浪潮是以商业为核心驱动力的，这可以为我们观察社会提供另一种视角。

中国互联网的发展历程和基本规律

30 年来，中国从一开始的欠联结状态，中间经历了弱联结、中联结、强联结状态，发展到今天的接近超联结状态。这种具有社会基础性和社会底层性的联结程度的变化为我们提供了一个更加中立、更加客观的理论视角。

我们以年代为标志将中国互联网发展历程划分为以下几个阶段：20 世纪 80 年代（1980—1989 年），信息社会思想启蒙阶段；20 世纪 90 年代（1990—1999 年），Web 1.0 阶段（以内容数字化为核心特点）；21 世纪 00 年代（2000—2009 年），Web 2.0 阶段（以个人数字化为核心特点）；21 世纪 10 年代（2010—2019 年），移动互联阶段（以大众数字化为核心特点）；21 世纪 20 年代（2020—2029 年），智能物联阶段（以社会数字化为核心特点）。

布罗代尔认为，应当把历史时间划分为不同的层次，以便"在同一段时间内像透过一个透明层那样看见基于现实重叠起来的各种不同的历史"。

表 2　互联网各发展阶段技术特点

阶段	时间	技术特性	典型应用	典型技术	企业代表	普及率	与欧美相比
20 世纪 80 年代	1980—1989 年	思想启蒙	电报、电话	模拟技术	邮电类企业	—	落后
20 世纪 90 年代	1990—1999 年	单方面获取信息	邮件、门户网站	Web 1.0	新浪	<1%	追随
21 世纪 00 年代	2000—2009 年	可互动	博客、搜索引擎	Web 2.0	百度	27%	同步

阶段	时间	技术特性	典型应用	典型技术	企业代表	普及率	与欧美相比
21世纪10年代	2010—2019年	移动互联	微博、微信	App与商店	腾讯	64%	中国特色
21世纪20年代	2020—2029年	智能物联	抖音	AI、短视频	字节跳动	100%	局部领先

20世纪90年代是中国互联网的Web 1.0阶段，新浪、搜狐和网易等三大门户网站是该阶段的代表。中国互联网发轫于20世纪90年代中后期，那时候，风险投资也是随着互联网的发展进入中国的。当时，投身中国互联网的创业者最大的梦想，大概就是创办一个市值能达到10亿美元的互联网企业。而1999年底，微软和思科的市值最高已达到5000亿美元。当时最大的互联网企业——美国在线（AOL），在与时代华纳合并前，市值也高达1640亿美元。

21世纪的第一个10年是用户成为互联网生产与活动主体的Web 2.0阶段，个人数字化成为大潮。其实也是从21世纪开始，中国互联网产业才真正开始出现。经历了2000年互联网泡沫的冲击，在运营商SP（Senice Provider，服务提供商）增值业务和网络游戏这两大板块的支撑下，中国互联网在"葬礼"中复活了。2005年8月5日，百度成功上市，市值接近50亿美元，开始进军全球十大互联网企业的行列。2007年，阿里巴巴在上市后的第一天，市值达到200亿美元。受金融危机的影响，阿里巴巴发展渐缓。但是，这并没有改变中国互联网向上的强劲态势。2008年，中国网民规模首次超过美国，确立了中国网民规模第一大国的地位，这成为中国互联网产业发展的坚实基础。2009年9月8日，腾讯市值超300亿美元，超过eBay、雅虎成为市值第三的互联网企业，仅次于谷歌、亚马逊。中国互联网产业开始欣欣向荣，大批创业者喷涌而出，形成了互联网创业的黄金时代。

21 世纪第二个 10 年是大众数字化的移动互联阶段。中国互联网进入了 BAT（百度、阿里巴巴、腾讯）时代，BAT 巩固了它们在各核心业务领域的垄断地位，通过市场竞争击败各自对标的美国互联网企业，实现了完胜。根据历史数据，2010 年，百度搜索的市场份额占据中国网络搜索的 75.5%，以近 8 成的市场占有率位居第一；阿里巴巴的淘宝网以 86% 的市场份额位居电子商务市场的首位；腾讯在即时通信领域的市场综合占有率为 76.2%，也是行业第一。由此可以看出，BAT 以绝对优势领先于第二名。BAT 的地位标志着中国互联网的发展进入了一个全新阶段，3 家企业的用户规模和市值逐渐进入全球前 10。尽管 3 家企业都依然是固守中国本土市场的国内企业，全球化发展屡屡受挫，其中百度在全球化道路上甚至不断退缩。但是，借助中国互联网市场，BAT 依然保持着强劲的收入增长速度。

21 世纪 20 年代是社会数字化进程加快的智能物联阶段，在这一阶段，局面又发生了新的变化。

高歌猛进的休止符：中国互联网拐点的真与假

时间是周期的朋友，也是周期的敌人。著名昆虫学家法布尔在《昆虫记》中写道："它们也有它们自己的生命周期，它们被时间这个无情无义的毒品毒死了。就算是钟表内的机器，当它的发条被放到最后一圈时，也是会如此。"

2021 年无疑是中国互联网的历史转折点。反垄断浪潮给中国互联网产业带来了全局性的震撼和震荡。最显著的表现就是，中国互联网企业的市值表现出普遍性的大幅度下滑。一年之内，阿里巴巴市值从 6.7 万亿港币跌到约 2.5 万亿港币，腾讯市值从 7.3 万亿港币跌到约 4.3 万亿港币。纳斯达克中国金龙指数在 2021 年 2 月创出高点后，到 2021 年底跌幅已经超过 50%。在美上市的 324 只中国概念股中有 239 只价格下跌超过 20%，占比高达 73.8%；有 123 只价格累计下跌超过 50%，占比超过 3 成。截至 2021 年 12 月 7 日，年内 Halter 中概指数跌幅达 41.26%，振幅达 78.83%。

而同期，继苹果、微软、亚马逊等企业的市值先后超过 2 万亿美元之后，谷歌也加入"2 万亿美元俱乐部"，备受舆论和政治压力的 Facebook 仍然坚挺。2022 年年初，苹果市值甚至历史性地跨过了 3 万亿美元大关。

很多专家学者将其原因简单解读为反垄断对中国互联网产业造成了冲击。当然，问题远不是如此简单。这一轮反垄断显露出中国互联网产业长期以来的竞争力危机。

2010 年初，腾讯市值达到 400 亿美元。同年 8 月 5 日，百度市值突破 300 亿美元。同年 10 月 20 日，时任阿里巴巴 CEO 的卫哲透露，阿里巴巴集团整体价值应该超过 500 亿美元。BAT 集体步入全球互联网企业前 10 行列，势头强劲，形势大好。2011 年，BAT 都跻身市值 500 亿美元行列。2013 年下半年，腾讯市值突破 1000 亿美元。

在 2014 年的关键时刻，BAT 的垄断行为愈加凸显。而 2008 年就已经生效的《反垄断法》的光芒仍没有照进互联网行业，例如始于 2010 年震动全国的"3Q 大战"系列案件，腾讯因为强势的"二选一"而遭遇反垄断诉讼，但最终全身而退。中国反垄断错失了一次引领数字时代全球制度创新的历史性机遇，开始慢慢步入垄断肆虐的"黑暗时代"。直到 2020 年下半年，《反垄断法》才第一次在互联网领域内被真正激活。

2014 年，BAT 进入创新的疲软期，开始借助垄断力量横向野蛮扩张。这样的垄断肆虐，致使中国互联网企业整体竞争力下降。2014 年是 BAT 的巅峰时刻。彼时，百度还没有掉队，正在努力进军巴西市场以实现全球化；阿里巴巴在美国上市，创造了史上上市融资规模最大的全球纪录；腾讯因为微信用户规模大增而气势如虹，微信红包的攻势更是不可抵挡。

2014 年 9 月 19 日，阿里巴巴上市，开盘市值为 2383 亿美元。这一天，苹果市值为 6095 亿美元，谷歌市值为 3985.8 亿美元，微软市值为 3846.4 亿美元，Facebook 市值为 2002 亿美元，IBM 市值为 1932.8 亿美元，甲骨文市值为 1851 亿美元，英特尔市值为 1741.3 亿美元，亚马逊市值只有 1501.6 亿美元，腾讯市值为 1512.5 亿美元。

2014 年底，全球网民数量将实现第 3 个 10 亿的跨越。阿里巴巴市值一举突破 2000 亿美元，超过了谷歌的市值。

观察 2014 年之后互联网产业的发展现实可以发现：转折也开始于"巅峰时刻"。从 2015 年开始，由于缺乏创新突破，BAT 的市值一度不升反降，共损失 2000 亿美元，超级平台全球化进程受阻。而此时，谷歌市值突破 5000 亿美元，亚马逊和 Facebook 市值突破 3000 亿美元，进入新的增长阶段。显然，到了 2015 年，跨过"20 年门槛"的中国互联网已经被一些潜在的结构性问题所制约，只能借助强大的垄断性的资本与数据优势，实现对金融领域、零售领域以及诸多服务行业的横向扩张。其看似有着无限的增长潜力，暂时掩盖了真正技术创新周期中各种不可调和的内在矛盾。

走出中国互联网的迷思：核心创新能力缺失的代价

在 2014—2021 年这 7 年的时间中，互联网巨头苹果、亚马逊、谷歌和 Facebook，甚至连微软都开始了更加强势的全球化突破性发展，并通过掌控强大的核心技术和生态底座，使科技主航道中的竞争优势得到极大强化。苹果的 iOS 系统、谷歌的安卓系统、亚马逊和微软的云计算、Facebook 的移动社交，构建了全球移动互联网时代"自下而上"的基础性垄断优势。截至 2021 年 8 月 6 日，这 5 家超级平台市值总和为 91373 亿美元，最高值曾突破 10 万亿美元，相较于 7 年前的 17430 亿美元，整体提升了 4 倍以上。其中苹果、微软、亚马逊等企业的市值先后突破 2 万亿美元。相比之下，BAT 的市值总和从 7 年前的 4671 亿美元到今天的 11513 亿美元，仅提升了约 1.5 倍。而百度的市值与 7 年前相比反而下降了近 1/4。可以说，此时中国互联网"唯一的亮点"就是字节跳动旗下海外产品 TikTok 的崛起，其堪称真正实现了中国互联网企业全球化的突破。

在 2014 年"高点时刻"，阿里巴巴的市值几乎是亚马逊的两倍，如今却仅为亚马逊的 1/3。腾讯和阿里巴巴分别是世界上第六和第七大互联网企业，到 2021 年中，二者市值之和占全球科技行业排名前 7 的企业总市值的 13.3%，相较于 2017 年底的 23.8%，占比显著下降，也低于 2015 年底的 17.4%。中国互联网的历史性拐点已经确立，反垄断让更多深层次的问题开始第一次全面暴露出来。深究全球互联网近年来的成功经验，可以发现一些基本规律。首先，依靠创新，不断提升核心技术水平，因为核心技术是一个企业持续强势发展的最可靠保障，比如亚马逊的云计算、苹果的 iOS 系统和谷歌的安卓系统。其次，全球化是最明确的制胜之道。最后，敢于大力度投入，敢于引领前沿科技探索，布局未来。无论是Meta（原Facebook）在VR/AI方面，还是亚马逊在云计算和智能语音等方面的投入，以及它们在卫星互联网、量子计算以及太空探险等方面的投入，都是在为引领未来持续布局。

最近10年，互联网应用最大的突破在于短视频。对中国互联网来说，全球化唯一的欣慰就是TikTok真正走出去了，成为中国互联网第一个成功的全球化榜样。同时，这也是字节跳动迅速崛起，开始直接挑战腾讯的关键等。所以，阿里巴巴持续近10年肆无忌惮的"二选一"行为、腾讯借助垄断力量不断围堵和绞杀字节跳动，成为中国互联网垄断浪潮中最跌宕起伏的"战争"之一，也成为这一轮反垄断浪潮的导火索。

至少在互联网领域，一个旧周期的结束和一个新周期的开启，并不是简单的钟摆式的往复，而是新旧范式的更替。新旧范式更替就是所谓的颠覆性创新或者结构性变革，虽然并不意味着旧范式的消亡，但旧范式会不断边缘化。也就是说，旧范式再也不可能回归舞台的中央。对于中国互联网，乃至整个中国高科技行业，新旧范式更替就是过去30多年占据主导地位的套利范式的终结，呼唤着真正秉承高科技价值观的创新范式从此崛起！

下一个10年：套利范式终结，创新范式崛起

无论是反垄断浪潮还是其他考验，都是检验中国互联网真实的技术含量和创新能力的契机。过去30年，中国互联网（高科技行业）发展的主导性驱动力主要是自然而然、自下而上的技术逻辑和市场逻辑。而这一次，自上而下的国家力量和地缘政治力量第一次

强有力地介入产业领域，结束了中国互联网野蛮生长的历史进程，使其进入了一个更加综合、复杂的新阶段。互联网并不是天然的世外桃源，随着互联网深度嵌入社会，其成为社会发展和变革的主导性力量，也成为大国博弈的前沿领域，互联网旧有的单纯逻辑不可持续。

表 3　不同范式的特点

范式	内在驱动力	价值观	本质	外部性
套利范式	利益最大化	传统商业价值观	研发低投入	负外部性
创新范式	创新最大化	科技创新价值观	研发高投入	正外部性

交织的风暴帮助我们挖掘出了中国互联网长期的、隐秘的深层次问题，那就是顶着高科技光环的中国互联网究竟有多少科技含量？

40 年来，中国高科技企业有 3 种发展成功模式。一是以集成和组装全球核心技术产品为主的模式，这几乎是过去所有中国硬件企业采用的模式。二是借助互联网浪潮重构商业服务模式的模式，这种模式几乎覆盖了过去所有的中国互联网企业。三是相对"另类"的任正非模式，将资金持续投入科技研发，研发投入可以达到每年收入的 20%。而任正非模式却是使华为可以真正对标硅谷历代高科技领军企业的硅谷主流模式。

也就是说，大多数中国互联网和高科技行业几乎都是以"避重就轻"、规避高额研发投入的发展路径，一路走到今天的。成就是不言而喻的，但是，隐患也是难以掩盖的。这种发展路径使得今天中国的整个 IT 行业，无论是服务器生态、PC 生态、半导体生态，还是移动生态，进行的都是长期忽视高投入、高风险的基础研究，而且这些基础研究无一例外都基于西方的软硬件核心技术。起码在互联网和高科技领域，我们的确是搭着便车，遵循着最低投入、最大回报，最取巧投入、最快产出的传统商业逻辑，一路走到今天的。即便在传统的半导体行业，美国行业的研发投入平均在18%以上，而中国只有7.6%，有着近两倍的差距。所以，这种困境的成因与其说是企业家的觉悟问题，不如说是历史阶段问题。互联网也是如此。在传统商业逻辑的主导下，借助互联网全球通用技术红利、中国人口红利、中国监管红利等，中国互联网一路高歌猛进，要是这种态势能够延续下去，那就再好不过了。

但是，这种"搭便车"、偏离科技企业本质的模式，再也不可持续了，美国步步紧逼的科技战，让我们的困境暴露无遗。我们必须重树科技的创新范式，才能有更加开阔的未来。而真假高科技企业的模式鉴别，实际上也很简单：是否以高比例投入下一项核心技术的研发，而不仅仅是维持业务连续性的技术研发投入。通过创新保持强大的市场竞争力，维持企业的长盛不衰，是唯一的方向，也是科技行业的基本准则和核心价值观。因此，新旧范式的转变，本质上就是套利范式（商业利益驱动）转向创新范式（科技创新驱动）。

无论是百年未有之大变局，还是相互叠加和嵌套的国际与国内的宏观经济周期、资本市场周期、产业周期、政策周期和技术周期等，互联网无疑处于诸多周期最剧烈、最敏感的风暴中心。但是，互联网也有着自己的底层逻辑和独特的基本盘。因此，研判下一个10年甚至更长远的未来，我们必须遵循一些渐次展开、逐渐明晰的底层逻辑。首先，人类数字化进程风高浪急，我们还处于智能化的初期，因此，互联网的未来依然海阔天空。其次，历史早已经彰显，领军企业的崛起与衰落在一定程度上是必然的，旧范式下的成功者很少能够在新范式下继续辉煌，而且下一浪一定会超越上一浪，一浪高过一浪是大势所趋。最后，互联网市场今天已经不是单纯的技术驱动型市场，而是作为复杂的社会、经济、政治综合系统，与国家和政治更紧密地耦合，未来地缘政治将长期如影相随……总之，过去我们所习惯的大多数东西都不会再回来了，我们必须学会面对新到来的种种变化。

对中国互联网持乐观态度的原因不难理解：第一，互联网浪潮和数字化进程还在继续高歌猛进，重构中国 IT 产业生态是巨大的挑战，也是巨大的契机；第二，作为全球第一大互联网市场，中国依然有着得天独厚的优势基础，适度超前的基础设施投入是长远发展的重要动能；第三，中国互联网的全球化势不可挡。亚洲网民规模已经超过全球的一半，发展中国家网民规模已经超过全球的3/4，而且欧美网民规模已经接近饱和。由此可见，大多数关键趋势仍对我们有利，因此，我们完全可以顺势而为。

遵循这一逻辑，我们就可以眺望下一个 10 年的基本趋势。未来重构之后的新的第一阵营要吻合这几个基本特性：首先，必须深入研究核心技术，掌控生态的主导权；其次，走出中国市场的舒适区，真正将全球化作为企业的核心战略；最后，最重要的是真正将创新融入企业的价值观，融入企业家的血液。从这 3 个维度，我们可以描绘出未来新的成功者的基本轮廓。以代表中国互联网颠覆性发展历程的 BAT 为例，百度借助搜索引擎发展，已经掉队很多年；腾讯以游戏为核心，在微信用户规模增长趋于饱和的情况下，下一个 10 年会有什么史诗级的创新举动来驱动新一轮的增长呢？阿里巴巴的电商业务将陷入越来越激烈的竞争之中，蚂蚁金服独立已是定局，最具潜能的云计算如果局限于国内市场，也将面临激烈的竞争。因此，10年以后，BAT还能否继续保持在第一阵营，并不乐观。而华为、TikTok与SHEIN的崛起，正是顺应了这一轮新范式的指向。

政府力量的全面介入成为高科技领域的全球性现象，但是，这也必须避免陷入一个新的误区。政府主要的使命不是下场当球员，而是真正为创新范式的发展完成新的战略制定、政策引导、制度环境配套（包括资本市场），还有争取公平竞争的国际环境。政府必须克制想要成为高科技领域主角的冲动。在中美科技的这场世纪博弈中，最终决定胜负的当然还是中美双方的科技企业家，以及更加全球一体化的科学家，而不是政治家。新范式下，很多更底层、更基本的逻辑，依然不会改变。"日往则月来，月往则日来，日月相推而明生焉。"中国互联网终究要筑根立魂，开创一个自己能够顶天立地的新时代，真正为全球数字化进程贡献独特的力量。从这一指向上看，数字时代新的格局其实已经渐次浮现。

中国互联网的历史性拐点已经确立，
反垄断只是压倒互联网巨头的
最后一根稻草，
更多深层次的问题
开始第一次全面暴露出来。

1

互联网并不是天然的世外桃源，
随着互联网深度嵌入社会，
成为社会发展和变革的主导性力量，
也成为大国博弈的前沿领域，
互联网旧有的单纯逻辑不可持续。

2

通过创新保持强大的市场竞争力，
维持企业的长盛不衰，
是唯一的方向，
也是科技行业的基本准则和
核心价值观。

3

4 新旧范式的转变，
本质上就是套利范式（商业利益驱动）
与创新范式（科技创新驱动）。

5 在中美科技的这场世纪博弈中，
最终决定胜负的
当然还是中美双方的科技企业家，
以及更加全球一体化的科学家，
而不是政治家。

未来 30 年，

硬科技

弄潮黄金年代

米 磊

"硬科技"理念提出者，
中科创星创始合伙人

　　经过几十年的高速增长，中国经济进入新常态时期，从高速增长转为中速、高质量增长，而这也意味着我们要克服诸多挑战，如产能过剩、需求不足、外贸下滑、产能转移以及技术封锁等。因此，无论是要实现中国的经济转型和产业升级，还是要解决外部技术封锁的困难，硬科技都是最核心的"破局点"。党的二十大报告也提出，"坚持创新在我国现代化建设全局中的核心地位。"所以，未来 30 年会是"中国硬科技的黄金时代"，而硬科技创业者也将成为第四波创业大潮的"弄潮儿"。

从科技、经济、社会三大周期视角看未来

2010 年，我提出了"硬科技"这个概念，旨在重点指出那些能够真正推动人类社会进步、改变世界进程、引领人类社会生活发生根本性变革的科技是需要长期研发投入、持续积累的，它们会是对产业发展具有较强引领和支撑作用的关键核心技术。

周期 | ：60 年一遇的第四轮科技革命即将到来

回溯历史，我们可以看到前三次工业革命一次又一次带领人类迈向一个又一个高峰。而经济增长和社会进步的核心逻辑就是全球的资源和资本会围绕生产效率最高的产业运转：每一次科技革命萌芽期，资本都会大量涌入，支持科技创新。而在技术成熟之后，其还会随着全球贸易不断扩散到世界各地。后发国家或地区开始模仿先发国家或地区的技术，进而实现经济增长，最终，全球经济和贸易便开始运转起来。

按照康德拉季耶夫周期来看，经济波动存在约为 50~60 年的周期，在此过程中经济会存在繁荣与萧条的交替的规律性波动。在此基础上，熊彼特通过采用"动态均衡"的分析框架结合技术演变规律发展出了他的创新周期理论，即经济的复苏、繁荣、衰退、萧条与技术发展存在极强的相关性，经济增长率会随着技术的引入和扩散而发生变化，这个波动周期就是为期 60 年的科技革命周期。

其波动的大致过程如下：①在技术引入期，经济开始增长并进入复苏阶段，与此同时，资本和科技结合，在资本不断地投入到技

术的过程中，产能也会持续扩张，实现良性循环；②随着技术扩散，经济开始走向繁荣，增长率进一步提升直至高点，直到达到技术效率极限；③随后，技术扩散完毕，进入技术停滞期，经济增长也开始放缓，从繁荣走向衰退。但是，大量资本还是按照过去的惯性，持续投入"旧创新"之中，在存量上"内卷"，导致产能过剩越来越严重，资本回报率直线下降，直到恢复到之前的低水平；④最后，资本主义危机也就会"应运而生"，最终使得经济进入萧条期。例如，从蒸汽机到内燃机，从电动机到集成电路，每一次科技革命经过几十年的高速增长，就会逐步达到技术的天花板，当红利散尽之时，收益便从回报递增效应转向回报递减效应。

因此，金融危机的本质是技术红利衰退带来的危机。伴随着金融危机的出现，经济萧条、社会动荡，甚至战争等事件也会发生。最终，直到新一轮的科技革命爆发，资本与科技再次结合，找到了新的方向和出路，催生新产业，即实现了熊彼特讲的"破坏性创新"后，金融危机才得以解决，经济、社会也得以回归正轨。

自 1960 年后，美国推动了集成电路为代表的信息革命，并掌控了信息革命的领导权，建立了信息技术的标准及范式。随后，英特尔、IBM、苹果、微软、谷歌、亚马逊、高通等全球顶尖的信息技术企业崛起，美国成为了信息革命的主导国家，引领全球经济发展。

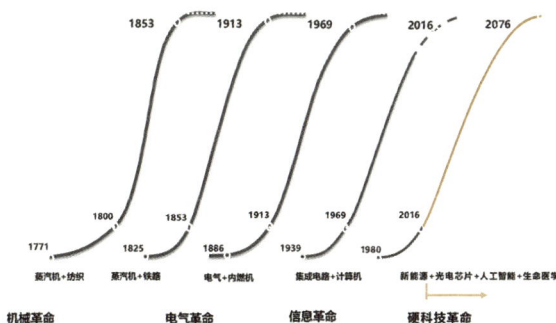

图1　4次科技（工业）革命创新曲线

但是，随着摩尔定律在集成电路领域慢慢失效，信息革命开始进入技术红利末期，技术发展速度降低，资本开始和科技领域分离，进入金融领域，导致 2008 年发生金融危机。当全球技术及知识外溢红利开始加速消散，全球经济普遍呈下滑趋势，增长逐渐乏力，美国只能依靠货币超发来维持增长。

因此，站在全球角力的角度来说，美国作为科技创新的"领头羊"，如今创新变缓，其国内经济和社会都在承压；此外，随着上一代技术红利消失，而中国又在前沿科技领域开始发力，有可能威胁到美国在科技领域的领先地位，这才是美国对中国发动贸易限制、金融遏制，还不断地在科技领域对中国进行"卡脖子"的重要原因。

为什么最近几年国内也开始喊"内卷"？因为科技创新的速度变慢了，加上三年疫情影响，在各种压力之下，中国的经济发展速度也随之变慢，"内卷"也就来了。

简言之，我们现在正处在上一轮科技和产业革命的萧条期，要想让经济再次繁荣，就要引爆新一轮的科技革命和产业革命。这是第一个周期带来的拐点。

周期 Ⅱ：40 年一遇的从人口红利迈向创新红利的中国经济转型周期

改革开放 40 多年来，中国经济实现了巨大的增长奇迹，背后的推动是以下两点：一是城市化进程和人口红利的影响，二是虽然没有彻底掌握前沿技术，但仍获得了来自发达国家或地区前三次工业革命的技术红利扩散。

不过，2008 年后，中国 GDP 增速逐年放缓，GDP 增长率从 9.6% 降至 2019 年的 6.1%（2020—2022 年因疫情原因不列入统计范围内），主要原因就是几个红利的消失。

一方面，2010 年后中国人口越过刘易斯拐点，人口红利开始衰退，自此，劳动力价格不断上升，截至 2021 年，中国劳动力年龄人口占比为 68%。加之生育率持续下降，"未富先老"的老龄化、少子化危机日益严重。此外，此前的十多年中，我国很多货币都流入了房地产、基建领域，尽管投资在短期内快速，拉动了中国经济的发展，但是，中国不少城市房地产泡沫严重，基建拉动经济增长的力度也在逐年下降，实业投资、居民消费也在疫情之下疲弱。

另一方面，尽管改革开放后的"三来一补"（来料加工、来件装配、来样加工和补偿贸易的简称）和"出口导向型经济"为很多企业的崛起带来了红利，为经济发展带来了巨大的后发优势，哪怕是现在，很多企业仍然愿意为国内外大企业做下游的组装、加工工作，而不愿意去做一些核心的芯片、材料、器件、设备的研发生产工作。

但是，经济的飞速增长让我们忽视了硬科技创新的重要性——尽管目前中国是全球第一的制造大国和全球第二的经济大国，拥有 41 个工业大类、207 个工业中类、666 个工业小类，是全世界唯一拥有联合国产业分类中所列全部工业门类的国家，但同时中国缺少科技领域的冠军企业或者隐形冠军企业，原因就在于中国在很多关键的核心技术领域缺乏独立自主的控制权，使得核心技术发展还是受制于人，华为、中兴这些大企业才会"轻而易举"被美国制裁。相反，如果我国有产业链上下游的更多硬科技冠军企业，有自己的芯片、材料，很多大企业会发展得更好。

更重要的是，从世界银行的统计来看，1960 年以来，101 个中等收入经济体中，仅日本、韩国等 13 个经济体成功跨越中等收入陷阱，步入高收入经济体行列，背后的原因都在于实现了创新驱动转型。可以预想的是，前三次工业革命的核心技术，发达国家或地区不会再对中国开放，而中国要想在失去人口红利和海外技术引进的情况下从中等收入国家迈向高收入国家，不陷入"拉美陷阱"，就必须要实现向创新驱动转型，以科研院所和各大高校为起点，实现原始的知识创新，同时打造科技成果转化平台，将科技创新转化为实际的生产力，促进经济和产业的发展，打通科学—技术—产业化的链条，完成创新驱动发展的闭环。

首先，我们要做的就是完善硬科技基础设施，也就是我们说的光电芯片、物联网、5G、卫星等基础设施，而这些基础设施往往需要巨大的资本投入和对前沿技术的理解。例如，半导体设备产值在全球有几百亿美元，但其支撑了几千亿美元的半导体制造业的产值，支撑了电子系统几万亿美元的产值，支撑了人工智能、电商、互联网、大数据、软件等产业几十万亿美元的产值（截至 2021 年）。因此，在讨论综合国力的时候，我们不能只盯着 GDP，还要看到那些"看不见"的力量——硬科技对整个经济的推动和带动作用，同时考虑到硬科技企业的战略性、稀缺性及其对下游的带动性。

其次，虽然人口红利消失，但中国也迎来了工程师红利。数据显示，自 1999 年始，中国进入高校扩招期，中国每年高校毕业生人数从 1999 年的 90.3 万增长到 2022 年的 1076 万；2000 年到 2020 年的 20 年时间里，中国培养了 6000 万名工程师，中国的工程师的增量和数量都是全球第一的。华为、比亚迪、宁德时代、隆基绿能等公司的崛起就是充分利用了中国的工程师红利。未来 30 年，这些人才一旦能够得以好好利用，将会带来前所未有的知识红利，让中国的硬科技产品具备世界竞争力，推动中国实现高质量经济发展。

面向第四次科技革命，中国必须自力更生、艰苦奋斗，实现科技自立自强。2016 年，中共中央、国务院印发了《国家创新驱动发展战略纲要》，提出了建成世界科技创新强国"三步走"目标。"科技创新""科技自立自强""科技强国"已经成了我国经济发展的核心动力，因此，未来 30 年很多资源也都将围绕这一目标进行配置——凡是有利于让中国成为世界科技强国的，都是国家鼓励的。这意味着谁能抓住"硬科技"，谁就有机会在未来获得新的增长红利。这是第二个大周期带来的拐点。

周期Ⅲ：百年一遇的新一轮大国崛起

美国前国务卿基辛格在《大外交》一书中曾开宗明义地指出，

世界每隔百年就会出现一个新的全球大国。而纵观历史，历代大国（英国、德国、美国）也正是沿着这样的发展脉络前进。

工业革命后，一系列技术创新带来了经济发展范式的转变，今天我们熟知的世界大国才得到了崛起的机会——英、德、美等国崛起都是在成为科学中心，拥有了强大的科研能力后，再发展成为技术中心，拥有强大工业制造业和领先的技术，最终构建了强大的经济实力和军事实力，同时构建了强大的货币主导权，进而实现崛起。

因此，大国必然会在高端制造业和硬科技产业建立优势。它们的强大不仅仅是资本主义带来的经济与金融主导权，更为关键的在于技术的强大。最典型的便是美国借助信息革命实现领先。

然而，今天的美国正在丧失这些优势。竞争战略之父迈克尔·波特认为一个国家的发展分为四个阶段：要素驱动→投资驱动→创新驱动→财富驱动，随着美国进入财富驱动阶段后，美国金融化程度加重。因此，某种程度上来说，美国其所拥有的本土技术与产业优势正在消失。

与此同时，中国正在崛起。一方面，中国正在从投资驱动、要素驱动到创新驱动转型，不管是 GDP 体量，还是科研投入，中国与美国的差距越来越小：从 GDP 来看，2021 年中美 GDP 差距缩小到 5.2 万亿美元，创下了二战后各国 GDP 与美国的最高占比。因此，总体来看，中国 GDP 超越美国仍是一个比较确定的趋势；从科研投入来看，2021 年中国科研经费总投入上升到 4680 亿美元，全球占比已经超过四分之一，达到了 27.5%，与美国的 6075 亿美元差距也越来越小。

另一方面，基于日本科学史家汤浅光朝于 1962 年提出的"科学中心"观点：当一个国家在一定时段内的科学成果数超过全世界科学成果总数的 25%，则称该国家在此时段内成为世界科学中心，该国家保持为世界科学中心的时段为其科学兴隆期，各国的科学兴隆期平均约为 80 年——意大利（1540—1610 年）、英国（1660—1730 年）、法国（1770—1830 年）、德国（1810—1920 年）、美国（1920 年至今）。

而现实也表明"科学中心正在往亚洲迁移"或者说，更像是往中国转移，这一点，我们从中国的论文质量和数量当中也可略见一斑：2020 年，中国共发表 SCI 论文 57.13 万篇，居世界第二，美国发布 SCI 论文 57.74 万篇，居世界第一，但差距已十分微弱；而据 2022 年 8 月 10 日日本文部科学省发布了最新世界论文影响力排行报告显示，高质量论文使用的引用次数中国的论文数约为 40200 篇，首次超过美国成为了世界第一；此外，值得一提的是，截至 2021 年，中科院在"自然指数榜单"连续九年蝉联全球第一。

至此，我总结了三个周期性的转折点：一是每 60 年科技革命拐点；二是中国 40 年发展方式拐点；三是全球每 100 年的大国崛起的拐点，中、美两国在竞争第四轮科技革命的引领者地位。而这三大巨浪的叠加都指向了硬科技。

一言以蔽之，中国要在 2035 年成为创新型国家，在 2050 年成为世界科技强国，成为科学中心、成为产业中心、成为思想中心，这就是中国的未来。而我们这一代人最大的机遇就在于科技创业，要在未来 30 年抓住这个机会，就像美国黄金时代的摩根、卡耐基、洛克菲勒一样。

如果读者能想清楚这个逻辑，就知道自己应该往哪里走，往哪里闯。那么，具体有哪些方向是值得我们关注的呢？对此，我们做了如下总结。

百年来最大变局正在发生，新机遇在全球孕育

秉持"第一性原理"，我们对硬科技领域进行了梳理，并认为，硬科技的分类要从最基本的物理要素——物质、能源、信息、空间和生命出发，深入事物的本质，挖掘人类科技发展的主脉络——每一次的科技革命都是物质、能源、信息、空间和生命的革命。

1. 信息

信息技术自 19 世纪 40 年代诞生以来，持续推动社会向电子化、信息化、数据化和智能化全面转变。一方面，全球将迎来信息大爆炸和数字化时代；另一方面，以集成电路为代表的信息化革命到现在已经约 60 年了，"摩尔定律"几近失效。从目前的技术发展路线来看，下一轮的科技突破机遇，极大可能会出现在集成光路领域。

因此，我提出了"米 70 定律"——光学成本会占未来科技成本的 70%。我认为未来的 50~60 年，极大概率会出现以"光 +AI"为代表的智能化革命，我们也在一直推动"光子革命"的发展。

首先，对于 5G 和万物互联来说，"光子（芯片）"则是基础设施。因为与电子相比，光子作为信息载体具有先天的优势：超高速度、超强的并行性、超高带宽、超低损耗。过去电子芯片主要应用于计算和存储领域，而光子芯片可以在信息获取、信息传输、信息处理、信息存储及信息显示等领域催生众多新的应用场景。因此，在信息的"传、算、存、显"方面，光子技术都将会有很大的

应用。

其次，光子芯片还可以应用在生命健康、自动驾驶、机器人、数据中心、人工智能、元宇宙、光子传感、光通信等应用场景。

再次，光学遥感技术的高空间分辨率、高光谱分辨率、高时间分率能够在城市规划、农业、灾害预防等领域为我们带来更多的益处。生命光子（技术）在生命科学领域也有颇多应用，例如，一方面可以利用先进的光子技术获取生物医学信息，其发展趋势是在体高速成像，如超分辨成像、荧光成像、光学相干层析成像、光声成像等；另一方面可以利用光与生物组织的相互作用来精准治疗疾病，如光动力疗法等。

最后，光子在提升智能制造能力方面也具有巨大的应用价值，如激光焊接、激光制造、3D 打印、光刻机、原子制造等领域，光子制造可以应用在芯片制造、汽车制造、手机制造、航空航天、医疗器械、精密材料等领域中。例如，德国的光子制造已经逐步超越机械加工和电子加工的市场份额。

2. 能源

能源是人类赖以生存和进行生产的重要物质基础。随着经济的快速发展和人口的迅速增长，人类社会对能源的需求量越来越大。另外，为了解决可持续发展问题，为了解决化石能源带来的温室气体问题和空气污染问题，必须尽快发展以太阳能、风能、氢能、可控核聚变为代表的新能源。

大型储能是非常具有前景的领域。原因在于尽管我们可以通过风能、太阳能实现发电，但由于并网存在难度，所以风光资源浪费很多。例如，国家能源局在 2021 年四季度新闻发布会就曾提到，2021 年前三季度国内可再生能源发电弃风 147.8 亿千瓦时，弃光 50.2

亿千瓦时，合计 198 亿千瓦时。因此，储能技术的发展非常重要。

一般来讲，储能主要分为物理储能、化学储能、电化学储能。中科创星投资的中储国能，以百兆瓦级压缩空气储能技术切入，研发、制造、销售国际领先的大规模储能设备，系统效率高于 70%，在压缩空气储能行业的地位显著。在 2022 年 9 月 30 日实现了国际首套百兆瓦先进压缩空气储能国家示范项目并网发电。

在化学储能领域，氢能还有燃烧热值高和能量密度大等特点，被誉为 21 世纪控制地球温升、解决能源危机的"终极能源"。例如，氢能在动力电池领域有机会替代目前的锂电池；在储能领域，太阳能发电和风能发电可以直接转为氢气作为可移动的储能载体。

在电化学领域，由于锂离子电池需求的爆发性增长导致碳酸锂的价格暴涨，于是电池价格也非常昂贵。因此，我们迫切需要找到低成本的电池储能方案。钠资源储量很大，分布也很广泛，虽然钠离子的电池能量密度不如锂电池，但是对于对体积不敏感，成本非常敏感的储能领域来说，钠离子电池是一个非常好的选择。

最后，是想象力巨大的核聚变领域。我们认为，可控核能技术高度成熟之后，人类对能量的使用将达到超越想象的高度，人类能抵达的地方也将突破认知的极限，例如人类将更自在地进入太空探索。

3. 物质

新材料是电子信息、新能源、航空航天和生物医药等高新技术发展的基石和先导，是各个产业链中最上游、技术壁垒最高的部分，其对一个国家经济发展、国防安全的重要性不言而喻。新材料将为新一轮科技革命和产业革命提供坚实的物质基础，谁掌握了最先进的材料，谁就能在未来高新技术发展上掌握主动权。展望未来，新材料技术还将成为解决能源不足、环境污染及可持续发展等问题的核心技术之一。

但是，当前中国新材料产业大而不强，与欧美一些科技发达国家相比仍有差距，尤其是以半导体材料、碳纤维材料、航空航天材料等为代表的战略性材料严重依赖国外，给我国科技安全带来巨大挑战。一旦这些新材料遭遇"卡脖子"问题，先进电子信息、新能源汽车、商业航空等诸多产业将会在短时间内丧失竞争力、受制于人，甚至会丧失掉前沿颠覆性技术的发展先机，后果不堪设想。

幸运的是，目前有一批优秀硬科技企业出现。比如，随着智能工业和新能源汽车产业的崛起，工业级和车规级芯片（半导体）迎来了更大的市场需求，此时第三代半导体 SiC（碳化硅）就非常重要，其在 800V 高压快充技术上的充电功率独具优势，能实现在十几分钟充满 80% 的汽车电量。比如，保时捷 Taycan Turbo 就采取了此项技术。

再比如，我国已是碳材料使用大国，碳材料也凭借其独特的优势正在逐步对旧材料形成替代。我们很看好碳纳米管和碳纤维材料的力学、热学等特性在航空航天和汽车产业的应用。

4. 空间

航空航天是 21 世纪最具影响的科技领域之一，深刻改变了人类对宇宙的认知，为人类社会进步提供了重要动力。航空航天作为国家核心战略产业，是一个国家技术经济实力和工业化水平的重要标志之一，更成为世界强国维护国家主权、利益和安全的关键力量所在。

比如，低轨小卫星星座将给太空安全和信息产业带来重大变革：一是满足无缝覆盖、全球服务的现实需求。低轨卫星星座可为山区、荒漠、空中和海上等地面信息系统无法覆盖的地方提供通信服务。同时，低轨卫星通信在发展过程中，借鉴了地面通信网络 IP 技术体制，具备实现卫星与地面网络兼容和融合的标准，一旦完成部署，可满足全球未普及互联网区域的规模化接入需求。

再比如，传统的运载火箭发射成本高昂，阻碍了人类探索利用太空的脚步。自 20 世纪 60 年代起，美国开始探索研制可重复使用运载器技术，并成功研制出航天飞机，开了可重复使用运载器的先河。航天飞机作为第一代运载器，每次回收后的维修以及测试耗费巨大，未能降低运载费用。目前，国外正在开展第二代可重复使用航天运载器的研究工作。2022 年 7 月，中科宇航参与研制的"力箭一号"（ZK-1A）运载火箭在酒泉卫星发射中心成功发射，起飞推力 200 吨，500 千米太阳同步轨道运载能力 1500 千克，是我国当前最大的固体运载火箭。

5. 生命

生命科学领域是颠覆性技术高度孕育、密集涌现、迅速发展、渗透力强、影响既深且广的重大创新领域，在人类突破自我认知、重大疾病诊疗、增进人民福祉等许多方面都具有重要的颠覆性效应。当前，以 mRNA、通用型 CAR-T、iPSC 技术、类器官、基因写入、生物光子为代表的技术正在蓬勃发展。

总之，在生物经济时代背景下，基因编辑技术、合成生物学、脑机接口技术等生物硬科技将成为衡量国家综合实力的关键底层技术和瓶颈技术，是新一轮产业革命中的重要驱动力之一，也必将成为大国科技、经济竞争的主战场。

综上，我认为第四次工业革命，预示着即将到来的智能时代，在物质、能源、信息、空间、生命科学领域都有非常大的发展空间，这些领域都是值得关注的。所有财富都来自科技创新，所有经济的发展也来自科技创新。无论是经营企业，还是投资，只有把握了科技创新的规律，才能够更有效地去判断未来，不至于在投资或者企业布局上出现大的失误。

时代呼唤硬科技精神

2012 年左右，我便开始反复提及"时代呼唤硬科技""硬科技是未来 30 年的核心"。但是，当时大多数人都十分关注商业模式层面的创新，反倒忽略了以硬科技为代表的底层科技创新的重要性，进而也就忽视了底层的前沿技术创新对于经济体发展的贡献和核心价值，使得硬科技领域长期投入不足。

为此，我们只能一边"呼吁"，一边自己"动手"。自 2012 年开始，我就全身心致力于科技成果转化工作，希望借此打破科技与经济之间的隔阂，推动中国的企业转型升级。

我们能够理解为何当时资本对于硬科技并不感兴趣，原因在于和一些商业模式创新相比，投资硬科技并不能够在短期内获得回报——模式创新和技术创新的回报曲线是不一样的。硬科技属于技术创新，遵循的是指数增长模式，基本需要 10~20 年才能看到回报，前 5~10 年属于投入期，资金投入回报比属于"十分耕耘、一分回报"，但一旦过了拐点，就是"一分耕耘、十分回报"。

例如，熟悉半导体的朋友都知道台积电是半导体领域的重要企业，也是位列世界 500 强的半导体公司，但其实它也是一家典型的重资产公司，也就是我们所说的需要长期投入、短期回报率很低的公司。但是，台积电却被业界称作"芯片印钞机"。这一点，我们可以从台积电 2022 年第四季度的财报数据来看，台积电实现营收 6255.3 亿元新台币（约 1388.68 亿元人民币），同比增长 42.8%；净利润为 2959 亿元新台币（约 656.9 亿元人民币），实现营收 6255.3 亿元新台币（约 1388.68 亿元人民币），同比增长 42.8%；净利润为 2959 亿元新台币（约 656.9 亿元人民币）。

这一事实其实不符合很多人的认知，过往大家误以为轻资产公司的回报率更高，比如依靠模式创新的公司可以没有机器、没有固定的办公场所，费用主要花在轻资产以及人力上，不需要投入过多的研发费用。但其实轻资产公司利润前期增长得快，后期未必就能持续增长。模式创新的不足之处在于短期优势不足以形成长期壁垒。今天要想在短期内再打造一个台积电，难度非常大，这就是硬科技公司的高壁垒性。

打个比方，硬科技就像内功，需要扎扎实实地去练，只有熬过一个点，才能实现很大的突破。就像郭靖是典型的练内功的人，尽管他看起来没有结拜兄弟杨康那么聪明，但正因为他比较"笨"，没有太多的私心杂念，反倒练成了绝世神功。

总之，硬科技投资也好，创业也罢，都需要耐心的资本，很多人说不愿意投资硬科技，因为看不懂。虽然硬科技风险确实很高，但如果你懂技术的价值、技术的趋势、懂科学家创业者、懂十年磨一剑的意义，就会收获不一样的投资体会。

可见，硬科技不仅仅是核心技术及其应用，其背后也在强调一种精神，如果没有这种精神，也不可能将发展硬科技的目标一以贯之。不要再期望天降挣快钱的机会了，任何一个能够快速赚钱的机会都会有无数人扑上去，低矮处的果实都被摘走了，剩下的都是"硬骨头"，没有耐心和毅力，怎么可能"啃"得下来。

所以，我们提出发展硬科技需要有"硬科技"精神。

一是勇担使命。当前，我们正处于新的历史起点上，我们要将中国建设成世界科技强国就要在关键领域、易被"卡脖子"的地方下大功夫，这要求每一位投身于科技创新的人拥有攀登科技高峰、攻关核心技术的志气，要有"科技报国"的家国情怀，将自己的人生理想与"中国梦"融为一体，心系国家命运，勇担报国重任，推动中国科技创新达到世界领先水平。所以我们在 2013 年看到中国的芯片进口额超过了石油后，中科创星主动承担使命，从 2014 年起坚持投资半导体芯片。从当时财务投资的角度几乎没有人愿意投资芯片，但是我们站在国家的视角认为必须有人去做，中科创星目前已经投资了 150 多家半导体公司。

二是敢为人先。创新决定未来，要敢下先手棋、善打主动仗。一方面要聚焦于核心技术受制于人的领域，解决"卡脖子"问题；另一方面要聚焦于事关长远发展、可能催生变革性技术和产业的战略必争领域，占据新的科技制高点，成为新兴方向的领跑者与开拓者。例如，我们在 2015—2016 年便开始布局商业航天，当时很多人都觉得太早了。但我们认为，大国之争未来一定会从制海权之争转向制空权、制天权之争。500 多年前，我们已经错过了大航海时代，500 多年后我们绝不能错过大航天时代。所以，我们一定要敢为人先，去征服"星际大海"。

三是啃"硬骨头"。过去 40 余年我国的发展历史已经证明，核心技术是买不来、讨不来的，如果不主动去啃"硬骨头"，就会始终处于被动跟随的落后状态，被别人"卡脖子"。当前，国内那些简单的、能带来快速回报的事情都已经被人做完了，要想做事只剩下最难啃的硬骨头了，所以我们坚定地在投资硬科技，因为越难攻克的事越有价值，做成了之后，给产业、社会、国家带来的价值也就越多。

四是十年磨剑。要实现建成世界科技强国的目标，就要做好打"持久战"的准备，要敢于"死磕"、长期专注、坚守笃行，只有具备这种"板凳要坐十年冷"、不达目的不罢休的精神，才能发展好硬科技。挖掘和培养具备这种精神的人才，是真正发展硬科技的基础。越硬的骨头，需要的时间就越长，需要战略定力和战略耐力才能啃下来，因此必须做到五到十年长周期才能有所收获的心态。

发展硬科技靠的是"厚积厚发"，绝不是"短平快"就能实现的，尤其是目前中国正处在从模式创新转向科技创新的历史性拐点，这就更需要我们有思想的转变，需要"振作"精神。

我觉得现在和 100 年前很相似。如果说 100 年前是属于那一代先行者、启蒙者的"觉醒年代"，那么今天就是属于我们和硬科技的"觉醒年代"。我相信，种好中国的"硬科技树"不光是我们个人的使命，也是我们这一代中国人的使命，如果没有硬科技，我们的下一代就不可能享受"长久的和平"，未来几十年中国的经济社会也不可能拥有稳定发展所需的环境。

我希望中国优秀的投资人和企业家都能创造知识价值、经济价值和社会价值，共同为属于我们这一代人的"觉醒年代"做出贡献。

种好中国的"硬科技树"
不光是我们个人的使命，
也是我们这一代中国人的使命。

1

深入事物的本质，
挖掘人类科技发展的主脉络——
每一次的科技革命都是物质、
能源、信息、空间和生命的革命。

2

硬科技投资也好，
创业也罢，
需要耐心的资本。

3

4 大国之争未来一定会
从制海权之争转向制空权、制天权之争。
500 多年前，我们已经错过了大航海时代，
500 多年后我们绝不能错过大航天时代。

5 越难攻克的事越有价值，
做成了之后，
给产业、社会、国家带来的价值也就越多。

"独角兽猎手"的投资
实践思考

周 炜

创世伙伴 CCV 创始
合伙人

编者按： 在风险投资领域，创世伙伴资本（CCV）创始主管合伙人周炜被称作"独角兽猎手"，他带领团队从事早期科技投资，实现了 35% 以上的"独角兽"命中率。

周炜最初学的物理电子技术专业，他是一位科幻发烧友，也是一位历史爱好者，对自然科学的深度思考和对商业机会的细致观察，在他身上并存。他如何能取得业界领先的投资成绩？他对经济周期、企业发展有何思考？这篇口述稿是他的答案。

现在是创新的最好阶段

有句话叫作"日光之下无新事",但是,现代中国这种规模的发展,在中国历史上甚至可能在世界历史上都是前所未有的。从工业革命到现在才 200 多年,改革开放至今才 40 多年,现代中国实施的这种短时间、高密度的技术变革、生产关系变革,在中国历史上、世界历史上是从来没有发生过的。

现代中国和 20 世纪初期的美国是不太一样的,如果一定要找一个可以类比的对象,我们可以参考的可能是 20 世纪 50—70 年代的日本。

首先,那时的日本从二战后的废墟里起步,在短短的时间里走向全球经济前列,所以,同样是在短短的时间里取得爆炸性的经济增长,中日两国是可以互相对比、借鉴、学习的。其次,经过产业链的完善,特别是过去 20 年里广大创业者、投资人对创新的推动,中国已经出现了一批企业,有机会真正打造出全球品牌,成为全球的领先者。

我们回顾一下自改革开放以来的这 40 多年,真正走向全球、领跑行业的企业、品牌有哪些。除了华为之外,一度也有一些品牌尝试走向世界,但都没有获得非常大的成功。直到移动互联网时代到来,字节跳动完全靠着自己的技术和能力走向了全球,现在 TikTok 流量已经超过 Facebook,成了一家现象级的企业。很多中国创业者打造的一些新企业,也都表现不错。未来中国新能源汽车一定能在全球开花结果,与美国的特斯拉共分天下,就像 20 世纪七八十年代的日本汽车开往全球一样。

这样对比来看,目前的中国,与 20 世纪 50—70 年代的日本有些相似。对于产业创新和创业投资来说，我认为现在是中国历史上最好的一个阶段。

从风险投资行业的视角来看，从 2000 年左右开始，中国出现了创业潮，但这 20 多年里有 15 年时间中国企业大都在模仿、学习外国企业，直到 2012 年中国企业开始进行模式创新，2014 年、2015 年，中国企业开始进行技术创新。到了现在，中国企业的创新之处就更多了。Facebook 开始模仿微信，埃隆·马斯克也说过，他如果买了 Twitter，一定要让 Twitter 比照微信、微博来改动功能。在新能源汽车领域，特斯拉走的是技术路线、纯工具路线，但中国企业是从消费电子角度切入，把新能源汽车当作新的人机交互智能设备，未来中国新能源汽车的人机交互界面的多样性、领先性可能会超过特斯拉。

中国制造业的供应链本来就很完善，这样高密度的创新就为中国企业走向全球提供了坚实的基础——可能原来只能帮别人制造产品，但现在自己有能力去定义新产品了。所以，基于这一切，我认为，今天的中国与 20 世纪 50—70 年代的日本有些相似，但能量远超那时的日本，中国企业千万不要错过这个时机。

资本大周期、创新小周期和智能化新周期

说完中国目前所处的阶段，我们再谈谈经济周期。首先，真正见识过资本领域的大周期的人少之又少，在资本这场"游戏"中，我们在欧美老牌资本机构面前还是"小学生"。因为资本领域的大周期一定是全球人类的周期，那么，我们现在是不是遇到了一个资本领域的大周期的拐点呢？我不能确定，但有可能不是。至于创新

的小周期，我从创业以来就经历了好几次。2008 年也好，2011 年也好，小周期一次次地出现，其中有很多原因，比如国际宏观经济环境发生变化；我们扛过了 2008 年源于美国的金融危机；由于技术的发展与突破，我们见证了 PC 时代过渡到移动互联网时代，这进而带来了电商等产业的兴起；等等。直到今天，大家应该已经有了一种共识——互联网对中国创新乃至全球创新的助力已经进入了边际效益比较低的阶段，我们需要一个新的平台来推动新的小周期的出现，这就是"元宇宙"这一概念从去年到现在如此火热的原因，大家都寄希望于它能成为下一代平台。

进一步地说，我认为中国现在面临着一个新的周期：经过多年的积累，AI（Artificial Intelligence，人工智能）、自动驾驶和机器人 3 项技术结合会开启全面智能化硬件时代。这是目前我最看好的一个周期。

印第安人有一句谚语——"别走得太快，等一等灵魂"，某种程度上，这句谚语可以用来理解硬件和软件匹配的问题。我们见证了软件、互联网行业突飞猛进的发展，迈向了属于元宇宙的时代，软件上的创新路线已经很明确了，但我们会发现，目前硬件对软件的支撑力度还是不够的，比如，制造 VR（Virtual Reality，虚拟现实）、AR（Augmented Reality，增强现实）眼镜的技术还不够成熟；智能机器人的"大脑"已经足够发达了，但如何让它用两条腿平稳地走路还是个问题。可见，硬件的发展是落后于软件和创新思想的进步的。

所以，这个智能化硬件即将快速发展的节点，对中国而言是个很好的机会——这场智能化硬件的发展一定会结合 AI、自动驾驶等技术。在硬件产业链、AI 和自动驾驶这 3 个方面，中美两国在全世界是最强的，与美国相比，中国甚至可能略占优势。美国的硬件产业链已经残缺不全了；美国在 AI 技术的底层可能强一些，但在应用环节做得不好，而中国在医疗等方面的 AI 商业应用是领先的；至于自动驾驶技术，中国也不逊色于美国，而且中国的扫地机器人、无人叉车、智能仓储等自动驾驶技术应用场景更为丰富。

所以，中国现在遇到了一个千载难逢的机会，在生产、制造、交通、服务等领域，凡是能够替代简单人工的设备，未来都会升级成纯智能设备，这会是规模特别大的进步。

宏观环境会变，投资基础理念不变

在分析了历史阶段、经济周期之后，不得不说，目前宏观环境是有一定的波动的，但作为一个风险投资领域的从业者，我认为风险投资的基础理念应该不会有大的变化。要想从事风险投资，第一是要对未来有想象力，所以我推荐大家多看看科幻作品，科幻作品能帮助人们想象未来是什么样的；第二是要对时间轴非常敏感——普通的书一般不能让人在时间轴上来回"跑"，而科幻作品却是可以的，很多科幻作品都是穿越时间的题材，你永远可以假设，再来一遍的话，某个方向要怎么走，这能够帮助你思考商业模式的各种可能性——有了时间轴这个概念，就可以去预测什么时候才是正确的时间点。

虽然基金是有固有生命周期的，但有远见的投资人很难忽视创新项目蕴含的令人激动的巨大前景和参与其中的使命感。有些创新科技项目从财务回报的角度看可能因为太早尚不可行，但是从对人类未来发展负责任的角度看却至关重要。自 2000 年，凯鹏华盈

（KPCB）的合伙人多尔带领美国商界领袖参观亚马孙雨林，推动全球关注环境变化，之后美国前副总统戈尔加入 KPCB 进一步推动全球对环境变化的关注。今天，绿色科技逐渐成熟并走向商业化，他们功不可没。所以，作为风险投资人，我们都希望最终能突破时间轴的局限性，做出真正对人类未来产生正面影响的投资决策。

有了想象力、时间轴这两个前提，我从事风险投资还会坚持一些原则。

首先，我希望我们投资的企业能够给人们的生活带来正面影响，这一点特别重要。我们投资过京东，我对此非常自豪。京东对大多数人来说都是有一定价值的，尤其在新冠肺炎疫情中，他们的"自杀式物流服务"非常令人感动。对我而言，能在早期投资京东，并帮助它成长，是一件很有成就感的事，也是我坚持做一名早期科技领域投资人的动力来源。

其次，因为我们团队基本都是技术流，所以我们坚持投资的企业一定要有技术，要能带来革新、变革。这就是为什么虽然很多消费领域的企业很赚钱，但我们一直没投资。我始终觉得，没有技术含量地、不停地去开很多连锁店这件事不能够让我兴奋，但如果里面有一些做法具有较高的技术含量，那可能会让我心动。

最后，我们希望被投资的企业能够努力实现基业长青。我希望我的后代说起我们投资过的公司时，仍会觉得那是一家很好的公司。

以上 3 点都是创世伙伴资本作为一家早期投资机构所坚持的。

具体来讲，宏观环境变了，那我们要不要随之变化呢？要知道，每个阶段都是有各自的主题的，PC 时代有 PC 时代的主题，移动互联网时代有移动互联网时代的主题，所以，更早地比别人理解载体变化之后上面生长出来的应用场景会有什么特征，是一种特别重要的能力。

举个例子，移动互联网当年刚发展起来的时候，我们是怎么投资内容平台的呢？那时很多人并不认同 UGC（User Generated Content，用户生成内容）路线，市面上的音频平台大都走 PGC（Professional Generated Content，专业生产内容）路线，而我们投资了喜马拉雅，并且坚定地认为未来音频行业一定会由 UGC 主导，因为手机这个载体本身带有话筒、摄像头，一天中的大部分时间都与人待在一起，它的使用形态和 PC 是不一样的。今天大家都明白了 PC 和手机在内容贡献方面的区别，但是在我们投资的时候，大部分人还不明白这一点。所以，对大环境变化的理解能力，是风险投资人必须具备的。

站在今天来说，如果充分理解了中国在 AI、自动驾驶和机器人等技术和产业链上的优势，以及这种优势对万物智能时代意味着什么，就会明白时代下一步会怎么发展。

正确的投资决策从何而来

创世伙伴资本对自己的投资成功率是比较自豪的，我们在公司成立后的第一个 10 年里从早期到"独角兽"的投资成功率在 35% 左右。这么高的投资成功率是怎么做到的？我们使用的是一套"深潜、围猎"的打法。

这套打法基于一个观点——无论采用哪种商业模式，都会有无数人前来竞争，在中国尤其如此。中国的竞争和美国是不一样的，当年的团购领域发生过"千团大战"，中国在短短 3 个月里冒出了5000 多家团购公司，而全美国的团购公司最多的时候也不过几十家。这样一来，我们去见创业公司的创始人时，会特别明确一点：
"你不要老是讲行业为什么能发展，你要讲为什么你能成功，因为
任何一种商业模式，在中国都能找到成千上万个模仿者。"所以，
只要选定了一个投资方向，觉得可以探索，我们就希望多见一些创
始人。

我们对一个投资方向的研究要花很长时间，研究完了会展开想
象，有宏观方面的想象，也有细节方面的想象。还是以喜马拉雅为
例，我们投资它之前，就认定音频行业未来的方向应该是 UGC，而
不是 PGC。

UGC 和 PGC 是两种完全不同的创业路线，如果一个团队认定
未来属于 PGC，那么这个团队无论有多牛，都不太可能成功；当
然这个团队可能某一天会改变观点，会切换到 UGC 的路线上，但
团队基因并不是那么容易改变的。所以，我们最后就按照自己的判
断，投资了喜马拉雅。

选定方向之后就好办了。创世伙伴资本总结了"独角兽企业成
长三定律"——越野定律、红灯定律和火箭定律。所谓越野定律，
是说创业就像越野，在赛道的不同位置隐藏着不同的挑战，团队需
要具备与挑战相匹配的能力，这就好比铁人三项的第一个阶段是游
泳，第二个阶段是骑自行车，第三个阶段是跑步，不同阶段的环境
和挑战都不同。所谓红灯定律，是说创业就像开车通过十字路口，
独角兽企业最大的特点就是总能在每个红灯结束时都比竞争对手更
领先一点，也就更快地通过十字路口，创业就是要在遇到红灯这个
关键点之前就有所布局，不然慢了几个红灯之后肯定会被甩开。所
谓火箭定律，是指企业家在创业过程中快速成长，独角兽企业内部
团队和外部资源能够持续吐故纳新，顺应形势。不同的阶段需要有

不同的战略和打法，团队需要配合做出改变。

　　我有一个有待商榷的观点：创业就像越野，创投机构的作用就是预测行业的发展方向，找到在赛道各阶段总体能力特别拔尖的团队；没有亮点的人都是庸才，处处平衡的团队都是失败的团队。我认为"一个水桶能装多少水取决于它最短的那块木板"的理论早就过时了，当前这个时代，创业两三年就能决出"生死"，我们更需要的是一个人在某项能力上特别牛，我们相信"偏执狂"才能生存。

　　这种观点可能稍显偏激，但也未必。我们不妨看看历史，西汉的卫青与霍去病就是典型的例子。卫青领兵作战是稳扎稳打型的，倾向于一步一步地往前推，而霍去病则喜欢带着几千骑兵到处主动出击，寻找匈奴作战。西汉击败匈奴，卫青和霍去病谁的功绩更大呢？不好说，可能两人缺一不可。但如果一直按照卫青那个打法，匈奴一旦摸清了规律，四处流窜，西汉可能永远都打不赢匈奴。正因为有了霍去病的奇兵，西汉才能扫清边患。在今天这个事物不断变化发展的时代，我们需要结硬寨、打呆仗的人才，同时也需要更多的霍去病这样的奇才。

企业如何穿越周期

　　最后说回经济周期与企业发展的关系。企业如何穿越周期呢？对于风险投资机构来说，我认为还是要坚持自己的打法，只要宏观经济有增长、有创新，那么坚持自己的打法就一定会有成效。

　　对于被投资的企业而言，对策也很简单。如果企业所在行业本身就是一个衰退的行业，非要穿越周期的话，只有一个办法——什么都比别人做得好。这可能是一句废话。并不是什么企业都能穿越周期，该衰退的就一定会衰退，有时候反而不用过于执着，换个方向再来就好。我们见过很多优秀的人在一个完全没有希望的方向上坚持，这样的坚持其实是在浪费自己和他人的精力与资源。

风险投资最重要的作用是帮助社会更有效地分配资源。很多不懂创新的人在创业初期往往很难得到支持，风险投资行业从业者一定要把资源放在真正有未来、一直向上走的事情上。

我是概率统计论的支持者，也很喜欢《基地》这部科幻小说，书中的一个核心理念是，当数字大到一定程度的时候，未来是可以预测的，银河系的人口达到一定数量以后，某个时间点会发生什么事也是可以预测的。这其实并不神秘，足够多的数据可以支撑计算出足够多的变量，什么都是可以计算出来的。

回过头来说，过去20年里，中国诞生了一大批互联网企业，这些企业在全世界范围内都很强大，其实这是必然的，这些企业一定会出现。因为纵观整个移动互联网领域的产业链，除了操作系统这个部分，其他的节点上，中国都是最有前景的，市场规模也是最大的，既然如此，出现优秀的互联网企业就是自然而然的。

未来，我认为中国必然会出现几十家，甚至上百家"智能化时代的三菱、丰田"，基于硬件的智能化时代一定会到来，剩下的问题就是我们能不能发现下一个马化腾、刘强东，只要在正确的方向上努力，他们就一定能穿越周期。

现代中国实施的这种短时间、
高密度的技术变革、
生产关系变革，
在中国历史上、
世界历史上是从来没有发生过的。

1

经过多年的积累，
AI、自动驾驶和机器人 3 项技术结合
会开启全面智能化硬件时代。

2

科幻作品能帮助人们
想象未来是什么样的。

3

4 没有亮点的人都是庸才，
处处平衡的团队
都是失败的团队。

5 并不是什么企业都能穿越周期，
该衰退的就一定会衰退，
有时候反而不用过于执着，
换个方向再来就好。

微观篇

企业与
个人如何
抗周期
成长

我们向百年全球领军企业学什么

何志毅

清华大学全球产业研究院首
席专家、北京大学教授、
中国国民经济管理学会会长

引言

　　最近"长周期"成为一个社会热门话题。在当今"百年未有之大变局"下，人们不得不考虑长周期问题。摆在我们面前的问题是，中国经济持续增长了 40 年，还会增长多久？还会以什么样的速度增长？如果增长速度减缓了，或者不高速增长了，这个周期会有多长？我们应该对此采取什么样的行动？中国的企业能否顺利度过这个长周期，成为百年企业？

关于周期，中国俗语里有两个比喻，一个是"三十年河东，三十年河西"，另一个是"沧海桑田"。30 年似乎太短，有些夸张；而沧海桑田又太长，没有人可以见到。一般而言，一个人一生可能见到一次"河东河西"的剧烈变化，似乎这就是一个长周期？在经济学家对长周期的各种测算中，有各种不同的结论，例如尼古拉·康德拉季耶夫计算的长周期为 53.3 年。因此，一个长周期可能是 30~50 年，40 年是其平均数。

我对百年企业话题的思考，是对加快建设世界一流企业的研究逐步引发的。最近，中央要求加快建设世界一流企业，此话题渐热。我在研究全球领军企业的基础上，也在进一步研究世界一流企业。纵观全球，此前其他国家（地区）并没有世界一流企业的提法和标准，因此我们首先需要在全球范围内界定什么是世界一流企业，谁是世界一流企业的样板，而且需要得到世界的公认。

我认为世界一流企业应具备 3 个前置性条件。第一，世界一流企业必须是上市公司，上市公司意味着有良好的治理结构、较高公信力的数据披露、较广泛的社会公众监督；非上市公司可能有另外的功能和评价标准，暂时不在我的研究范围之内。第二，世界一流企业应该是全球产业冠军企业或者独具特色的领军企业（全球前 4 名），这意味着它在这个产业里是非常优秀的，因为石油公司与零售商场很难比较、电脑公司与化妆品公司很难比较。在各个产业内未能进入全球前 4 名的企业，不可能是世界一流企业。例如某产业第 5 名的公司再大再优秀也不应该与其他产业第 1 名的公司相提并论。第三，世界一流企业必须有一定时间的发展历史，短期的成功不能说明其一流地位。

对于上述第三点的思考引出了本篇文章。那么，所谓的一定时间是多长？我认为所谓世界一流企业，可能要经过 50 年以上的历史检验，而 100 年一定是一个重大节点。在 100 年内，一家企业可能要经过 2~3 个经济长周期的考验，可能要经历各种社会动荡甚至战争的考验，而且在 100 年内，企业一定经历过 3~4 代企业领导人变更的考验。

虽然我们在制定评价世界一流企业的前置条件时，不太可能把时间维度定为 100 年，但是这引发了我对百年企业的兴趣。是否江山代有"企业"出，各领风骚数百年？一个产业的前 4 名企业，而不是德国赫尔曼·西蒙先生界定的在细分市场上的小规模"隐形冠军"，到底可以"领风骚"多少年？当今世界最优秀的企业阵营里到底有多少有百年以上历史的企业？它们的规模和效益状况如何？

我首先从经营数据中寻找全球最顶尖的企业。我在全球冠军企业中找到 12 家指标最优异的企业，经过进一步的统计，发现这 12 家企业的平均历史为 47 年（本文写作时间为 2022 年——编者注），而且没有一家企业的历史超过 100 年。于是我放宽条件，把范围扩大到全球领军企业中的 202 家经营数据表现优秀的企业，从中发现了 36 家百年企业。然后我对 632 家全球领军企业进行全面统计，发现了 183 家百年企业，这个数据超出了我的预期。我原以为，在激烈的全球市场竞争环境下，这 632 家全球领军企业里的百年企业可能不多，而事实是，其占比接近 30%。它们的总体数据在这个群体中虽然不处于第一阵营，但处于平均水平左右，并不在殿后的阵营。由此我对百年全球领军企业进行了一系列的分析。

对全球顶级企业及 36 家优秀百年企业的观察

我在各种试算中，用市值、营收和利润［注：市值为 2021 年度年平均市值，营收和利润为 2021 年 12 月 31 日的 TTM（Trailing Twelve Months）值，即在该时点以前企业发布的前 4 个季度财务报表数据之和，而非不同企业在不同时间公布的年报数据〕3 个规模指标对企业进行筛选时发现，在全球上市公司对应的 158 个产业的冠军企业中，市值超过 1000 亿美元、营收超过 1000 亿美元、利润超过 100 亿美元的企业只有 13 家，其中沙特阿拉伯国家石油公司由于其地理资源的优越性和企业国家属性的独特性被暂时剔除于名单之外，因此符合条件的有 12 家企业。按照利润由高到低排名，它们分别是苹果、伯克希尔·哈撒韦、谷歌、微软、摩根大通、丰田汽车、亚马逊、威瑞森电信、中国平安、家得宝、联合健康集团、康卡斯特。这 12 家企业在一眼跳出来的世界一流企业备选名单上颇为显眼。不过经查证，它们的平均历史是 47 年，其中没有一家企业的历史超过 100 年。

表 1　12 家顶级企业的平均值数据

市值	营收	利润	资产回报率	销售利润率	企业历史
8733 亿美元	2314 亿美元	426 亿美元	25%	20%	47 年

于是我再把标准降低一些，并扩大范围，筛选出 60 家候选企业，它们的平均历史达到 68 年，而且在这个名单中，出现了 14 家超过 100 年历史的企业，约占 1/4。这个数据说明可能存在不少有百年历史的世界一流企业。于是我开展了进一步的查证。

我列出了所有的全球产业冠军企业 158 家，以及在全球产业前 4 名以内的企业中，挑出符合市值超过 1000 亿美元、营收超过 1000 亿美元、利润超过 100 亿美元中的任意一项指标的企业 44

家，与 158 家全球产业冠军企业合计 202 家。在这 202 家企业中，企业历史在 100 年及以上的有 36 家；在这 36 家企业中，有全球产业冠军 29 个，产业亚军 2 个，产业季军 3 个，产业殿军（本殿军指第 4 名——编者注）2 个。其中美国企业 22 家，德国企业 5 家，瑞士企业 3 家，英国企业 2 家，日本企业 2 家，丹麦企业 1 家，澳大利亚企业 1 家。其中大众比较熟知的企业有高盛集团、强生公司、梅赛德斯 - 奔驰公司、罗氏公司、宝洁公司、雀巢公司、诺华公司、可口可乐公司、百事公司、洛克希德·马丁、西门子公司、三菱、迪士尼等。这确实证明了世界上存在不少有百年历史的优秀企业。

这 36 家企业的平均历史为 136 年，其中超过 200 年历史的企业有 2 家：诺华公司 264 年，美国银行 238 年。

表 2　36 家优秀百年企业的平均值数据

市值	营收	利润	资产回报率	销售利润率	企业历史
1400 亿美元	686 亿美元	81 亿美元	30%	16%	136 年

在这 36 家企业中，市值超过 1000 亿美元的有 19 家，营收超过 1000 亿美元的有 6 家，利润超过 100 亿美元的有 9 家。其中单项指标符合上述条件的企业有 23 家，两项指标符合上述条件的有 12 家。在这 36 家企业中，平均资产回报率为 30%，平均销售利润率为 16%，平均市盈率为 23%。百年企业能够保持这样的数据十分难能可贵。这引发了我进一步对 632 家全球领军企业中的百年企业进行全面了解的兴趣。

对 183 家全球领军企业中的百年企业的数据解读

　　我发现在 158 个产业的 632 家全球领军企业中，有 156 家百年企业，还有有 99 年历史的迪士尼、孩之宝、艺康化工和有 98 年历史的道达尔、伍尔沃斯集团等公司。如果以百年眼光来看，有 90 多年历史的企业也就是百年企业，于是我们将有 90 年及以上历史的 27 家企业也定义为百年企业。由此，迄今为止，我们在 632 家全球领军企业中发现 183 家百年企业，接近总量的 30%，它们的平均历史为 134.68 年。历史最长的是芬兰的菲斯卡斯公司，成立于 1649 年，具有 373 年历史。

　　在各种数据库中，都没有企业历史的准确数据。我计算的依据是从现在的上市公司追溯到初创公司的历史，如果经历并购，则以并购中历史最长的企业的创立时间为起点。例如，诺华公司是在汽巴与嘉基公司合并的基础上，再和山德士公司合并，其中嘉基公司历史最长，创立于 1758 年，因此诺华公司的历史为 264 年；ABB 公司是由 ASEA 公司和 BBC 公司合并成立的，其中 ASEA 公司成立于 1883 年，BBC 公司成立于 1891 年，因此，ABB 公司的历史应按照成立于 1883 年计算，迄今为 139 年。此外，如果公司官网明确表明自己的历史，则以公司官网的数据为准。例如，贵州茅台酒股份有限公司没有把历史起点算在 1951 年 3 家公司合并的时间，更没有追溯到其中历史最长的公司的初创时点，而是把历史起点算在贵州茅台酒股份有限公司成立的 1999 年。

　　这些企业的平均市值为 831 亿美元，销售收入为 397 亿美元，利润为 51 亿美元，股东权益为 311 亿美元，资产回报率为 17%，销售利润率为 13%。如果换算成人民币来看，这些存在了 135 年以上的"古老"企业，仍然能够维持年平均销售收入 2660 亿元、平均利润 342 亿元，平均市值 5570 亿元。这是相当可观的规模。数据分析结果还表明，这些百年企业的数据比较稳定，不存在企业历史越久，数据就越低的趋势。百年企业能够历久弥新，长期处于全球产业领先地位。

在这 183 家企业里，全球产业冠军企业有 50 家，约占 27.3%；亚军企业 44 家，约占 24%；季军企业 43 家，约占 23.5%；殿军企业 46 家，约占 25.1%。基本平均分布，冠军数量略多。

在这 183 家企业中，有 82 家美国企业，19 家日本企业，14 家英国企业，13 家法国企业，12 家德国企业，8 家瑞士企业，6 家澳大利亚企业……全球拥有 3 家以上百年企业的国家和地区，美国最多，占 44.8%；日本第二，占 10.38%；英国第三，占 7.65%。

在这些处于全球产业前 4 名的领军企业里，有 300 年以上历史的有 2 家，有 201~300 年历史的有 7 家，有 150~200 年历史的有 39 家，超过平均历史 134.68 年的有 79 家。这 79 家企业几乎都是全球知名品牌。市值最高的 4 家公司分别是摩根大通，4672 亿美元；强生公司，4352.43 亿美元；雀巢公司，3452.23 亿美元；宝洁公司，3377.75 亿美元。营收最高的 4 家公司分别是梅赛德斯 – 奔驰公司，1932 亿美元；安盛集团，1468.66 亿美元；三菱商事，1363.46 亿美元；摩根大通，1216.16 亿美元。利润最高的 4 家公司分别是摩根大通，500.71 亿美元；高盛集团，222.06 亿美元；辉瑞制药，189.01 亿美元；力拓公司，187.66 亿美元。为了让读者有直观的感觉，我们将这 79 家百年全球领军企业名录列举如下。

表 3　历史超过平均值（134 年历史）的 79 家企业及其主要数据

序号	公司简称	GICS 四级	国家或地区	成立年份（迄今历史 / 年）	产业排名	市值 / 亿美元	营收 / 亿美元	利润 / 亿美元	归母净利润 / 亿美元	权益总额 / 亿美元	资产回报率	销售利润率
1	菲斯卡斯	家用器具与特殊消费品（2）	芬兰	1649（373）	2	17.85	14.39	1.11	1.11	9.26	12%	8%
2	圣戈班公司	建筑产品（3）	法国	1665（357）	3	344.84	511.07	26.26	26.26	218.51	12%	5%
3	诺华公司	制药（4）	瑞士	1758（264）	4	2148.91	523.85	98.07	98.07	565.98	17%	19%
4	美国银行	综合性银行（4）	美国	1784（238）	4	3408.06	871.52	304.35	289.92	2729.24	11%	35%
5	摩根大通	综合性银行（1）	美国	1799（223）	1	4672.00	1216.16	500.71	482.74	2793.54	17%	41%
6	保乐力加	酿酒商与葡萄酒商（4）	法国	1805（217）	4	558.40	106.39	15.83	15.82	175.80	9%	15%
7	高露洁	居家用品（2）	美国	1806（216）	2	670.55	173.42	26.65	26.65	7.43	359%	15%
8	安盛集团	多元化保险（2）	法国	1816（206）	2	652.27	1468.66	68.55	66.37	874.58	8%	5%
9	邦吉	农产品（4）	美国	1818（204）	4	114.29	550.79	23.97	23.71	60.69	39%	4%

续表

序号	公司简称	GICS 四级	国家或地区	成立年份（迄今历史/年）	产业排名	市值/亿美元	营收/亿美元	利润/亿美元	归母净利润/亿美元	权益总额/亿美元	资产回报率	销售利润率
10	CSX 运输	铁路（3）	美国	1827（195）	3	735.52	119.20	36.07	36.07	131.01	28%	30%
11	韦莱韬悦	保险经纪商（3）	英国	1828（194）	3	295.99	96.13	23.31	22.96	108.20	21%	24%
12	施耐德电气	电气部件与设备（1）	法国	1836（186）	1	933.83	329.19	34.95	34.95	251.87	14%	11%
13	宝洁公司	居家用品（1）	美国	1837（185）	1	3377.75	771.38	141.41	138.66	463.78	30%	18%
14	迪尔	农用农业机械（1）	美国	1837（185）	1	1092.58	439.97	59.64	59.64	184.31	32%	14%
15	爱马仕	服装、服饰与奢侈品（3）	法国	1837（185）	3	1468.12	97.85	26.74	26.74	90.13	30%	27%
16	Schibsted	出版（4）	挪威	1839（183）	4	104.00	16.60	1.48	71.72	11.87	604%	9%
17	史丹利百得	工业机械（4）	美国	1843（179）	4	311.84	171.69	18.28	18.05	110.60	16%	11%
18	培生集团	出版（2）	英国	1844（178）	2	78.31	48.13	3.82	3.82	56.40	7%	8%
19	西门子公司	工业集团企业（1）	德国	1847（175）	1	1389.95	736.56	60.44	72.92	513.89	14%	8%

续表

序号	公司简称	GICS 四级	国家或地区	成立年份（迄今历史/年）	产业排名	市值/亿美元	营收/亿美元	利润/亿美元	归母净利润/亿美元	权益总额/亿美元	资产回报率	销售利润率
20	菲利普莫里斯	烟草（1）	美国	1847（175）	1	1461.94	307.45	89.92	89.67	413.25	22%	29%
21	赫伯罗特	海运（3）	德国	1847（175）	3	351.02	217.23	69.77	69.77	81.91	85%	32%
22	辉瑞制药	制药（2）	美国	1849（173）	2	2327.73	693.37	189.01	191.80	632.38	30%	27%
23	美国运通	消费信贷（1）	美国	1850（172）	1	1252.52	400.97	77.79	76.52	229.84	33%	19%
24	纽约时报	出版（3）	美国	1851（171）	3	80.27	19.90	1.60	1.60	13.26	12%	8%
25	康宁	电子元件（4）	美国	1851（171）	4	330.33	137.56	16.71	8.19	132.57	6%	12%
26	US FOODS	食品分销商（3）	美国	1853（169）	3	79.99	279.86	0.85	0.39	40.49	1%	0%
27	威望迪集团	广播（2）	法国	1853（169）	2	333.33	201.44	14.13	14.13	192.46	7%	7%
28	伊藤忠商事	贸易公司与经销商（1）	日本	1858（164）	1	479.30	1037.69	59.21	59.21	299.57	20%	6%
29	梅西百货	百货商店（4）	美国	1858（164）	4	61.78	233.99	8.47	8.47	25.53	33%	4%

续表

序号	公司简称	GICS四级	国家或地区	成立年份（迄今历史/年）	产业排名	市值/亿美元	营收/亿美元	利润/亿美元	归母净利润/亿美元	权益总额/亿美元	资产回报率	销售利润率
30	五三银行	区域性银行（4）	美国	1858（164）	4	271.97	78.68	27.11	25.94	231.11	11%	34%
31	Amcor	纸材料包装（2）	英国	1860（162）	2	182.16	131.84	9.43	9.41	47.64	20%	7%
32	瑞银集团	综合性资本市场（1）	瑞士	1862（160）	1	606.43	367.56	77.46	77.45	594.46	13%	21%
33	香港中华煤气	燃气公用事业（3）	中国	1862（160）	3	284.81	61.12	9.86	9.72	89.19	11%	16%
34	SOLVAY	多种化学制品（3）	比利时	1863（159）	3	133.22	125.13	7.65	6.86	87.91	8%	6%
35	米其林	轮胎与橡胶（2）	法国	1863（159）	2	272.74	268.39	21.57	21.52	154.29	14%	8%
36	瑞士再保险	再保险（2）	瑞士	1863（159）	2	297.27	457.94	13.03	13.03	271.35	5%	3%
37	喜力控股	啤酒酿造商（4）	荷兰	1864（158）	4	270.44	246.56	6.70	6.70	80.65	8%	3%
38	巴斯夫	多种化学制品（1）	德国	1865（157）	1	722.15	883.73	63.41	67.15	411.92	16%	7%

续表

序号	公司简称	GICS 四级	国家或地区	成立年份（迄今历史／年）	产业排名	市值／亿美元	营收／亿美元	利润／亿美元	归母净利润／亿美元	权益总额／亿美元	资产回报率	销售利润率
39	雀巢公司	包装食品与肉类 (1)	瑞士	1866 (156)	1	3452.23	939.43	136.01	136.01	516.27	26%	14%
40	宣伟	特种化学制品 (1)	美国	1866 (156)	1	743.29	196.71	19.67	19.67	36.11	54%	10%
41	大都会人寿	人寿与健康保险 (4)	美国	1868 (154)	4	524.93	704.09	55.07	53.01	745.58	7%	8%
42	高盛集团	投资银行业与经纪业 (2)	美国	1869 (153)	2	1233.79	644.39	222.06	217.04	959.32	23%	34%
43	三菱商事	贸易公司与经销商 (2)	日本	1870 (152)	2	430.10	1363.46	40.72	40.72	507.10	8%	3%
44	德意志银行	综合性资本市场 (3)	德国	1870 (152)	3	261.13	304.21	26.49	22.13	740.22	3%	9%
45	威达信	保险经纪商 (1)	美国	1871 (151)	1	715.23	190.99	27.14	27.14	91.04	30%	14%
46	德国大陆	机动车零配件与设备 (2)	德国	1871 (151)	2	266.70	425.79	15.97	17.81	149.76	12%	4%
47	金佰利	居家用品 (3)	美国	1872 (150)	3	452.25	193.11	19.96	19.96	6.26	319%	10%

续表

序号	公司简称	GICS 四级	国家或地区	成立年份（迄今历史/年）	产业排名	市值/亿美元	营收/亿美元	利润/亿美元	归母净利润/亿美元	权益总额/亿美元	资产回报率	销售利润率
48	苏黎世保险	多元化保险（3）	瑞士	1872（150）	3	633.39	674.37	48.46	48.46	382.78	13%	7%
49	阿特拉斯·科普柯	工业机械（2）	瑞典	1873（149）	2	734.72	125.11	20.37	20.37	64.78	31%	16%
50	力拓	多种金属与采矿（2）	澳大利亚	1873（149）	2	1276.31	583.32	187.66	187.66	470.54	40%	32%
51	HEINE-KEN	啤酒酿造商（2）	荷兰	1873（149）	2	637.30	246.56	13.39	13.39	163.56	8%	5%
52	海德堡水泥	建筑材料（4）	德国	1873（149）	4	164.03	220.17	21.71	21.10	162.08	13%	10%
53	Brambles	综合支持服务（3）	澳大利亚	1875（147）	3	117.67	52.10	5.35	5.26	26.89	20%	10%
54	三井物产	贸易公司与经销商（3）	日本	1876（146）	3	368.25	946.59	57.34	57.34	412.87	14%	6%
55	大日本印刷株式会社	商业印刷（1）	日本	1876（146）	1	70.52	123.75	4.36	4.36	94.31	5%	4%
56	德国汉高	居家用品（4）	德国	1876（146）	4	418.59	236.93	18.87	18.87	217.12	9%	8%

续表

序号	公司简称	GICS 四级	国家或地区	成立年份（迄今历史/年）	产业排名	市值/亿美元	营收/亿美元	利润/亿美元	归母净利润/亿美元	权益总额/亿美元	资产回报率	销售利润率
57	爱立信	通信设备（3）	瑞典	1876（146）	3	410.55	270.22	23.68	23.68	105.51	22%	9%
58	格雷厄姆控股	教育服务（2）	美国	1877（145）	2	30.46	31.10	5.06	5.01	37.59	13%	16%
59	莫霍克工业	家庭装饰品（1）	美国	1878（144）	1	129.27	110.82	10.92	10.92	85.34	13%	10%
60	林德	工业气体（1）	英国	1879（143）	1	1520.71	297.67	35.66	35.70	473.17	8%	12%
61	雪佛龙	综合性石油与天然气企业（3）	美国	1879（143）	3	2002.51	1348.62	99.05	99.05	1316.88	8%	7%
62	慕尼黑再保险	再保险（1）	德国	1880（142）	1	404.41	817.88	26.82	26.83	365.10	7%	3%
63	波尔	金属与玻璃容器（1）	美国	1880（142）	1	290.08	132.39	7.83	8.08	32.75	25%	6%
64	ABB 公司	电气部件与设备（3）	瑞士	1883（139）	3	697.83	285.60	20.55	—	156.85	12%	7%
65	礼恩派	家庭装饰品（4）	美国	1883（139）	4	62.95	49.22	4.00	4.00	14.25	28%	8%

续表

序号	公司简称	GICS四级	国家或地区	成立年份（迄今历史/年）	产业排名	市值/亿美元	营收/亿美元	利润/亿美元	归母净利润/亿美元	权益总额/亿美元	资产回报率	销售利润率
66	霍尼韦尔	工业集团企业（2）	美国	1885（137）	2	1514.10	346.35	54.73	54.73	175.49	31%	16%
67	江森自控	建筑产品（2）	爱尔兰	1885（137）	2	475.14	236.68	15.13	16.37	175.62	9%	6%
68	BHP	多种金属与采矿（1）	澳大利亚	1885（137）	1	1615.18	608.17	113.04	113.04	512.64	22%	19%
69	强生公司	制药（1）	美国	1886（136）	1	4352.43	914.46	178.80	178.80	632.78	28%	20%
70	可口可乐公司	软饮料（1）	美国	1886（136）	1	2325.88	378.02	88.13	88.13	192.99	46%	23%
71	美国水业	水公用事业（1）	美国	1886（136）	1	297.05	39.02	7.63	7.63	64.54	12%	20%
72	Essential Utilities	水公用事业（3）	美国	1886（136）	3	116.29	18.16	4.02	4.18	46.84	9%	22%
73	DIAGEO PLC	酿酒商与葡萄酒商（2）	英国	1886（136）	2	1088.45	175.00	36.54	36.54	95.37	38%	21%
74	FERGUSON	贸易公司与经销商（4）	英国	1887（135）	4	306.12	227.92	16.50	15.08	48.10	31%	7%
75	花王	个人用品（4）	日本	1887（135）	4	300.28	128.44	11.29	11.29	89.47	13%	9%

续表

序号	公司简称	GICS四级	国家或地区	成立年份（迄今历史/年）	产业排名	市值/亿美元	营收/亿美元	利润/亿美元	归母净利润/亿美元	权益总额/亿美元	资产回报率	销售利润率
76	AHOLD KON	食品零售（3）	荷兰	1887（135）	3	324.14	890.39	18.83	18.82	151.82	12%	2%
77	马拉松原油	石油与天然气的炼制和营销（3）	美国	1887（135）	3	370.05	1034.60	4.77	92.48	221.99	42%	0%
78	雅培	医疗保健设备（1）	美国	1888（134）	1	2143.44	423.08	72.66	72.44	336.42	22%	17%
79	安托法加斯塔	铜（4）	英国	1888（134）	4	208.82	65.82	10.29	10.37	78.38	13%	16%
平均值	166.73	—	831.15	397.65	51.16	52.46	310.56	0.17	0.13	—	—	—

全球百年领军企业的产业分布情况

全球百年领军企业在工业集团企业、建筑产品、居家用品、工业机械、贸易公司与经销商、商业印刷、制药 7 个产业内占据了第 1 至第 4 的位置，这个现象令人印象深刻。

1. 前 4 名都是百年企业的 7 个产业

前 4 名都是百年企业的产业共有 7 个，分别是工业集团企业、建筑产品、居家用品、工业机械、贸易公司与经销商、商业印刷、制药。

工业集团企业产业的前 4 名企业的平均历史为 139 年，其中美国公司 2 家，德国公司 1 家，日本公司 1 家。历史最长的是德国西门子公司，为 175 年。产业冠军也是德国西门子公司，市值为 1389.95 亿美元，营收为 736.56 亿美元，利润为 60.44 亿美元。在这个产业里，中国的冠军是中信股份，全球排名第 6。

建筑产品产业的前 4 名企业的平均历史为 175 年，其中，日本、美国、法国、爱尔兰公司各 1 家。历史最长的是法国圣戈班公司，为 357 年，市值为 344.84 亿美元，营收为 511.07 亿美元，利润为 26.26 亿美元。产业冠军是日本的大金工业株式会社，市值为 629.11 亿美元，营收为 258.40 亿美元，利润为 19.27 亿美元。在这个产业里，中国的冠军是北新建材，全球排名第 18。

居家用品产业的前 4 名企业的平均历史为 174 年，其中美国公司 3 家，德国公司 1 家。历史最长的是美国的高露洁公司，为 216 年。产业冠军是美国的宝洁公司，市值为 3377.75 亿美元，营收为 771.38 亿美元，利润 141.41 亿美元。在这个产业里，中国的冠军是蓝月亮，全球排名第 13。

工业机械产业的前 4 名企业的平均历史为 136 年，其中美国公司 3 家，瑞典公司 1 家。历史最长的是美国的史丹利百得公司，为 179 年。产业冠军是美国的伊利诺伊工具，市值为 703.63 亿美元，营收为 142.51 亿美元，利润为 27.27 亿美元。在这个产业里，中国的冠军是中集集团，全球排名第 14。

贸易公司与经销商产业的前 4 名企业的平均历史为 149 年，其中日本公司 3 家，英国公司 1 家。历史最长的是日本的伊藤忠商事，为 164 年。产业冠军也是日本的伊藤忠商事，市值为 479.30 亿美元，营收为 1037.69 亿美元，利润为 59.21 亿美元。在这个产业里，中国的冠军是建发集团，全球排名第 17。

商业印刷产业的前 4 名企业的平均历史为 121 年，其中日本公司 2 家，美国公司 2 家。历史最长的是日本的大日本印刷，为 146 年。产业冠军也是日本的大日本印刷，市值为 70.52 亿美元，营收为 123.75 亿美元，利润为 4.36 亿美元。在这个产业里，中国的冠军是东港股份，全球排名第 10。

制药产业的前 4 名企业的平均历史为 175 年，其中美国公司 2 家，瑞士公司 2 家。历史最长的是瑞士的诺华公司，为 264 年。产业冠军是美国的强生公司，市值为 4352.43 亿美元，营收为 914.46 亿美元，利润为 178.80 亿美元。在这个产业里，中国的冠军为恒瑞医药，全球排名第 18。

可以设想，如果一个产业里的领军企业都是百年企业，其产业地位是很难被撼动的。

2. 前 4 名中百年企业占据 3 个或 2 个位置的产业

百年企业在电气部件与设备、多种化学制品、工业气体、特种化学制品、多种金属与采矿、工业集团企业、建筑机械与重型卡车、软饮料、包装食品与肉类、烟草、个人用品、制药、多领域控股、金融交易所和数据、出版等 15 个产业里占据了前 4 名的 3 个位置，并在其中的 13 个产业中占据了冠军地位，例如电气部件与设备产业的施耐德公司、多种化学制品产业的巴斯夫公司、软饮料产业的可口可乐公司、个人用品产业的欧莱雅等。此外，百年企业还在 33 个产业的前 4 名中占据了 2 个位置，并在其中的 19 个产业里占据了冠军地位，如欧莱雅、摩根大通等。

对比强烈的案例是，在电气部件与设备产业的前 4 名里，产业亚军是中国的宁德时代，其市值为 1703 亿美元，是所有 4 个产业领军企业中最高的，但宁德时代的历史只有 11 年，而另外 3 个企业都是百年企业。这个产业的冠军是德国的施耐德公司，季军是瑞士的 ABB 公司，殿军是爱尔兰的伊顿公司。相比而言，宁德时代的营收和利润是这 4 个企业中最低的。因为宁德时代切入了汽车电池这个敏感的产业，所以资本市场给予它很高的估值。宁德时代在这个产业位置上能保持多久有待检验。但宁德时代的案例也给中国企业异军突起、迅速超越西方的百年企业提供了信心。

3. 前 4 名中百年企业占据 1 个位置的产业

百年企业在 44 个产业里占据了前 4 名中的 1 个位置，并在其中的 11 个产业中占据了冠军地位，例如美国运通、三菱电机等。

市值最高的是摩根大通，为 4672 亿美元，利润和权益总额最高的也是摩根大通，分别为 500.71 亿美元和 2793.54 亿美元。摩根大通的历史为 223 年，成立于 1799 年。营收最高的是梅赛德斯 - 奔驰公司，为 1932 亿美元，其成立于 1890 年，历史为 132 年。

在各产业的前 4 名中占据了 3 个位置的企业列表如下。

表 4　在各产业的前 4 名中占据 3 个位置的企业列表

序号	公司简称	GICS一级	GICS四级	国家或地区	成立年份(迄今历史/年)	市值/亿美元	营收/亿美元	利润/亿美元	权益总额/亿美元	资产回报率	销售利润率
1	伊利诺伊工具	工业	工业机械 (1)	美国	1912 (110)	703.63	142.51	27.27	31.81	86%	19%
2	阿特拉斯·科普柯	工业	工业机械 (2)	瑞典	1873 (149)	734.72	125.11	20.37	64.78	31%	16%
3	派克汉尼汾	工业	工业机械 (3)	美国	1917 (105)	387.98	148.80	18.76	83.98	22%	13%
4	史丹利百得	工业	工业机械 (4)	美国	1843 (179)	311.84	171.69	18.28	110.60	16%	11%
5	西门子	工业	工业集团企业 (1)	德国	1847 (175)	1389.95	736.56	60.44	513.89	14%	8%
6	霍尼韦尔	工业	工业集团企业 (2)	美国	1885 (137)	1514.10	346.35	54.73	175.49	31%	16%
7	通用电气	工业	工业集团企业 (3)	美国	1889 (133)	1123.50	757.57	27.35	355.51	–1%	4%
8	日立	工业	工业集团企业 (4)	日本	1910 (112)	516.84	898.01	52.03	318.47	16%	6%
9	大金工业株式会社	工业	建筑产品 (1)	日本	1924 (98)	629.11	258.40	19.27	150.65	13%	7%
10	江森自控	工业	建筑产品 (2)	爱尔兰	1885 (137)	475.14	236.68	15.13	175.62	9%	6%

续表

序号	公司简称	GICS一级	GICS四级	国家或地区	成立年份（迄今历史/年）	市值/亿美元	营收/亿美元	利润/亿美元	权益总额/亿美元	资产回报率	销售利润率
11	圣戈班	工业	建筑产品（3）	法国	1665（357）	344.84	511.07	26.26	218.51	12%	5%
12	开利全球	工业	建筑产品（4）	美国	1915（107）	414.75	200.74	22.24	62.52	36%	11%
13	伊藤忠商事	工业	贸易公司与经销商（1）	日本	1858（164）	479.30	1037.69	59.21	299.57	20%	6%
14	三菱商事	工业	贸易公司与经销商（2）	日本	1870（152）	430.10	1363.46	40.72	507.10	8%	3%
15	三井物产	工业	贸易公司与经销商（3）	日本	1876（146）	368.25	946.59	57.34	412.87	14%	6%
16	FERGUSON	工业	贸易公司与经销商（4）	英国	1887（135）	306.12	227.92	16.50	48.10	31%	7%
17	大日本印刷株式会社	工业	商业印刷（1）	日本	1876（146）	70.52	123.75	4.36	94.31	5%	4%
18	TOPPAN	工业	商业印刷（2）	日本	1900（122）	58.20	137.64	9.13	119.58	8%	7%
19	布雷迪	工业	商业印刷（3）	美国	1914（108）	27.77	11.89	1.31	9.63	14%	11%
20	Deluxe	工业	商业印刷（4）	美国	1915（107）	16.88	19.06	0.74	5.13	14%	4%
21	宝洁公司	日常消费品	居家用品（1）	美国	1837（185）	3377.75	771.38	141.41	463.78	30%	18%

续表

序号	公司简称	GICS 一级	GICS 四级	国家或地区	成立年份（迄今历史/年）	市值/亿美元	营收/亿美元	利润/亿美元	权益总额/亿美元	资产回报率	销售利润率
22	高露洁	日常消费品	居家用品（2）	美国	1806（216）	670.55	173.42	26.65	7.43	359%	15%
23	金佰利	日常消费品	居家用品（3）	美国	1872（150）	452.25	193.11	19.96	6.26	319%	10%
24	德国汉高	日常消费品	居家用品（4）	德国	1876（146）	418.59	236.93	18.87	217.12	9%	8%
25	强生公司	医疗保健	制药（1）	美国	1886（136）	4352.43	914.46	178.80	632.78	28%	20%
26	辉瑞制药	医疗保健	制药（2）	美国	1849（173）	2327.73	693.37	189.01	632.38	30%	27%
27	罗氏公司	医疗保健	制药（3）	瑞士	1896（126）	3213.46	660.19	154.60	410.59	38%	23%
28	诺华公司	医疗保健	制药（4）	瑞士	1758（264）	2148.91	523.85	98.07	565.98	17%	19%
29	施耐德公司	工业	电气部件与设备（1）	法国	1836（186）	933.83	329.19	34.95	251.87	14%	11%
30	ABB 公司	工业	电气部件与设备（3）	瑞士	1883（139）	697.83	285.60	20.55	156.85	12%	7%
31	伊顿公司	工业	电气部件与设备（4）	爱尔兰	1911（111）	594.81	195.17	20.68	149.30	14%	11%

续表

序号	公司简称	GICS一级	GICS四级	国家或地区	成立年份（迄今历史/年）	市值/亿美元	营收/亿美元	利润/亿美元	权益总额/亿美元	资产回报率	销售利润率
32	卡特彼勒	工业	建筑机械与重型卡车（1）	美国	1925（97）	1157.25	484.08	50.69	153.31	34%	10%
33	沃尔沃	工业	建筑机械与重型卡车（2）	瑞典	1927（95）	498.41	428.93	39.79	176.87	22%	9%
34	康明斯	工业	建筑机械与重型卡车（3）	美国	1919（103）	352.25	240.01	22.38	80.62	28%	9%
35	威达信	金融	保险经纪商（1）	美国	1871（151）	715.23	190.99	27.14	91.04	30%	14%
36	韦莱韬悦	金融	保险经纪商（3）	英国	1828（194）	295.99	96.13	23.31	108.20	21%	24%
37	亚瑟加拉格尔	金融	保险经纪商（4）	美国	1927（95）	286.79	79.40	9.40	61.86	15%	12%
38	EXOR集团	金融	多领域控股（2）	荷兰	1927（95）	203.19	1114.91	31.53	159.87	16%	3%
39	银瑞达	金融	多领域控股（3）	瑞典	1916（106）	681.09	59.40	178.34	562.20	32%	300%
40	布鲁塞尔兰伯特	金融	多领域控股（4）	比利时	1902（120）	177.08	81.18	4.78	231.75	2%	6%
41	安联	金融	多元化保险（1）	德国	1890（132）	1001.85	1374.98	83.13	987.07	8%	6%
42	安盛集团	金融	多元化保险（2）	法国	1816（206）	652.27	1468.66	68.55	874.58	8%	5%

续表

序号	公司简称	GICS一级	GICS四级	国家或地区	成立年份（迄今历史/年）	市值/亿美元	营收/亿美元	利润/亿美元	权益总额/亿美元	资产回报率	销售利润率
43	苏黎世保险	金融	多元化保险(3)	瑞士	1872 (150)	633.39	674.37	48.46	382.78	13%	7%
44	标普全球	金融	金融交易所和数据(1)	美国	1917 (105)	964.95	80.76	28.04	5.09	551%	35%
45	芝加哥交易所集团	金融	金融交易所和数据(3)	美国	1898 (124)	743.87	46.41	24.35	263.20	9%	52%
46	穆迪	金融	金融交易所和数据(4)	美国	1900 (122)	640.76	59.69	21.01	15.69	134%	35%
47	雀巢公司	日常消费品	包装食品与肉类(1)	瑞士	1866 (156)	3452.23	939.43	136.01	516.27	26%	14%
48	亿滋国际	日常消费品	包装食品与肉类(2)	美国	1903 (119)	847.58	283.60	44.53	275.78	16%	16%
49	达能	日常消费品	包装食品与肉类(3)	法国	1919 (103)	471.78	279.91	24.15	197.91	12%	9%
50	欧莱雅	日常消费品	个人用品(1)	法国	1909 (113)	2398.39	362.32	49.27	354.09	14%	14%
51	联合利华	日常消费品	个人用品(2)	英国	1929 (93)	1468.35	611.20	65.05	186.44	35%	11%
52	花王	日常消费品	个人用品(4)	日本	1887 (135)	300.28	128.44	11.29	89.47	13%	9%

续表

序号	公司简称	GICS 一级	GICS 四级	国家或地区	成立年份（迄今历史/年）	市值/亿美元	营收/亿美元	利润/亿美元	权益总额/亿美元	资产回报率	销售利润率
53	可口可乐公司	日常消费品	软饮料（1）	美国	1886（136）	2325.88	378.02	88.13	192.99	46%	23%
54	百事公司	日常消费品	软饮料（2）	美国	1898（124）	2069.11	766.81	83.31	134.54	61%	11%
55	墨西哥芬莎	日常消费品	软饮料（4）	墨西哥	1890（132）	260.68	264.36	10.00	119.64	8%	4%
56	菲利普·莫里斯	日常消费品	烟草（1）	美国	1847（175）	1461.94	307.45	89.92	413.25	22%	29%
57	英美烟草	日常消费品	烟草（2）	英国	1902（120）	852.75	353.00	83.66	856.93	10%	24%
58	日本烟草	日常消费品	烟草（4）	日本	1898（124）	392.64	207.53	35.58	244.37	15%	17%
59	培生集团	通信业务	出版（2）	英国	1844（178）	78.31	48.13	3.82	56.40	7%	8%
60	纽约时报	通信业务	出版（3）	美国	1851（171）	80.27	19.90	1.60	13.26	12%	8%
61	Schibsted	通信业务	出版（4）	挪威	1839（183）	104.00	16.60	1.48	11.87	604%	9%
62	巴斯夫公司	原材料	多种化学制品（1）	德国	1865（157）	722.15	883.73	63.41	411.92	16%	7%

续表

序号	公司简称	GICS一级	GICS四级	国家或地区	成立年份（迄今历史/年）	市值/亿美元	营收/亿美元	利润/亿美元	权益总额/亿美元	资产回报率	销售利润率
63	SOL-VAY	原材料	多种化学制品（3）	比利时	1863（159）	133.22	125.13	7.65	87.91	8%	6%
64	住友化学株式会社	原材料	多种化学制品（4）	日本	1913（109）	84.09	235.11	12.40	92.07	13%	5%
65	BHP	原材料	多种金属与采矿（1）	澳大利亚	1885（137）	1615.18	608.17	113.04	512.64	22%	19%
66	力拓	原材料	多种金属与采矿（2）	澳大利亚	1873（149）	1276.31	583.32	187.66	470.54	40%	32%
67	英美资源集团	原材料	多种金属与采矿（4）	英国	1917（105）	545.68	402.07	68.06	258.24	26%	17%
68	林德	原材料	工业气体（1）	英国	1879（143）	1520.71	297.67	35.66	473.17	8%	12%
69	法国液空集团	原材料	工业气体（2）	法国	1902（120）	800.86	253.30	31.26	226.46	14%	12%
70	大阳日酸	原材料	工业气体（4）	日本	1910（112）	92.57	80.77	6.28	46.36	14%	8%
71	宣伟	原材料	特种化学制品（1）	美国	1866（156）	743.29	196.71	19.67	36.11	54%	10%
72	信越化学工业株式会社	原材料	特种化学制品（3）	日本	1926（96）	715.62	158.18	34.20	254.30	13%	22%
73	艺康化工	原材料	特种化学制品（4）	美国	1923（99）	625.10	124.34	11.29	61.67	18%	9%

在百年企业的名单中，我们看到 2 家有 300 年以上历史的企业。

一家是芬兰的菲斯卡斯。菲斯卡斯是芬兰最古老的公司之一，从 1649 年成立到现在已有 373 年的历史。菲斯卡斯一开始是制作铁制品的，目前已成为家庭园艺和室外消费品的全球领先供应商，在全球数十个国家（地区）销售产品。菲斯卡斯成立之初是位于现在赫尔辛基附近的 Fiskars 村的一家铸铁铸造厂，目前已发展成为全球消费品品牌组合的母公司，这些消费品品牌包括 Fiskars（园艺、烹饪和其他工具）、Gerber（户外用品）、Iitala（室内和餐饮）、皇家哥本哈根（陶瓷制品）和 Wateror. D（酒水、餐具和高端礼品）等。菲斯卡斯集团总部位于芬兰首都赫尔辛基，业务遍及欧洲、亚洲和美洲，产品遍布 100 多个国家（地区），在 30 多个国家（地区）拥有约 7900 名员工。2021 年，菲斯卡斯的市值为 17.85 亿美元，营收为 14.39 亿美元，利润为 1.11 亿美元。在本研究的百年领军企业名单中，其历史悠久的地位凸显。

菲斯卡斯几乎把各种刀具做到了极致。10 多年前我到芬兰的诺基亚总部参加国际会议，问在诺基亚工作的朋友，应该买什么纪念品带回家？大家异口同声说买菲斯卡斯刀具。那是我第一次听到菲斯卡斯这个品牌，当时还不知道它这么有名，只知道中国有张小泉和王麻子刀具。因为我不使用户外刀具和工具，所以就买了菲斯卡斯的一套厨房刀具和一把剪刀。2021 年，菲斯卡斯仍是这个小产业里的亚军。

我由此联想到 1669 年创立的同仁堂，它比菲斯卡斯晚 20 年创立，至今具有 353 年的历史，1997 年于上海证券交易所上市，是中国上市公司中历史最悠久的公司之一。2021 年，同仁堂的年平均市值为 68.45 亿美元，营收为 22.25 亿美元，利润为 1.90 亿美元。

它在全球制药产业排名第 51，在中国排名第 12。如果把中药单独列为一个产业，同仁堂排名第 3，排在它前面的是云南白药、片仔癀。中国应该有这样历史悠久的、有代表性，而且出现在全球领军企业的行列中的企业。

另一家有 300 年以上历史的公司是法国的圣戈班公司。圣戈班公司是在 1665 年由科尔贝创办的，主要生产玻璃，已经有 357 年的历史了。

圣戈班公司于 1665 年承建了凡尔赛宫的玻璃画廊，为欧洲 50% 的轿车提供了汽车安全玻璃，为法国卢浮宫前的金字塔和北京及上海的大剧院提供了玻璃，为欧洲 1/3、美国 1/5 的房屋提供了隔音保温材料，每年生产 260 亿只玻璃瓶用于包装酒、香水和药品。圣戈班公司总部设在法国的圣戈班，以生产、加工并销售高技术材料产品为主，如玻璃、陶瓷、塑料及球墨铸铁管等。圣戈班公司将原材料加工为先进材料，同时开发未来新材料，是其所在行业的欧洲及世界领先者，并且是世界工业集团企业百强之一。圣戈班公司已在巴黎、伦敦、法兰克福、苏黎士、布鲁塞尔和阿姆斯特丹等地的交易所上市。

圣戈班公司所属产业为建筑产品产业，它是产业亚军，该产业的全球冠军是日本的大金工业株式会社。圣戈班公司 2021 年的市值为 344.84 亿美元，营收为 511.07 亿美元，利润为 26.26 亿美元。圣戈班公司在全球 67 个国家（地区）设有生产企业，拥有近 17 万名员工。自 1985 年进入中国市场后，圣戈班公司至今已在华设立了 50 多家企业及公司和 1 家研发中心，针对不同市场分别为以下领域服务：平板玻璃、汽车玻璃、保温隔音材料、石膏建材、陶瓷塑料、磨料磨具、管道系统及建材分销。

圣戈班公司与福耀玻璃有一段故事。圣戈班公司曾经于1996年入股福耀玻璃，但是因为各种原因于1999年退出。退出时，圣戈班公司没有赚到钱，福耀玻璃创始人曹德旺先生认为公司很快就会赚钱了，劝说圣戈班公司不要退出，但是圣戈班公司仍然执意退出。于是曹德旺先生在福耀玻璃3年亏损的基础上，按照原进入价格让圣戈班公司退出。后来果然如曹德旺先生所言，福耀玻璃不断赚钱，股价也不断攀升。到了2008年，圣戈班公司退出的这部分股权价值涨到了8亿美元，曹德旺先生专门飞巴黎询问圣戈班公司是否愿意再回购。圣戈班公司表示由于股价很高，无力回购。于是曹德旺先生决定将这一部分股票捐赠给社会。圣戈班公司总裁问他为什么要这样做，曹德旺先生说，一是想证明他当年与圣戈班公司"分手"不是为了图财，二是作为中国企业家，他应学会与社会分享财富。圣戈班公司总裁说："曹先生，我们为曾经有您这样的合作伙伴感到骄傲和自豪。"曹德旺先生在自传《心若菩提》中分析了与圣戈班公司"分手"的原因，然后写道："客观地评价圣戈班这个合作伙伴，我还是得说，圣戈班是大度的、非常绅士的公司。"曹德旺先生于1983年承包乡镇企业福耀玻璃厂，于1987年成立福耀公司，因此福耀玻璃至今已经有39年的历史。我们期待福耀玻璃成长为全球领军企业（汽车玻璃是一个细分市场，并没有被划分为一个独立的产业），跨越百年历史。

表 5　百年全球领军企业的规模和效益

序号	公司简称	市值/亿美元	公司简称	营收/亿美元	公司简称	利润/亿美元	公司简称	权益总额/亿美元	公司简称	资产回报率	公司简称	销售利润率
1	摩根大通	4672.00	梅赛德斯-奔驰	1932.41	摩根大通	500.71	摩根大通	2793.54	苏格兰抵押贷款投资	98%	标普全球	551%
2	强生公司	4352.43	道达尔	1616.84	美国银行	304.35	美国银行	2729.24	Deutsche Wohnen	79%	高露洁	359%
3	雀巢公司	3452.23	安盛集团	1468.66	高盛集团	222.06	雪佛龙	1316.88	芝加哥交易所集团	52%	金佰利	319%
4	美国银行	3408.06	三菱商事	1363.46	辉瑞制药	189.01	道达尔	1037.02	Polyus	50%	伍尔沃斯集团	153%
5	宝洁公司	3377.75	雪佛龙	1348.62	力拓	187.66	高盛集团	959.32	摩根大通	41%	穆迪	134%
6	罗氏公司	3213.46	摩根大通	1216.16	强生公司	178.80	迪士尼	885.53	英美铂业	37%	Polyus	111%
7	迪士尼	3207.76	EXOR集团	1114.91	银瑞达	178.34	安盛集团	874.58	穆迪	35%	万豪国际	109%
8	欧莱雅	2398.39	伊藤忠商事	1037.69	戴姆勒	157.87	英美烟草	856.93	美国银行	35%	英美铂业	91%

续表

序号	公司简称	市值／亿美元	公司简称	利润／亿美元	权益总额／亿美元	公司简称	资产回报率	公司简称	销售利润率
9	辉瑞制药	2327.73	罗氏公司	154.60	745.58	标普全球	35%	伊利诺伊工具	86%
10	可口可乐	2325.88	宝洁公司	141.41	741.22	高盛集团	34%	赫伯罗特	85%
平均值		3273.57		221.48	1293.98		49.7%		199.6%

（注：市值一列公司简称为塔吉特、三井物产；利润一列权益总额对应公司简称为大都会人寿、戴姆勒）

表 6　4 组数据平均值汇总表

序号	类别	年平均市值／亿美元	营收 TTM 2021／亿美元	利润 TTM 2021／亿美元	归母净利润／亿美元	权益总额／亿美元	资产回报率	销售利润率
1	158 家全球老大	1619	575	79.0	78.9	370	28.2%	17.7%
2	79 家历史超过平均值（135 年）企业	831	397	51	52.0	311	27.6%	13.0%
3	183 家百年企业	677	346	40.6	40.3	242	25.8%	13.4%
4	632 家全球领军企业	803	361	42.7	42.6	236	26.5%	16.0%

以上数据说明，在百年企业中的最优秀者，有着巨大的市值、巨大的市场规模和利润规模，以及优异的企业经营效率指标。

百年企业的各项指标前10名的平均市值为3273.57亿美元，平均营收为1307.88亿美元，平均利润为221.48亿美元，这也是全世界非常优秀的企业的经营数据。这些指标固然低于上文统计的全球12家顶级企业的平均值，但高于36家优秀百年企业的平均值。在这些企业中，摩根大通、强生公司、雀巢公司、宝洁公司、罗氏公司、欧莱雅等公司俨然是全世界非常优秀的产业领军企业。

79家历史超过平均值的企业的平均市值、平均营收、平均利润、平均权益总额都略高于183家百年企业的平均值。这证明并非企业历史越长，经营数据就会越差，也说明百年企业可以与时俱进、历久弥新。

观察资产回报率和销售利润率，可以看到，10家百年全球领军企业的平均资产回报率为49.7%，平均销售利润率为199.6%。这表明这些企业建立了很强的核心竞争力。很多企业的净资产并不高，但利润很高，这表明它们具有很强的产品和卓著的品牌溢价能力，如标准普尔、穆迪、高露洁、万豪国际等公司。在资产回报率和销售利润率这两个指标上，获得双项前10名的企业有标准普尔、穆迪、英美铂业（南非）、赫伯罗特（德国）。标准普尔和穆迪属于金融交易所和数据产业，英美铂业（南非）属于贵金属产业，赫伯罗特（德国）属于海运产业。标准普尔的资产回报率达551%，销售利润率为35%。英美铂业的资产回报率达91%，销售利润率达37%。资产回报率高是百年企业的重要特征之一。在资产回报率和销售利润率的统计数据中，为了排除异常值的影响，我剔除了1%最高值和1%最低值，得到了余下数据的平均值。

中国企业的历史长度

全球前 4 的产业领军企业里，没有历史超过百年的中国上市企业。在我们选出的国内领军企业里，中国银行的历史从 1912 年大清户部银行更名为中国银行算起，已经有 130 年，由于它在中国的综合性银行中排名第 4，全球排名第 6，没有进入全球领军企业行列。江南造船厂的历史为 157 年，现在属于中国船舶集团有限公司。云南白药的历史为 120 年，目前在国内制药产业排名第 3，全球排名第 24。汉阳钢厂有 132 年历史，现在属于宝山钢铁股份有限公司。同仁堂有 353 年历史，但规模太小。贵州茅台酒股份有限公司的历史起点有 3 种说法：1704 年、1951 年、1999 年，其官网认定的历史起点为 1999 年。招商局有 150 年历史，但它没有整体上市，虽然拥有 13 家控股上市公司，参股了 17 家上市公司，但缺乏能够代表其综合实力和传承历史的旗舰上市公司。综上所述，中国少有的百年企业中还没有出现可以位列全球产业前 4 名的上市公司。

在 632 家世界领军企业中，中国企业有 89 家，其中历史最长的企业是中央企业中国中铁，成立于 1950 年，有 72 年历史。第二名美的集团也是民营企业中的第一名，成立于 1968 年，从当时的乡镇企业发展至今，有 54 年历史。还有 TCL，其成立于 1981 年，当时是一家集体所有制的电器修理铺，至今有 41 年历史。中国市场化企业的元年基本公认是 1984 年，这一年，今天的领军企业里的中国工商银行、万科、海尔等企业成立了。然后，紫金矿业成立于 1986 年，华为成立于 1987 年，中国平安成立于 1988 年，安踏体育成立于 1991 年，三一重工成立于 1994 年，中信证券成立于

1995 年，中国移动成立于 1997 年，腾讯、京东成立于 1998 年，阿里巴巴成立于 1999 年，百度成立于 2000 年，小米成立于 2010 年。在最年轻的 3 家企业中，工业富联成立于 2015 年，腾讯音乐成立于 2016 年，贝壳成立于 2019 年。中国 89 家全球领军企业的平均历史为 28 年。

由于特殊原因，除了国有企业之外，中国绝大多数企业的历史起点都在 20 世纪 80 年代之后。美国新兴产业的企业发展历史也基本始于 1980 年之后。今天，中国也出现了华为、中国平安、腾讯、阿里巴巴等全球产业中的优秀企业，这些企业显然还需要经过历史的检验。我们希望，在国家和全社会重视加快建设世界一流企业的背景下，中国能产生一批公认的世界一流企业，为中华民族的伟大复兴奠定坚实的产业和企业基础。

百年全球领军企业的启示

百年全球领军企业对我们最重要的启示在于，建设历史悠久、大规模、高效益的产业领军企业是完全可能的，我们要对此树立强大的信心。我们一定可以看到，在改革开放实行百年以后，中国将出现大量的百年全球领军企业，它们应该是奠定中国基业的重要经济基础。

对于百年企业而言，所谓的长周期，所谓的河东河西、沧海桑田的变化点，都是企业发展过程中的必经阶段，就像四季更替一样正常。冬天总会到来，今天不来明天也会来，总要做好过冬的准备，总要度过冬天，在冬天干冬天该干的事。冬天孕育着下一个春天，而低谷之后必然会迎来高峰。

除此之外，还有以下启示。

1. 专注于产业

我们看到，世界百年企业基本专注于某个产业长期耕耘，有 7 个产业里的前 4 名都是百年企业，并且百年企业在 15 个产业里的前 4 名中占据了 3 个位置，在 33 个产业的前 4 名中占据了 2 个位置，在 44 个产业的前 4 名中占据了 1 个位置。百年企业分布于共 99 个产业的领军企业行列之中，在 49 个产业里占据了冠军地位。

2. 良好的治理结构与代际传承方法

百年企业一定具有良好的治理结构、企业文化和代际传承方法。企业想要成为百年企业，首先要有一个优秀的创始人或领袖，从而形成优秀的企业文化，进而形成代际传承。一个百年企业一般要经历 5 代左右的领导人，如果有一代领导人能力不足，企业可能就会毁于一旦。百年企业的治理结构、企业文化和代际传承方法，值得想要进一步发展的企业研究学习。

3. 与时俱进的创新

百年企业往往会经历经济发展的高峰与低谷、社会繁荣与动乱、技术革命与产业颠覆，甚至会经历战争的考验。企业固然需要坚守一个产业，但也需要与时俱进，需要不断创新，否则不可能延续百年。例如柯达便是因不创新而消亡的企业，例如 IBM 便是与时俱进企业的典型例证，它从早期的专营点钞机演化至今，从未落后。我们看到，在快速发展的信息技术产业里出现了 IBM 这样的百年企业，与信息技术产业一道与时俱进，令人深受鼓舞。

4. 长期保持合理的规模与发展速度

百年企业在当今世界最优秀的企业中，并非都是排名靠前的，但它们在百年的发展过程中都经历过各种考验，因此它们的规模和发展速度是合理的、安全的。各种风险控制不佳的企业，已经在发展过程中被淘汰了。我们有理由相信，经过百年历史考验的企业，会在全球领军企业和世界一流企业的名单上存在更长的时间。

结束语

在 632 家全球领军企业名单中有 183 家百年企业，约占总数的 30%，而且其规模和效益高于平均值，这给了中国第一代企业家们很大的鼓舞。看来在全球市场风云变幻背景下的产业领军企业中，所谓"富不过三代"的铁律是可以被打破的。在中国市场经济大潮中诞生和成长起来的第一代企业家和领导集体要考虑企业的百年大计，要寻找对标的标杆，要认真探寻百年企业发展的基本规律，根据自身的产业和企业特点，努力建设中国第一代百年企业。我们预测，首个历史里程碑的检验点在 2080 年左右，尽管第一代企业家可能没有任何一位能够亲眼见证那个时点，但是，苍天有眼，民族有命，历史有载。

在 100 年内，一家企业
可能要经过 2~3 个经济长周期的考验，
可能要经历各种社会动荡甚至战争的考验，
而且在 100 年内，企业一定经历过
3~4 代企业领导人变更的考验。

1

百年全球领军企业
对我们最重要的启示在于，
建设历史悠久、大规模、
高效益的产业领军企业是完全可能的，
我们要对此树立强大的信心。

2

对于百年企业而言，
所谓的长周期，
所谓的河东河西、沧海桑田的变化点，
都是企业发展过程中的必经阶段，
就像四季更替一样正常。

3

4 在 632 家全球领军企业名单中
有 183 家百年企业，
约占总数的 30%，
而且其规模和效益高于平均值，
这给了中国第一代企业家们
很大的鼓舞。

5 我们预测，
首个历史里程碑的检验点
在 2080 年左右，
尽管第一代企业家
可能没有任何一位能够亲眼见证那个时点，
但是，苍天有眼，民族有命，历史有载。

日本为什么
有 33000 余家
长寿企业

吴 强

伟事达（Vistage）中国地区
特许经营权持牌人，上海老椅
子管理顾问合伙企业合伙人

　　微软公司创始人比尔·盖茨在 1995 年以 129 亿美元的身价成为世界首富，但很少有人知道在他之前的世界首富是谁。1987 年，美国《福布斯》杂志首次发布全球富豪榜，排名前 10 的名单中有 7 位是日本富豪。其中，两位日本房地产大亨还连续 8 年占据世界首富的位置：一位是西武集团的第二代经营者堤义明，从 1987—1994 年，他 6 次成为世界首富，身价最高时曾达 200 亿美元；另一位是森大厦和森信托控股的创始人森泰吉郎，他是 1991 年和 1992 年的世界首富，身价一度高达 150 亿美元。

但自 1994 年以后，就再也没有日本人登顶《福布斯》全球富豪榜，因为日本的财富泡沫破灭了。日本经济从 1990 年开始衰退，先是资产泡沫破裂，股市崩盘，楼市价格暴跌，并引发多家金融机构破产；随之而来的是实体经济陷入低迷，GDP 增速持续在低位徘徊，经常出现零增长甚至负增长。与此同时，普通日本工薪阶层的收入也逐年下降，消费能力大幅下降。

2015 年夏天，我陪同一些企业家朋友在日本考察，与不少日本企业家和经济学者交流。当时中国的 GDP 增速每年超过 6%，房价也还在不停上涨，中国企业家们对未来充满信心。而那时的日本深陷经济停滞已有 20 多年，日本同行和我们交流时，谈的都是对"失去的 20 多年"的反思和检讨，言语之间还不免掺杂着几分对中国的羡慕。

日本经济大周期

日本经济曾经也是全世界羡慕的对象。从二战结束到 1990 年的 40 多年间，日本经济一路向上，其中 20 世纪五六十年代是年均 GDP 增速在 10% 以上的高速增长期，20 世纪七八十年代是年均 GDP 增速为 4.38% 的中速增长期。连续 40 多年的增长，让日本在一片瓦砾中创造了经济奇迹，成为全球第二大经济体。但之后的日本经济进入了低速增长期，1990—2021 年的 31 年间，日本经济年均增长率仅为 0.9%。

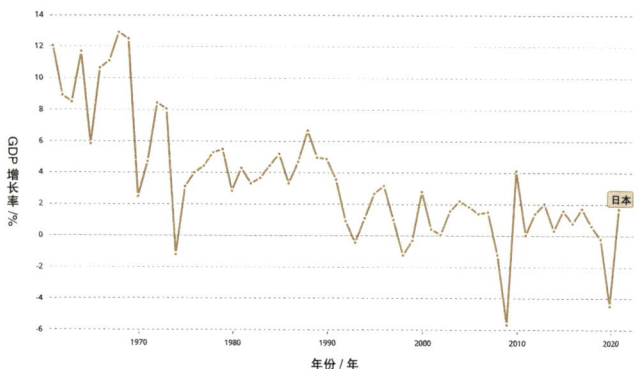

数据来源：世界银行国民经济核算数据以及经济合作与发展组织国民经济核算数据

图 1　1961—2021 年的日本 GDP 增长率

1945 年第二次世界大战结束后，日本作为战败国被美军占领。经过战火的摧残，日本约 42% 的财富被毁灭，失业人口达到 1300 万，民众陷入贫困。与战争初期相比，日本官方物价水平平均上涨 150%，黑市物价更是平均上涨 2900%，日用必需消费品大量缺乏，甚至还出现粮荒。

美国出于全球霸权的需要，把日本作为战后远东地区重要的战略支点，因此对日方针从原先的"全方位削弱"逐渐转变为"强化战后日本经济、军事和政治能力，并加以利用"。为了把日本拉进西方阵营，美国通过占领军帮助日本成立了新政府，制定了新宪法，走上了以经济建设为中心的和平发展路线。为了帮助日本，美国还派出了大量的工程师、经济学家和管理专家，帮助日本恢复经济、金融秩序，并为日本带去了美国企业管理的制度和方法。

1950 年 6 月 25 日，朝鲜战争爆发，巨大的军需订单成为日本经济的救命稻草。据日本通商产业省事后的整理记录，朝鲜战争爆发后一年内的军需订单全额就高达 3.38 亿美元。1951 年，日本的资本积累为 1949 年的 4 倍。至 1953 年，日本军需合同的累计金额已达 13 亿美元，军需订单美元收入占日本全国外汇收入的 38%。那几年，一传出战争快要结束的消息，日本股市就跌；一旦听说美国战事失利，还要继续打下去，日本股市就大涨。等朝鲜战争结束时，日本的经济和外汇储备已经从二战后的"一穷二白"中完全恢复过来。

整个 20 世纪 50 年代，日本把美国当作拯救者和学习对象，拼命学习美国的管理知识，引进美国的技术项目，那时的日本企业家们热衷于办管理培训班，把彼得·德鲁克、爱德华兹·戴明、约瑟夫·朱兰等美国管理学家请去讲课，还给一些人授予天皇勋章等最高荣誉。由于傍上了美国这条"大腿"，日本人重新填饱了肚子，对未来也充满了希望，年均经济增速达到 10% ~ 20%，人口出生率也大幅上升，日本人口从 1950 年的 8320 万增长到了 1960 年的 9342 万。

在 20 世纪 50 年代复兴趋势的推动下，20 世纪 60 年代日本经济继续保持高速增长，GDP 总量于 1967 年超过法国成为全球第 3，日本在这一年也首次成为人口过亿的国家。1968 年，日本在经济总量上超过当时的联邦德国，成为全球第二大经济体。

在经济高速发展的同时，日本为了消除贫富差距，促进国民共同富裕，在 20 世纪 60 年代还实施了一项"国民收入倍增计划"，要求国民收入跟上经济增长，实现 10 年增长一倍，结果这 10 年间日本的实际工资平均增长 83%，失业率也保持在 1.1% ~ 1.3% 的低水平，为拉动日本经济内需提供了强劲的动力。

1973 年，日本经济总量达到了 1953 年的 5 倍，人均 GDP 达到了 1953 年的 4 倍。随着经济发展，在日本传统工匠精神和美式管理方法的结合下，日本制造渐渐完成了从"价廉质劣"到"物美价廉"的转型，日本产品开始畅销欧美发达国家（地区）。尤其是20世纪70年代的两次石油危机以后，轻便省油的日本汽车大量进入美国市场，逐渐取代美国本土品牌，对美国制造业形成冲击。在内需和出口的拉动下，从20世纪70年代到80年代，日本经济进入成熟的中速区，经济增速持续保持在4%左右。

20世纪80年代中后期至20世纪90年代，日本经济进入鼎盛时期，人均GDP继续增长。1988年，日本的人均GDP首次超过美国，达到20485美元，在1995年更达到34302美元的峰值，比美国当年的人均GDP高1万美元。与此同时，日本的资产价格随之暴涨，以日经225指数为例，1983年还在8000点徘徊，1986年就到了13000点附近，1989年末更是到了38957.44点。

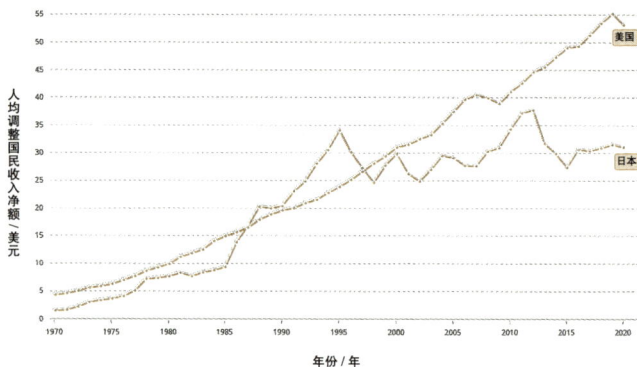

数据来源：世界银行国民经济核算数据以及经济合作与发展组织国民经济核算数据文件

图2　1970—2020年的日本、美国人均调整国民收入净额对比

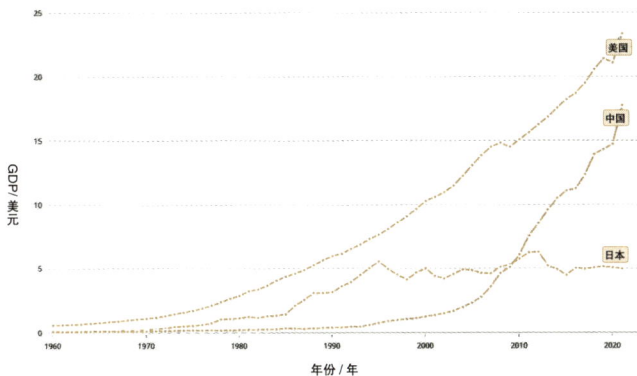

数据来源：世界银行国民经济核算数据以及经济合作与发展组织国民经济核算数据文件

图 3　1960—2021 年的日本、美国、中国 GDP 对比

伴随股价飞升的，还有日本的房地产价格。日本统计局数据显示，从 1986 年到 1987 年，东京都核心区的地价就实现了 3 倍增长，地价最高时东京都的住宅用地市值达到同年 GDP 的 1.5 倍。当时有人说，"卖掉东京就可以买下整个美国"，日本人也确实付诸行动了，1988 年日本在美国的不动产投资高达 165 亿美元，一年以后，日本三大房地产公司之一的三菱地所更是一口气买下纽约市中心的洛克菲勒中心 14 栋大楼。这让日本人自豪地说："虽然我们以前在战争中输给了美国，但现在我们在经济上战胜了美国。"

长达 40 多年的经济奇迹，让日本人自信心爆棚，9 成的日本人都认为自己是中产阶层，当时有一种国民意识叫"一亿中流"，绝大多数日本人都觉得自己过上了中产阶层的生活。

1985—1992 年，日本企业员工的人均年收入从 450 万日元涨到 600 万日元。当时 100 日元可以兑换人民币 8 块多，600 万日元相当于人民币四五十万元，而 20 世纪 90 年代初中国的人均月薪也就几百元，很多中国留学生在日本打一天零工就能赚到国内大多数人一个月的工资，相比之下，彼时的日本真的"遍地是黄金"。

但《道德经》中有句名言"物壮则老"，意思是事物发展到了鼎盛时期，就要走向衰退。

1989年12月29日是日本经济的鼎盛时期，也是日本经济由盛转衰的历史节点。当天，日经225指数（日本经济平均指数）触及38957.44的历史高位，但随后就开始下跌，至1990年10月1日暴跌至20000点以下，短短10个月，日本股市投资者的财富蒸发近一半。

随着股市的崩盘，日本全国范围内的土地价格也开始下跌。从1991年到1992年，日本两大主要城市东京和大阪的住宅用地价格分别下跌了15%和24%。至1992年年中，日本股市共计蒸发了超过300万亿日元的财富，东京都土地市场损失了约100万亿日元的市值。

但这只是开始，随后的20年间，日经225指数几度跌到1万点以下，最低的时候只有6994.90点；房地产价格同步暴跌，以东京为例，从1990年到2005年，住宅用地的价格指数从280最低跌到了100，商业用地的价格指数从350最后跌到了将近50。无数炒房人血本无归，下跌的惨状用"腰斩"都不足以形容，应该用"膝斩"。

我有一位朋友在20世纪80年代末移民到日本，在东京近郊的一所大学任教，他的一位日本同事就是在1992年买的房子，当时花了近8000万日元，那套房子现在也就值两三千万日元，而且房贷还没还完。前几年在日本买房的中国人也不少，在新房购入后不久，他们一般就会接到二手房中介的求购广告，但报价通常会比买入价低一些。这让购房者很诧异，毕竟中国人习惯了买完房等着增值，然而在日本，二手房是会和二手车一样贬值的。不过，最近一两年，东京的公寓价格出现上涨趋势，这倒是少见现象。

股市、楼市的崩盘，不可避免地引发了债务危机，让金融机构也遭受重创。据统计，1991—2003 年，日本有 181 家银行破产。

受经济不景气影响，日本企业员工的收入也在走下坡路。日本国税厅公布的《令和 2 年民间工资实态统计调查结果》显示，2020年的就业人员平均年收入比 2019 年减少了 3 万日元左右，仅为 433万日元，折合人民币 24 万元左右，和 1992 年鼎盛时期的 600 万日元（当时折合人民币 50 万元）没法相比。

日本经济泡沫破灭后的 30 多年，得益于中国崛起、全球化和互联网科技的推动，世界经济飞速发展，但日本经济几乎停滞不前。据《日本经济新闻》报道，自 1989 年至今，由世界主要股票构成的 MSCI 全球指数在同一期间上涨 5 倍以上，2021 年全球各国（地区）股市相继刷新历史高点，只有日经股指还未恢复到 1989年年底的 8 成。

另据 QUICK FactSet 统计，日本国内生产总值在 1994 年达到约占全球生产总值 18% 的峰值之后便一路下滑，2018 年以后跌破6%。日本大企业也跌出了全球第一梯队，在股票总市值排名世界500 强企业中，1989 年有 203 家日本企业上榜，2021 年 11 月只剩下 31 家，而这段时间里，世界 500 强企业中的中国企业数量却从3 家变成了 100 多家。中国经济快速崛起，并于 2010 年取代日本成为世界第二大经济体。截至 2021 年，中国的经济总量已经达到16.86 万亿美元，而日本的经济总量只有 5.1 万亿美元，还不到中国的 1/3。

为什么日本会"失去 30 年"

有人把日本经济泡沫破裂的原因归罪于"广场协议",认为这是美国遏制日本崛起的毒招。该协议签订于 1985 年 9 月 22 日,当时美国为了解决巨额贸易赤字问题,与日本、联邦德国、法国以及英国的财政部部长和中央银行行长在纽约广场饭店举行会议,达成美元对各国货币贬值的协议,以减少美国的贸易逆差。该协议自愿达成,并无胁迫一说,因协议在广场饭店签署,故该协议又被称为"广场协议"。

广场协议签订以后,各国开始抛售美元。1985 年 9 月,美元与日元的兑换比例在 1 ∶ 250 上下波动,协议签订后,在不到 3 个月的时间里,汇率快速下跌到 1 美元兑 200 日元附近,跌幅达 20%;到了 1987 年,汇率最低达到 1 美元兑 120 日元,在不到 3 年的时间里,美元兑日元贬值达 50%,也就是说,日元兑美元升值一倍。与此同时,英镑、法郎和德国马克都有巨幅升值,德国马克的升值幅度甚至比日元还要大。

但日元的升值并未解决美国贸易赤字的问题,在广场协议签署后的 5 年时间里,日本对美国的贸易顺差不仅没有缩小,反而进一步扩大,日本在 1985—1990 年的年均对美贸易顺差是 1975—1985 年平均水平的两倍。

与此同时,日元升值还大幅度提升了日元在全球的影响力和购买力,这为日本企业大规模海外扩张提供了良机,同时促进了日本产业结构调整。日本的海外投资规模在广场协议签订前的 1984 年为 101 亿美元,到了 1989 年就已达到 675 亿美元。

巨额海外投资被形象地比喻成"日本之外还有一个日本"。

日本财务省数据显示，截至 2021 年年底，日本海外净资产达到创纪录的 411.2 万亿日元（海外总资产 1249.9 万亿日元，海外债务 838.7 万亿日元），日本连续 31 年保持全球最大债权国的地位。要知道，2021 年日本的 GDP 总量为 542 万亿日元，日本海外净资产约为 GDP 总量的 75.9%，海外总资产约为 GDP 总量的 2.3 倍。从这个角度看，日元升值也有有利于日本经济健康发展的一面。因此，日本泡沫经济的形成和破裂，不该简单地归罪于广场协议和日元升值。

日本经济陷入长期衰退的原因还有另一种观点认为，日本经济衰退的主要原因是人均劳动时间减少、全要素生产率下降，通俗地讲就是人们有效的工作时间减少了，工作效率也下降了。

有效工作时间取决于劳动者的数量和人均工作时间。日本战后生育率猛增，第一次婴儿潮发生在 1947—1949 年，这 3 年出生了近 800 万人，占当时日本总人口的 10%；1973 年左右，日本新生人口再次攀上高峰，当年出生了 209 万人，迎来了第二次婴儿潮。据世界银行统计，20 世纪 90 年代初，日本 15~64 岁的人口占比达到接近 70% 的峰值，之后人口红利就逐年消失，2021 年，15~64 岁的人口占比降到了 59%。同样是从 1990 年到 2021 年，日本 65 岁以上的人口占比从 11.8% 增长到了 28.7%，14 岁以下的人口占比却从 18.4% 下降到 12.3%。

日本在 1990 年时候的老年抚养比（老年人口与劳动年龄人口之比）是 1∶5.8，2000 年变成了 1∶3.9，2022 年是 1∶2.1，等到 2050 年，一个日本年轻人要养 1.3 个老人。更可怕的是，日本的人口已经开始负增长，据统计，2012—2017 年这 5 年，日本总人口减少了 100 万，这相当于斯德哥尔摩的人口数量。按这个速度推测，在 2053—2057 年这 5 年，日本每年减少人口约 400 万，相当于一个悉尼市的人口数量。

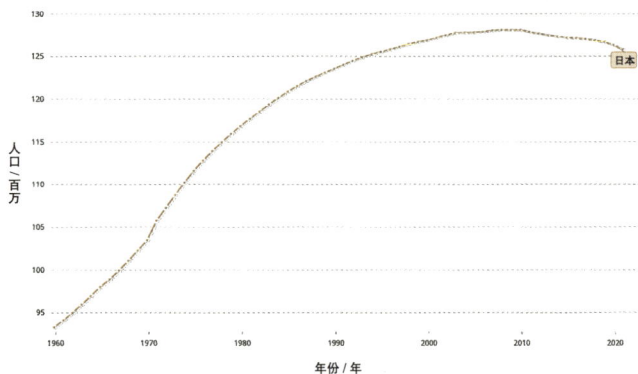

数据来源：联合国人口司、联合国统计司等

图 4　1960—2021 年日本人口总数

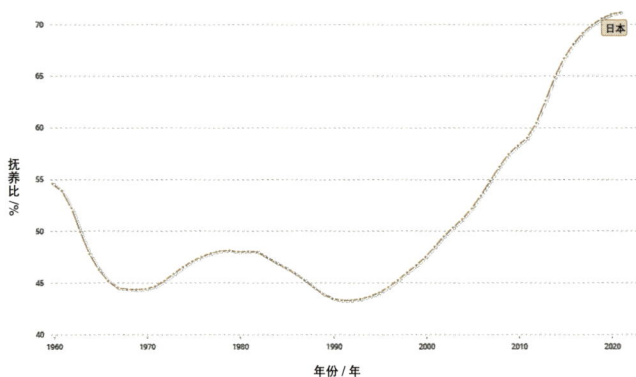

数据来源：世界银行工作人员利用世界银行人口和年龄分布的联合国人口司《世界人口前景》等素材进行估算

图 5　1960—2021 年日本抚养比（非劳动年龄人口占劳动年龄人口的百分比）

在日本经营企业，首先要考虑人口问题。在 2015 年那次企业考察中，我们见到了无印良品公司的社长金井政明先生，他在谈及公司战略时说："现在的日本人口是 1.2 亿，但到了 2100 年，日本的人口将会减少 60%，变成 4500 万，而那时候全球的人口将会变成 100 亿，所以我们必须要走全球化路线。"我们一行人对此产生了深刻的印象，中国很少有企业会认真考虑 100 年以后的事情，更不会基于 100 年的人口变化来制定公司战略。

除了劳动人口减少，日本人的工作时间也在减少。在经济高速增长期，日本的企业热衷于"996"。1988 年开始，有一些社会组织开始关注"过劳死"现象，并推动政府立法，维护"过劳死"受害者权益，这些维权行为最后导致《过劳死等防止对策推进法》出台。据 2020 年日本厚生劳动省发布的《过劳死等防止对策白皮书》显示，日本人的年均工作时间已从 1993 年的 1920 小时下降到 1669 小时，降幅约为 13%。

财富是靠劳动创造的，劳动人口和人均劳动时间的减少，直接导致创造财富的时间总量少了，从这个角度看，日本就算没有资产泡沫破灭的劫难，持续的经济增长也难以维系。

全要素生产率是另一个影响经济的指标，它是一项反映资本及劳动投入的综合性效率的指标。比如，同样投入一元的资本和一小时的劳动时间，简单体力劳动的产出效率通常比复杂技术劳动要低。

20 世纪 90 年代以来，日本的全要素生产率大幅下降。据 JIP 数据库统计，日本全要素生产率在 20 世纪七八十年代的 5 年平均增长率分别为 1.51%、1.99%、0.98% 和 1.79%，但 20 世纪 90 年代的平均增幅低于 0.2%；进入 21 世纪后，除了 2000—2005 年曾达到 1.07% 外，2005—2010 年一度归零。另据经济合作与发展组织

（OECD）统计，日本的劳动生产率在 20 世纪 90 年代初曾一度接近美国的 80%，而 2010 年只有美国的 67%，也低于英国、法国、德国、意大利等国家和地区。

对于日本劳动生产率下降的原因，我请教过日本樱美林大学的任云教授，他认为，日本战后的经济体系中，银行金融系统、企业系统、业界团体和政府之间存在着紧密的合作关系，在经济上升期，这种横纵紧密合作的结构可以集中资源、降低风险，为经济增长发挥积极作用。

日本的金融和资本市场由传统银行主导，而银行总是以防范风险为重。在经济下行期，银行为了让自己的贷款不变成坏账，会为本该被淘汰的企业提供过度的支持和保护，这导致大量的资金用于拯救僵尸企业、低效企业，生产要素的配置缺乏效率和流动性，让新兴产业、创新企业得不到有效支持。

英美国家在经济低迷期，生产效率低的企业会因为适应不了环境而被淘汰，而退出的资金和人才资源会通过市场的重新配置转移到生产效率高的企业和行业。日本的"银企抱团"模式在经济向好时，可以起到"集中资源办大事"的作用，但在经济不好时反而会造成市场新陈代谢功能的弱化。很多生产效率较高的大企业，又纷纷将工厂迁往海外，这进一步导致日本本土的生产效率更新能力下降。

强大的银行体系还导致了企业直接融资市场的退化，日本的风险投资行业一直发展不起来。如果按国别观察 2021 年风险企业投资的流入额，第 1 位是美国的 3761 亿美元，第 2 位是中国的 611 亿美元，而日本只有区区 35 亿美元，不到美国的 1%。我有一位朋友毕业于斯坦福大学商学院，曾在一家美资投行的日本分公司工作，据他所说，斯坦福大学 MBA 的校友会名单中，100 个日本校友中有 95 个都在大企业上班；而 100 个中国校友中，有 95 个人不是在做投资，就是在创业。以这样的风险投资和创业环境，日本必定会在互联网经济中落败。

所以，1990 年开始的日本资产泡沫破灭，只是日本经济持续30 多年低迷的诱因，其深层次的原因，一方面是社会进入高龄少子化阶段，人口红利消失，经济增长失去了支撑和动力；另一方面是过去创造经济奇迹的日本模式，在新的经济和技术环境下反倒成了经济效率提升和发展的阻碍，让日本失去了全面产业升级的机会。

在下行经济中寻找红利

2021 年 2 月，日本经济界格外兴奋，因为"日经指数终于重回 3 万点，回到 1992 年的水平"，但其实 1992 年的最高水平是38000 点，所以严格来说套牢在顶部的人还没回本。《日本经济新闻》还做了一次专题报道，介绍了过去 30 年来股价上涨最多的公司，涨幅排名第一的是一家叫似鸟控股（NITORI Holding）的家居家具连锁店，30 年涨了 57 倍。这个涨幅放在中国也许不稀奇，但在日本就很令人诧异。

尽管过去 30 年日本的经济环境很差，但这毕竟是一个拥有 1.2亿人口、年人均 GDP 超过 4 万美元的巨大市场，企业只要顺应消费者需求和时代潮流，还是有很多发展机会的。一大批优秀的企业是在看似萧条的环境中逆势崛起的，比如优衣库、7-11 集团、无印良品、软银、乐天、日本电产等，反倒是很多 20 世纪七八十年代的明星企业，渐渐退出了经济舞台的中央。

以曾经的世界首富堤义明为例，他统领的西武集团在鼎盛时期，员工总数超过 10 万人，总资产达 1650 亿美元，一度控制着日本饭店、铁路、百货、游乐等诸多产业，拥有日本 1/6 的经营性土地，连松下电器创始人、日本"经营之神"松下幸之助都称赞他的经营才能："堤义明能比一般企业家更先洞察出局势走向，他的才华将使他成为日本最了不起的企业家。"

但随着 1990 年的日本资产泡沫破灭，西武集团旗下的各宗资产价值跌得面目全非，公司债务率飙升，仅旗下的国土计划公司的负债就超过 10000 亿日元。并且，从 1996 年开始，西武集团连续 9 年出现赤字，仅 2004 年就亏损 93 亿日元，堤义明的个人财富也缩水至 30 亿美元。

跌落神坛的堤义明此后丑闻不断，2005 年，71 岁的堤义明因涉嫌发布虚假财务信息、伪造财务报表和非法进行内部股票交易等多项罪名，被判处两年半监禁，缓刑 4 年。同年，西武铁道被东京证交所勒令退市，随后瑞穗银行入驻西武集团，对集团资产做全面清理，转售多个滑雪场、酒店、棒球队并大幅裁员。如今，堤义明已不再持有西武集团的股份，个人财富也所剩无几，网传他的净资产在 2019 年时仅剩 150 万美元。

当年与堤义明齐名的另一位世界级富豪是森大厦和森信托控股的创始人森泰吉郎，1993 年 1 月，他在世界首富的宝座上带着遗憾去世，因为在 1986 年日本房地产市场处于巅峰之时，他主导开发了日本最大规模的都市更新计划六本木新城，但因为日本房地产泡沫破裂，这个项目的开发最后用了 17 年时间，直到 2003 年才最终完成。据说，在交付项目时，不少人都是抱着离世家人的牌位前来收房的。

　　森泰吉郎的财富被他的儿子森稔和森章继承，大哥森稔成为森大厦株式会社的社长，后来转战海外，上海的标志性建筑上海环球金融中心就是其代表作；弟弟森章则担任起森信托社长，2009 年森章在日本《福布斯》富豪榜上排名第 4，到了 2021 年，他的财富排名已经跌到日本的第 14 位。

　　我曾对比过 2009—2021 年的日本《福布斯》富豪排行榜的变化，从中也可以看出一些日本财富变迁的端倪。这 12 年间，日本排名前 50 的富豪，人均财富从 1652 亿日元增长到了 5490 亿日元，年复合增长率为 10.5%；而排名前 10 的富豪的人均财富更是从 3790.5 亿日元增长到了 17749 亿日元，翻了约 4.7 倍，年复合增长率为 13.7%；同期中国排名前 10 的富豪，人均财富从 360 亿元增长到了 2588 亿元，年复合增长率高达 16.9%，仅比日本高 3.2 个百分点。

表 1　2009 年日本《福布斯》富豪榜前 10 位

名次	人名	公司名称 / 品牌	行业	资产金额 / 百万美元	登榜时年龄 / 岁
1	柳井正	迅销	服装零售	5795	60
2	武岛邦男	三协	博彩业	4940	83
3	山内博	任天堂	电子游戏	4275	81
4	森章	森信托	房地产	3990	72
5	孙正义	软银	信息技术 / 通信	3705	51
6	系山荣太郎	新日本旅游代	高尔夫球场	3515	66
7	三木谷浩史	乐天	互联网服务	3420	44
8	佐治信忠	三得利	酒和饮料	3325	63
9	武井博子	武富士	消费金融	2660	67
10	滝崎武光	基恩士	电子设备	2280	63
平均值				3790.5	65

表 2   2021 年日本《福布斯》富豪榜前 10 位

名次	人名	公司名称 / 品牌	行业	资产金额 / 百万美元	登榜时年龄 / 岁
1	孙正义	软银	信息技术 / 通信	48920	63
2	柳井正	迅销	服装零售	46270	72
3	滝崎武光	基恩士	电子设备	28420	75
4	佐治信忠	三得利	酒和饮料	10690	75
5	长森重信	日本电产	电子设备	9920	59
6	高原孝久	优佳产品	个人消费品	8810	56
7	三木谷浩史	乐天	互联网服务	8260	77
8	似鸟昭雄	似鸟控股	家具家居	5730	56
9	重田康光	光通信	信息技术 / 通信	5620	68
10	武岛秀之	三协	博彩业	4850	68
平均值				17749	66.9

中日富豪的财富规模增长差距看上去不大，但两个国家的经济增速却有天壤之别。世界银行数据显示，2009—2019 年的 10 年间，中国年度 GDP（按现价人民币计）从 38.85 万亿元增长到了 98.65 万亿元，年复合增长率超过 9%；日本年度 GDP（按现价日元计）从 489.5 万亿日元增长到了 539 万亿日元，年复合增长率仅为 1%，如果排除日元贬值因素，日本年度 GDP 可能是负增长。由此可以看出，经营企业就像驾驶帆船，只要善于驾驭，无论遇到顺风还是逆风，都能将其转化为前进的动力。

这些年来，日本富豪榜首一直是孙正义和柳井正的"二人转"，他们分别是软银集团和迅销集团（优衣库母公司）的创始人。直到疫情暴发，由于全球电子产品需求激增，知名电子传感器生产商基恩士的股价翻了 2 倍，创始人滝崎武光的身价攀升至 380 多亿美元，滝崎武光成为新一届日本首富。

上文提到，日本经济衰退的影响之一是人们收入减少。口袋里的钱少了，人们首先想到的是省吃俭用，在衣、食、住、行、教育、娱乐等方面节约开支。据统计，从 2000 年到 2012 年，日本 2 人以上家庭的消费支出下降了 10%，其中服装鞋帽的消费下降 30%，家具家居的消费下降也接近 10%。因此，服装、家居、家具及相关零售业受冲击最大。

从俭入奢易，由奢入俭难。日本消费者在有钱的年代培养出了高消费的习惯，变穷以后很难再用回品质一般的产品。日本企业界由此兴起了一种说法叫"经济民主主义"，意思是要实现穷人和富人在经济上的平等。这种平等不是以缩小贫富差距的方式完成（日本的基尼系数不到 0.3，日本是亚洲贫富差距最小的国家），而是实现"让工薪阶层花很少的钱，就可以过上原来只有富裕阶层才能过上的生活"，在消费体验上实现"平权"。

因此，很多日本企业开始调整自己的经营模式，生产和销售"高性价比商品"，让消费者花更少的钱，用上和原来品质相当的产品。典型的企业就是无印良品，从名字就可以看出来，这家企业的理念就是做"没有品牌印记的好产品"，从而让消费者享受"有理由的便宜"（因为没有品牌溢价）。这种理念得到了消费者的认可，并使无印良品得到了快速发展。截至 2021 年 8 月，无印良品已开了 1068 家店铺，其中海外店铺就有 571 家。

30 年里股价涨了 57 倍的似鸟控股也是一家信奉"经济民主主义"的企业，该企业于 1967 年创立于北海道，从一家家具店起步，经过 20 多年奋斗才只有十几家店铺，1989 年勉强在札幌证券交易所上市，因为名不见经传，常被人误读为"小鸡"公司（鸡的日语发音为 niwatori，和鸟的日语发音 nitori 很像），但谁也没想到，这只不起眼的"小鸡"越飞越高，最后成了一只"金凤凰"。据野村证券统计，截至 2019 年，似鸟控股的收入和利润已经实现连续 30 年的正增长，是全日本增收增利最大连续期数的上市企业，这 30 年正好是日本经济连续衰退的 30 年。

似鸟控股的业绩发展之所以如此迅猛，是因为该企业引入了由美国著名服装品牌 GAP 开创的 SPA（Specialty Retailer of Private Label Apparel，专用品牌服装零售商）模式，整合了商品策划、生产制造、物流仓储和零售服务等全部环节，并通过和中国、东南亚地区的供应商合作，手把手地教会他们日式品质管理和成本控制方法，让似鸟控股的家具家居产品实现了"价格不断向下、品质不断向上"，从而赢得了市场竞争。

在 2009—2021 年 8 次当选日本首富的柳井正，其创立的优衣库服装连锁店在 1990 年之前只有 20 多家店铺，而且大多开在偏远的小城镇。优衣库也是依靠 SPA 模式，专注于基础款式但有品质的平价服装——人们在经济泡沫时期是不屑穿这类服装的，但经济下行以后，市场需求反而越来越大——从 1990 年到 2000 年，在经济下行最严重的这 10 年里，优衣库的店铺反而从 25 家发展到了 433 家，翻了约 17 倍。

在拓展国内市场的同时，优衣库还有布局全球的眼光，2000 年以后，迅销集团开始筹划发展海外业务。2002 年，优衣库在日本之外的门店只有 15 家；2017 年，其海外店铺发展到了近 1200 家；而到 2020 年 8 月底，优衣库光在中国的门店就有 767 家。这家企业一度成为全球市值最高的服装企业，这也让柳井正在 12 年间 8 次登顶日本富豪榜。

迅销集团表面上是一家传统的服装企业，但其实这家企业的生产率非常高。几年前我曾对比一些热门企业的人均产值（按人民币计算），结果发现，高科技企业的人均效率非常高，当时苹果公司的人均产值约 1300 万元，Facebook 和谷歌的人均产值约 900 万元，丰田、微软的人均产值约 500 万元，腾讯的人均产值不到 400 万元，但也是很高的。令人大跌眼镜的是，优衣库的人均产值也接近400 万元，和腾讯差不多，超过了华为、阿里巴巴和 IBM。

日本有很多企业家都是靠吃"经济下行红利"进入富豪榜的。可能有些人会疑惑，经济下行哪里还有"红利"呢？其实不然，在经济不好的时候，人们的收入和资产减少，但由于在经济好的时候养成了消费习惯，所以人们会希望用更少的钱过上和原来差不多水平的生活，谁能满足这种需求，谁就有生意机会。

比如平价鞋连锁店 ABC-MART 的创始人三木正浩、廉价快餐店 SUKIYA 的创始人小川贤太郎、平价服装店岛村（SHIMAMURA）的创始人岛村恒俊等，他们做的都是高性价比的生意，通过帮消费者省钱来赚钱。因此，在 2021 年的福布斯日本富豪榜中，他们分别排名第 16、第 34 和第 37。

日本还有一类企业这些年发展较快，它们通过科技创新和精益生产把自身优势发挥到极致，在全球产业链中占据了不可动摇的地位。它们产品应用广泛，很多普通消费者不知道它们的存在，但只要它们一"感冒"，整个行业都会跟着"打喷嚏"。

新晋日本首富泷崎武光创办的基恩士就属于这一类企业。基恩士成立于 1974 年，经营传感器、测量控制设备和仪器、图形处理设备等高科技产品，这些产品广泛应用于汽车、半导体、电子、电气设备、通信等制造业领域。基恩士宣称自己优先级最高的问题是"继续创造高附加值的产品"，所以非常注重研发和创新，其 70%的新产品属于世界首创和行业首创，在全球 46 个国家（地区）有

30 多万家客户。

在 2021 年日本《福布斯》富豪榜中排名第 5 的永守重信所经营的日本电产也属于这类企业。该企业立志"把从小到大能旋转的东西做到世界第一",发展成为世界第一的综合电机生产商,大到工程机械,小到手机仪器,离开了日本电产的旋转电机,性能都会大幅衰减。

日本还有一家名叫禧玛诺的百年企业,从 1956 年起开始生产自行车变速器,目前占领了全球 70% ~ 80% 的高端自行车零部件市场份额,这家企业在研发创新方面的投入巨大,总是把最新的材料和技术应用在自行车零部件设计上,企业的设计人员也定期与顶级赛车手见面,讨论未来的产品原型。技术上的绝对领先和对正确技术路线的把握,让这家企业成为绝大部分自行车厂家的必选合作伙伴,该企业也获得了高出业内平均值 15% 的投资回报率。

1990 年以后,日本在电子消费品行业节节败退,市场份额被中国企业占领,索尼、日立、东芝、三菱、松下这些电子巨头利润下降,被迫向很多行业的上游转移。但需要看到,它们之所以能往科技含量更高的上游迁移,是有强大的基础科学研究实力支持的。从近年来与科技发展关系较大的理工科诺贝尔奖获得情况看,2010 年至 2021 年,日本有 12 人获诺贝尔奖,主要集中在物理、化学、医学领域。

诺贝尔奖获得情况反映的只是一个国家(地区)科技实力的冰山一角,其下未显露的是大量学术成果、研究经费和科研人员的投入,可以想象,日本各行各业的基础科学研究实力是非常强的。正是由于拥有发达的基础科研水平,日本的高端制造业、精密半导体、精细化学、生物制药等产业才能涌现大量隐形冠军企业。

在日本还有一类企业，它们通过对全球产业投资布局来摆脱经济低迷的影响，获得新的增长动力。最典型的就是近 10 年来连续 4 次登顶日本《福布斯》富豪榜的孙正义，他于 1981 年创办的软银集团早期从事信息服务业务，做过雅虎在日本的代理，后来进入通信产业，并获得苹果手机在日本最早的代理权。后来，软银集团开始涉足海外投资，从对阿里巴巴的投资中获得巨大收益，某种程度上也算沾了中国经济发展的光。尝到海外投资的甜头后，孙正义设立愿景基金，对全球科技产业进行投资，这种策略让他的财富增长完全跳出了日本经济的局限性。

在经历了持续 30 多年的经济不景气、人们收入负增长的困境后，日本产业格局和市场需求也出现了巨大变化，在经济下行的背景下，新的财富红利来源主要有 3 个方面：第一是立足日本，顺应经济下行时代的消费需求，通过高性价比的产品和服务抢占市场；第二是跳出发展停滞不前的日本市场，在全球化的过程中寻找新的增长点；第三是不断创新、苦练内功，通过提升企业科技含量和精益制造水平，让自己的产品独步于天下。

百年企业——日本经济的蓄水池

经济不会永远向上，也不会永远向下，周期性波动才是常态。对企业而言，衡量成功与否有很多标准，比如市值、市场份额、盈利能力等，但还有一个标准是企业能否穿越周期，在各种环境条件下都能活下来。如果以这个标准衡量，相对全世界其他国家（地区）的企业而言，日本企业的生存能力是最强的。

帝国数据银行（TDB）收录的 144 万家企业信息显示，截至

2020 年，日本创业年数超过 100 年的企业有 33076 家，占全球百年企业数量的 41.3%；创业年数超过 200 年的企业有 1340 家，占全球百年企业数量的 65%，其中江户开府（1602 年）之前创业的有 114 家。日本还有 7 家千年老店，其中一家叫金刚组的寺庙建筑企业，创建于公元 578 年，是世界上最长寿的企业；另外有一家叫西山温泉庆云馆的温泉酒店，连续经营了 1300 多年，是世界上寿命最长的酒店。

日本的百年企业中不乏大型企业，比如朝日啤酒（创立于 1889 年）、花王（创立于 1887 年）、松下电器（创立于 1918 年）等，但 80% 的百年以上的长寿企业都是规模为年销售额 10 亿日元（折合人民币 5000 多万元）以下的中小企业。

表 3　各国百年企业数量情况

排行	国家或地区	寿命在 100 年以上的企业数量 / 家	比例	排行	国家或地区	寿命在 200 年以上的企业数量 / 家	比例
1	日本	33076	41.3%	1	日本	1340	65%
2	美国	19497	24.4%	2	美国	239	11.6%
3	瑞典	13997	17.5%	3	德国	201	9.8%
4	德国	4947	6.2%	4	英国	83	4.0%
5	英国	1861	2.3%	5	俄罗斯	41	2.0%
	总计	73378	91.7%		总计	1904	92.4%

数据来源：《日中长寿企业经营比较》，根据 TDB 调查、周年事业研究所 "2020 年版百年企业篇" 制作

表 4　日本长寿企业情况

年销售额	2014 年		2019 年	
	长寿企业数量 / 家	比例	长寿企业数量 / 家	比例
1 亿日元以下	11361	41.6%	13802	41.5%
1 亿 ~ 10 亿日元	10940	40%	12971	39%
10 亿 ~ 100 亿日元	3844	14.1%	4922	14.8%
100 亿日元以上	1190	4.3%	1546	4.7%
总计	27335	100%	33241	100%

资料来源：日经，TDB，《日中长寿企业经营比较》

　　日本长寿企业在日本所有企业中的占比为 2% 左右，这个比例还在逐渐提高，随着时间的推移，百年企业的数量还在不断增加，2014 年日本的百年以上企业为 27335 家，2019 年达到了 33259 家。从数量上看，百年企业在 5 年里增加了约 21.7%，这一方面的确是因为近 5 年来越来越多的企业活过了 100 岁，另一方面可能是因为之前有很多百年企业没有进入 TDB 数据统计。

　　很多日本长寿企业并不把"长寿"作为卖点，就像很多日本餐厅拒绝参加米其林餐厅评比一样，它们喜欢按照自己的方式运营，而不是按照流行标准评价自己。

　　几年前，我专程去住了一次西山温泉庆云馆的温泉酒店，旨在体验一下千年企业的服务。这家酒店位于山梨县比较偏僻的位置——在富士山西边的崇山之中，从东京前往没有直达车，需要转两次电车，到站后还要坐 20 多分钟巴士才能到达。

　　这家酒店的住宿和餐饮定价在日本的温泉酒店中属于中等偏上的，我一度觉得，这家酒店位置那么偏僻，价格却这么贵，估计是仗着"千年老店"的名气。但到店的那一刻，我就有了一种宾至如归的感觉，无论是酒店大门口还是入住的房间门口，甚至用餐的餐厅隔间门口，都预先放置了我的姓名牌。酒店房间的设施也很齐全，从最新的胶囊咖啡机到高级音响一应俱全，餐食和温泉也相当不错。更令我印象深刻的是，我从到店到离店，都由同一名员工接待，给人一种专属服务的感觉。

带着"朝圣"千年老店的想象，我本想去酒店的历史陈列室看看，但转遍了酒店也没发现这样的地方，甚至连一面挂历史照片的公共墙壁都没有，看不到千年历史的痕迹。后来我直接去前台问："据说你们这家酒店有 1300 多年的历史了，在哪里能看到千年历史的展示呢？"前台人员被我问得有点蒙，等明白我的意思后，才转身指着身后柜子上的一个镜框说："这个是吉尼斯世界纪录，上面写了我们这家酒店是世界上最古老的酒店。"

在回去的路上，我才领悟到，这家酒店持续经营千年的诀窍就是 8 个字："与时俱进，不吃老本"。酒店给客人留下的印象是，就算它不是一家"千年酒店"，也是物有所值的。这家酒店的价格不低，就算它是一家普通酒店，定价与客人的体验也是相符的。酒店似乎并不把"千年老店"这件事放在心上，即使拥有吉尼斯世界纪录认证的千年品牌，也不肯吃一分钱老本，而是把每一天当成第一天、把每个客人当成第一个客人，去做好自己的工作。

百年企业的经营会跨越几代人，所以对于经营的态度，现在和初代企业会有所不同。中国现在很多企业家都是第一代创业者，考虑更多的还是企业如何发展的问题。但对长寿企业来说，创始人之后的每一代经营者，都至少要考虑 3 个问题——继承、发展和传承。先把上一代人交给自己的企业做好，维护好过去的客户和口碑；然后进行一定的创新和发展，让企业跟上时代的变化，不被轻易淘汰；最后，不能自己把钱赚完、把资源榨干、把路走绝，而是要考虑给后人留下可持续发展的事业。所以，在很多长寿企业中，每一代经营者都有着自己对企业的特殊使命，在他们手中，企业往往能上一个台阶，但历代经营者又似乎形成了某种跨越时空的默契，坚守着企业的初心。

比如日本的知名游戏企业任天堂，2019 年该企业的年销售额达 120 亿美元，净利润达 24 亿美元。这家企业也是经过 130 多年的磨砺，从一家做游戏纸牌的小企业发展成为全球电子游戏行业巨头的。1889 年，不到 30 岁的山内房治郎在京都东山区创立了一家名为"任天堂骨牌"的小工厂，这家工厂在他手里经营了 40 多年，小有成就。由于膝下无子，他便招了个入赘女婿，让他改姓山内。

这位叫山内积良的女婿接班后，成立了专门的销售公司，改善了生产体系和经营效率，并增加了纸牌产品的品种，让任天堂的年销售额增长到了 1300 多万日元，因而任天堂成了当时比较成功的企业。因为没有儿子，山内积良又招了个入赘女婿，本来准备把公司传承给他，可惜这位女婿酗酒，并在一次酒后失踪了。不过，这位失踪的女婿让山内家有了一位男丁，名叫山内博。

1949 年，山内积良突发脑中风去世，年仅 22 岁的山内博从大学退学回家接掌家业，并对公司进行了改革，4 年后，任天堂的纸牌占领了日本市场 60% 的份额并成功上市。之后经过多年探索，任天堂逐步进入电子游戏产业。1977 年，50 岁的山内博为表示对公司转型的决心，不顾母亲的反对，把名字改成山内溥，以表示向赌博用具相关的纸牌行业彻底告别。后来，任天堂开始进入全球市场，并陆续推出"魂斗罗""超级马里奥""俄罗斯方块""动物森友会"等一系列风靡全球的电子游戏，成为全球最大的游戏主机制造商。

所以，我们不能认为长寿企业是"老企业"，相反，很多长寿企业在坚守不变的价值观和传统的同时，能根据时代发展及客户需求变化，不断进行产品和科技创新，而且这些企业也非常愿意引进先进的生产和管理方法，吸引、培养业界一流人才。

长寿企业还比较注重现金储备。也许是因为见过的风浪多了，长寿企业在企业发展和安全之间，会更偏向安全。

我有一位朋友在生田产机工业株式会社工作，这是一家成立于1919年的中小企业，只有70多名员工，专门生产一种工业加工设备。我和朋友聊起疫情对企业的影响，他说："在疫情刚暴发的时候，我们社长就和大家说，不要慌，公司一直保存着3年的资金储备，就算未来3年没有一分钱进账，公司也能经营下去。"疫情暴发到现在已经有3年了，他们公司的业务虽然受了一些影响，但没有伤及元气。

松下幸之助、稻盛和夫这些著名的日本企业家都提过，经营企业难免遇到经济状况不好的年景，所以要建立"资金蓄水池"，以备不时之需。以稻盛和夫曾经工作过的日本航空为例，在2020年3月，日本航空的现金存款为3291亿日元，销售现金比率保持在23%，现金储备比竞争对手高出10倍，这就是继承了传统日本企业家的稳健风格。

这种稳健经营的理念并不是松下幸之助、稻盛和夫等人首创的，而是很多日本长寿企业坚守的理念，因为长寿企业都经历过不同的经济周期、技术周期，也经历过战争和政权更迭，了解经济和社会的不确定性，所以不去"赌国运"，而是把"活下去"作为企业的最高原则，因此，长寿企业会更重视现金储备，并会和产业生态的各个利益方发展牢固的联盟关系。虽然有时候，过量的现金储备、联盟关系中的低效部分都会影响企业发展速度，但牺牲效率换取更多的安全空间，也是长寿企业的一种选择。

除了重视现金储备，长寿企业还普遍采取员工终身雇佣制度，大多数企业还有浓厚的乡土情结，除了为所在区域在纳税和就业方面做贡献外，还会以各种形式帮助乡土地域，小到修桥铺路，大到兴办教育，有意识地带动当地产业链和行业的发展，实现当地社会的共同富裕。我曾经访问过京都一家有 300 多年历史的企业，其绝大部分员工来自周边乡镇，而且从不主动解雇员工。该企业还有一家美术馆，专门投资收藏一些本地画家的作品，默默为振兴地方文化做贡献。这种对乡土的反哺让企业得到了地方的持续支持，这也是长寿经营的秘诀之一。

日本作为儒家文化圈的国家，或多或少受到"修身、齐家、治国、平天下"理念的影响，很多百年企业的经营者把企业当作"修身"的道场，以"齐家"的态度看待企业组织发展和人才培养。同时，很多百年企业创始人和传承者不会把企业当成个人的"敛财私器"，而是视企业为"社会公器"，他们认为企业存在是为了给社会解决问题、创造价值的，很多初代经营者甚至带有强烈的家国情怀。这种理念与美国管理学家彼得·德鲁克先生所说的"企业是社会器官"的观点不谋而合。

持续的经济衰退、资产价格暴跌、人们的工资还逐年递减，这要是换作其他国家（地区），估计社会矛盾早已激化到难以收拾的地步，但是到日本旅游过的人都知道，日本并没什么突出的社会矛盾，大部分人都不追求大富大贵，而是安心工作、安定生活。之所以如此，在某种程度上也是因为大量百年企业起到了蓄洪池和稳定器的作用。

　　日本从战后的 40 年经济崛起，到 1990 年开始的 30 多年经济衰退，经历了长周期下的大起大落，宛若坐了一次漫长的过山车。这个过程让日本企业在战略和运营层面、在商业模式和管理模式层面，都有了非常深刻的变化。这些变化非常值得今天的中国企业家研究和思考，其中的成功经验可以供我们参考，惨痛教训更值得我们引以为戒。

在日本传统工匠精神和
美式管理方法的结合下，
日本制造渐渐完成了从
"价廉质劣"到"物美价廉"的转型。

1

一大批优秀的企业是在
看似萧条的环境中逆势崛起的。

2

经营企业就像驾驶帆船，
只要善于驾驭，
无论遇到顺风还是逆风，
都能将其转化为前进的动力。

3

4

在很多长寿企业中，
每一代经营者都有着自己
对企业的特殊使命，
在他们手中，
企业往往能上一个台阶。

5

很多百年企业创始人和
传承者不会把企业当成
个人的"敛财私器"，
而是视企业为"社会公器"。

向死而生，
德国博世
百年传奇路

周掌柜
知名商业战略专家

编者按： 博世成立于 1886 年，是名副其实的工业巨擘；其全球雇员超过 40 万名，在超过 60 个国家（地区）有 440 家子公司和区域性企业，有 125 个研发基地分布在世界各地；它也是一家典型的在英德贸易战中崛起的世界性工业集团，是德国"实业立国"战略的标志性公司。

本文基于周掌柜战略咨询团队中多位欧洲合伙人研究的大量博世公司高管访谈资料、德文史料和权威历史学家的论述，用轻传记的方式为大家讲述博世的传奇故事，深度解读德国制造华丽转变背后的成长。本文希望能为中国企业提供一个全球化视角和历史观视角，为中国企业家带来深刻思考。"实业 + 普惠"的德国工业化道路能否为"中国特色"带来借鉴？这也是本文贯穿始终的追问。希望中国企业能在全球本地化落地，融入不同文化，树立全球性标杆，跨越周期，服务世界。原文约 4.5 万字，限于篇幅，本文做了较多删减。

研究博世，我们需要从 200 年前的欧洲谈起。博世是一家典型的在英德贸易战中崛起的世界性工业集团，以它为代表的德国工业的崛起和今天中国制造业的全球化有许多相似之处。

18 世纪中叶，英国的工业革命确立了英国在全球不可撼动的工业霸主地位，也拉开了它与法国、德国等国家的差距。于是大量法德工厂模仿英国企业，侵犯了许多英国企业的知识产权。英国企业决心联名抵抗，它们推动英国议会通过了《商品法案》，明文规定进口商品必须写明出处，"Made in Germany"（德国制造）由此诞生，用意在于和高品质的英国制造进行区别。

然而让人始料未及的是，德国工业并没有在英国人的愤怒中停下脚步，并且很快显示出青出于蓝而胜于蓝的势头。究其原因，一是当时德意志帝国皇帝对内实行的工业和贸易保护主义政策，坚决保护本国市场；二是德国举国上下向英国虔诚且不计成本地高强度学习，模仿先进经验后迅速投入生产，在市场的检验中修正进化。当时英德两国之间制造业的猛烈碰撞与今天各国（地区）间的贸易摩擦相比，有过之而无不及，而竞争的核心焦点就在于——谁拥有先进制造业，财富就会流向哪里。

结果如何呢？英国法令生效 10 年之后，时任英国殖民地大臣的张伯伦对德国产品有以下评价："无论是食品饮品、纺织用品、仪器设备、武器装备，德国制造不但在价格上更低，在品质上更是完胜英国产品。"德国成功走上了新型工业化升级道路，一批享誉全球的德国企业如雨后春笋般诞生和发展起来，包括今天我们耳熟能详的戴姆勒、宝马，以及博世。

百年博世的萌芽

1861 年，罗伯特·博世出生于德国南部的一个小镇，其父母经营着一家小旅店。他小学毕业之后便无心读初中，于是进入了一家职业技术学院，毕业后辗转多家工厂工作。在熟悉工厂的同时，他渐渐萌生了对于商业的兴趣。在实践中，罗伯特·博世明显感觉自己的理论知识不够，于是去大学里注册听课，后来还远渡重洋，去了工业更发达的美国，在爱迪生工厂学习制作各种电器设备。然而工厂枯燥单调的生活很快让罗伯特·博世感到无聊、乏味，于是回到德国后，他决定开始创业。

万事开头难，车间刚开门的时候没有太多的订单，罗伯特·博世只能有什么订单做什么，没法挑挑拣拣，即便如此，他还是面临巨大的财务压力，不得不放下身段跟身边人借钱。到了车间开业的第 6 个年头，博世已经快到了山穷水尽的地步，员工数量从 24 人减少到了 2 个人。

就在罗伯特·博世每日为订单愁眉不展的时候，一个当地的工程师来找他，问博世的车间是否可以帮他仿制点火器。罗伯特·博世和他车间里的工人此前从未做过点火器，但是他们没得选，只得硬着头皮接了活儿。为了了解其中奥妙，罗伯特·博世即刻上路，几经辗转见到了客户口中的点火器。后来罗伯特·博世迅速制作出了几个仿制品，并不断思索如何更大程度提升产品性能。此后的几年间，车间的点火器业务始终在稳步增长，过了几年，他们研制出了兼具安全与性能的新型电磁点火器，客户们蜂拥而至，希望为自己换上一个博世电磁点火器。博世的生意自此打开了局面。

罗伯特·博世的这段创业经历与国内知名的万向集团创始人鲁冠球在 1980—1990 年的经历极为相似。鲁冠球也出身平凡，他从乡镇企业起步，靠着 4000 元的原始资本从简单的汽车零部件"万向节"做起，稳扎稳打，最终打开了全球汽车零部件市场的大门。博世抓住了欧美汽车业大爆发的历史性机遇，也与中国的华为公司在通信领域成为 ICT 龙头有着类似的时代背景。博世抓住了"电磁点火器"这个机遇，华为在信息技术时代从最简单的交换机开始，这些器件当时都不是承载核心技术的主流产品，但它们却为企业持续研发提供了机会窗口。这两个企业的故事提示我们：实业的制造能力是"从小到大"锻炼出来的，重视制造业产业链的中小企业，往往能孕育出持续创新的工业巨头。

向死而生：博世如何在苦难中转型

好景不长，1914 年第一次世界大战爆发，博世主要经营的海外市场迅速缩水，销售成绩严重下滑。战后，博世旗下在海外的工厂被充公，海外的工业产权、技术专利还有品牌所有权被相应没收。罗伯特·博世的人生也在一战后的几年充斥着生离死别的场景：独子离世，他最亲近的几个合伙人也相继离世，事业由于国家命运的转折陷入低谷。

面对近乎一切业务归零的窘境，罗伯特·博世并没有坐以待毙，而是思索如何突破战后制裁，重新夺回制高点，他很快便确立了业务重新全球化的策略。罗伯特·博世一方面主动积极联系一些曾经的海外生意伙伴，另一方面大量投资，在全球的汽车服务中心内专门设立博世汽车服务点，继续维护博世在海外的品牌形象。当然，上述做法都不是长久之计，要想重新打开局面必须进行更加深度的外部市场开拓、经营管理改革、业务多样化调整，深刻的自我革新箭在弦上。

在开拓市场方面，除了要再度站稳欧美市场之外，更重要的是要寻找业务"增量市场"。"嗅觉"灵敏的罗伯特·博世很快察觉了南美洲蒸蒸日上的汽车行业，于是于 1921 年前往南美洲并火速在阿根廷首都布宜诺斯艾利斯选择成立第一家博世销售店，拓展整个地区的业务。

对于公司业务范围，罗伯特·博世进行了大幅度的"生态化拓展"。罗伯特·博世明确意识到只靠制造火花塞和汽车照明灯这两种零部件是没有长远发展前景的，同时他也认同业界普遍关于柴油发动机安全系数高于汽油发动机的判断。面对这种情势，博世迅速调整研发方向，从横纵两面进行开拓性尝试：横向涉及汽车鸣笛、电池、伺服制动器、挡风玻璃、雨刷和转弯指示灯等；纵向开始向柴油发动机研发迈进。这一切都是围绕制造能力的周边多元化进行探索，很好地构建了博世有关零部件生态解决方案的能力。

罗伯特·博世对公司经营管理方法也进行了相应的调整。1925—1926 年是全球汽车制造业的"寒冬"，博世销售额同比锐减了 35%。为了能够保证公司的高生产效率和在全球范围内的竞争优势，罗伯特·博世在公司内部进行"流程管理创新"。比如，他引入了流水作业线系统，进行了一定规模的裁员和工作时间调整，大部分员工一周只工作 3 天；他还完成了管理层的架构调整，把原本的 12 名管理层人员减少到 3 名核心管理成员，分别主管商务、工程研发、销售和人事。可见，博世在商业的寒冬期，更关注"练内功"和"拓市场"。

经过早年坎坷创业和中年大刀阔斧拼搏的罗伯特·博世，到了 1927 年，已经是一个年近七旬的老人，愈发感到自己体力已经达到极限的他更多地把公司运营管理交给新管理层，只在必要的时候提供支持与建议。罗伯特·博世深谙公司要想活下去，只靠在汽车行业打拼是不够的，博世要"远离汽车行业，或者说把鸡蛋放在不同的篮子里"。

"业务重心多向"转移战略确立之后，博世很快在接下来的几年里收购了不同电气工程产业的多家厂商，短短数载便从汽车零部件供应商转型成为全能的电气工程企业。20 世纪 30 年代，博世推出的电动剪发器标志着"业务重心多向"转移战略的成功，这款产品的推出也意味着博世在研发上的新突破。引擎变小了，可以被放置在工具把手中，这使得电钻和冲击钻业务的推进也成为可能。现在享誉世界的博世电钻就是在这次创新之后实现了近百年的强盛。

在完成了电气业务调整的第一步之后，博世很快便决定再进一步：1932 年，博世再次出手收购了容克燃气设备公司，在其原有的技术之上进行创新推出了博世供暖设备；1933 年，博世先于市场推出了首款冰箱；此后博世又进军了无线广播、电视、电影以及相机领域。这些看似多元化的扩张，背后依托的都是工程师的制造能力，以及对生活场景渗透的战略思考。

于是，博世在一战结束之后不到 20 年的时间完成了两次大规模战略级转型：它在前 10 年完成了由单一汽车零部件供应商到多样汽车零部件供应商的转变，在后 10 年完成了从汽车零部件供应商到电气工程公司，再到以电气工程为核心的工业集团的蜕变。这两个重要的战略飞跃，一举奠定了博世今天的战略框架。

博世向死而生的转型之路体现了贯穿"工业革命""智能革命"的企业家精神，其中也有落后国家追赶先进国家的悲情和磨难。今天细读和品味博世的发展之路，我们除了钦佩之外，不由得感慨：奋斗兴邦，苦难是企业永恒的大学。

回归本质的经营哲学

罗伯特·博世从年轻时起就时常告诫自己："永远不要忘记你的人性。特别是在与人相处之时，切记要尊重他人的人格尊严。"即使后来成了技术工程师和企业家，他也一直把与"人"之间的相处放在最重要的位置，领导力是他最大的力量来源。

罗伯特·博世的去世，并没有让博世停止前进的脚步。通常，优秀企业家留下的遗产绝对不仅仅是一家赚钱的公司或者巨大的物质财富，他们赋予企业的文化烙印往往会长时间影响继承者的价值判断，也会深深影响同时代的很多企业。

周掌柜战略咨询欧洲区的两位合伙人通过近距离观察博世和博世管理者，概括出博世的 4 个重要经营哲学：追求极致品质、保持新型竞合关系、筑牢奋斗者文化和形成实践领导力。

第一，"极致品质"是事业奠基石。

在博世车间里工作是一件严肃的事情，所有人都要严格遵守博世定下的原则：杜绝浪费、极致品质、准时律己。

这几项原则在 1921 年被博世确定为"博世精神"，其目的就是生产出最符合客户要求的高质量产品。罗伯特·博世生前如此解读他的原则："一直以来我都严于律己，遵守我定下的这几项原则。我向来都是宁愿少赚钱甚至是赔钱，也不愿意违背我的原则。我所承诺的每一个字、对我们产品质量的信念，以及我的荣誉，都是比公司眼前的利润更加重要的东西。"这种价值观不仅深刻影响了博世公司，也影响了后来的一批德国企业家。

罗伯特·博世在质量问题上绝对不向任何人妥协，他一旦发现员工浪费材料或工作态度敷衍，便会严加指责，甚至勃然大怒，毫不顾忌对方颜面，"整个车间都会感受到老板的震怒"，不过"这震怒往往如狂风暴雨般，并不持久，很快便又会雨过天晴"。

对于品质的极致追求是博世精神的核心。为了实现这一目标，罗伯特·博世愿意投资买最好、最先进的设备。哪怕是在1890年前后，在生意最难做的时候，为了能够与顾客更好地沟通，他不惜每年投入150马克装了一部电话，这在当时是一笔相当高昂的费用；为了保证车间员工们能够了解最新的信息，他常年订阅《电气科技专刊》杂志；为了能够保证签单成功率，走访更多的客户，他更是自己掏钱买了一辆自行车，每日穿梭在大街小巷。

第二，以新型竞合关系保持公司竞争力。

两次世界大战时期，罗伯特·博世只能抓住短暂的和平期进行发展。当时的生存环境与和平年代相比，充满挑战。后期，博世业务的急剧扩张带来了新的问题：竞争场景和竞合关系发生了深刻变化，新思维在商业环境中开始酝酿。打拼了一辈子的罗伯特·博世深谙商业和科技进步的本质就是无穷无尽的竞争。若想要确保自己长久立于不败之地，除了不断地自我调整，保证高质量、高效率的生产之外，还要构建新型的竞合关系——和最强的伙伴通力合作，化竞争为共赢，不断巩固自身在全球市场上的整体领先地位。

基于这样的商业哲学，罗伯特·博世于海内外进行了一系列尝试：在欧洲，于1924年与斯图加特最大的竞争对手艾泽曼合并；1928年，与法国企业拉瓦莱特合资在巴黎开办工厂；1931年，与在英国的最大竞争者约瑟夫·卢卡斯股份有限公司合资在伦敦开设生产线；1935年，与意大利企业共同在意大利开设工厂。在欧洲以外，罗伯特·博世为了避免交付高额的关税，把许可证发送给在日本、澳大利亚和阿根廷当地的合作伙伴，让他们可以直接生产博世的产品。

简而言之，罗伯特·博世用利益纽带化解"敌我"竞争，通过合作扩大业务边界，降低探索新世界的成本，同时也对公司的核心竞争力进行动态的思考和把握。从长远规划的角度考虑，罗伯特·博世往往又很精妙地在合资公司中设计出了能长期掌握控制权的方法，以保证合作的巨大成功最终融入公司"躯体"中。

第三，让"奋斗者"领导公司。

在处理公司与员工、管理者关系上，罗伯特·博世同样拥有洞见。他在开车间的时候就明确表示过，车间里没有"老板"和"员工"的概念。从某种程度上讲，他们都是博世的"合伙人"。这与国内很多公司的"奋斗者文化"类似。

工作上，罗伯特·博世对于产品质量的高要求让这些伙计们承担巨大的心理压力。但在工作之余，他们也得到了老板的尊重和宽容：哪怕是在车间运营最艰难的时候，罗伯特·博世也绝不拖欠工资，老员工在回忆起这段岁月的时候经常坦言："我们的日子要比罗伯特·博世好过，他总在保障我们的生活，却没有人为他提供任何保障。"在车间里大家喜欢边唱歌边作业，作为老板的罗伯特·博世虽然也希望跟大家一起高歌，但是为了避免破坏大家的兴致，还是选择一个人躲在办公室里面听大家唱；在夏天酷暑难耐的时候，罗伯特·博世会突然跑到车间里告诉所有人放下手头的工作回家休息；在后来公司业绩好的时候，罗伯特·博世也会组织一些团队建设的活动，带领大家一起去周边踏青。

在竞合关系不断深化的同时，博世的生意在全球全方位铺开，公司发展欣欣向荣。罗伯特·博世的经营哲学帮助公司摆脱了一战造成的影响，然而公司发展还是不可避免地被二战打断。二战爆发前他就清楚一个事实：无论德国此战是输是赢，公司的海外业务都会不可避免地再次萎缩。彼时的他身心压力巨大，难以继续独立支撑公司的管理工作，这让他决定于 1938 年退出公司，由他一直看重的商务主管汉斯·瓦尔兹接任 CEO。罗伯特·博世的隐退和几年后的离世虽然让博世上下所有人感伤唏嘘，却并没有让博世产生崩塌，在后来的日子里博世还能不断地进步和自我超越，这多少和罗伯特·博世信奉和推行的"奋斗者文化"相关。

第四，形成实践领导力特质。

我们试着概括罗伯特·博世最重要的个人领导力特质，那就是"实践"。这种"实践"超越了身体力行的初级阶段，还包括激发鼓励、一线奋战、沉淀方法和文化引领等多个维度的立体"实践"。

作为一切公司行为的带头人，罗伯特·博世个性鲜明。首先，作为一名工程师出身的老板，罗伯特·博世事必躬亲，"每日未必见其人，但日日必定闻其声"。他的严谨和勤劳也为公司引来了更多有才之士。1886 年，罗伯特·博世刚成立自己的车间的时候，他可能未曾料到他的一举一动都被楼上 4 岁的奥拓·菲舍尔看在眼里。小奥拓看到还未到而立之年的罗伯特·博世每日骑着自行车忙进忙出,和车间里为数不多的两个人时常加班到后半夜。19年之后,奥拓在结束了学徒期之后毫不犹豫地选择加入博世。

由于经常在一线战斗,罗伯特·博世也很体恤员工。在博世工作的员工明白只要努力工作,便可以得到优厚的待遇。罗伯特·博世将这一点归结为"共赢原则",并做出了以下解读:"并不是因为我钱多所以给大家发高薪,但我富有的原因却是我给大家发了高薪。"随着公司不断壮大,为了提高公司的生产效率,罗伯特·博世更是先于时代采取了"8小时"和"两班倒"工作制度。或许因为自己在青年时代的学徒期收获甚微,让他几度对工程师这个职业失去兴趣,他对于如何激励员工有很多反思。基于此,罗伯特·博世不希望任何青年学徒在他的工厂里有类似的经历。他在还是一个小作坊主的时候便立下规矩:一个师傅不同时带两个学徒,每个学徒必须接受全面的培训;在事业逐步走上正轨之后,他更是于1913年单独成立了一个部门,专门负责制定对于学徒的培训方案。正是他的这份坚持与执着让更多的青年才俊选择加入并长久地留在了博世。

罗伯特·博世很重视企业文化建设。除了拉近自己和每一名员工的距离之外,他还在企业内部发行了名为《博世点火器》的刊物。1919年3月15日,该刊物正式发行,它的创办初衷便是"建立每一位为公司日日打拼的人与公司的连接",让"每一个将自己的力量、智慧与才能贡献给公司的人与这个集体的命运和希望紧密相连"。现如今这份被翻译成9门语言的《博世点火器》已经是每个遍布全球的博世人的必读之物。

如何实现公司传承："三权分立"的长期治理架构

罗伯特·博世对商业传承的创新贡献也值得一提。这里面完整的因果逻辑如下。

罗伯特·博世在年过七旬之后已经日渐感受到了处理公司继承问题的迫切性，他一直在考虑公司的传承问题。面对一战的爆发、丧子离异之痛的考验，以及希特勒的上台，他更是倍感压力。他意识到，单纯凭他于 1917 年成立的博世股份公司是无法实现"强劲和隽永地持续发展，并且引领与创造未来"的长久计划，他必须要改革公司的管理机制。因此罗伯特·博世于 1937 年进行了公司改制，回购了全部股份，将拥有 18 万名员工的博世企业股份公司改为博世股份有限公司。改制完成后，罗伯特·博世于 1938 年立下遗嘱。

首先，他明确公司和公司继承者应当秉承的原则，即"保证博世股份有限公司的长久发展"；其次，他强调"博世应当最大限度地确保财务独立、自主自治、有能力采取适当的措施"；再次，他坚持维护家族企业的原则——"博世必须和博世家族紧密连接"；最后，他表明要将公司的一部分盈利用于慈善与社会事业。罗伯特·博世将公司的管理和未来的发展委任给他最信任的 7 个心腹，他希望这几人在未来时机成熟的时候可以通过一个更好的方式实现他的遗愿。在这 7 名罗伯特·博世选定的集体接班人中汉斯·瓦尔兹后来被选为董事长，汉斯于 1912 年加入博世并且一直是罗伯特·博世的私人秘书，并于 1924 年成为理事会成员，此后一直是罗伯特·博世的左膀右臂。罗伯特·博世对于汉斯的信任是无条件的，1940 年他更是在给汉斯的一封信中直言道："在过去的 20 年中，有什么是关于公司和我的一切事情是你没参与的吗？！"

罗伯特·博世于 1942 年 3 月 12 日凌晨去世，在他身故后，几位高管一直致力于维护他的遗愿，为了确保公司的独立，他们竭尽所能与希特勒政府划清关系，并在二战后全力复兴博世，重建那个曾被猛烈轰炸过的博世。1964 年，博世领导层认为时机已经成熟，再次对公司进行了改制：成立于 1921 年的主要用来管理创始人股权的博世资产管理股份有限公司收购了博世家族掌握的大部分公司股权，持有 92% 的股份。1969 年，博世资产管理股份有限公司改制成非营利机构——罗伯特·博世基金会，拥有 92% 股份的分红权，而其 92% 股份的投票权则转移到了新成立的罗伯特·博世工业股份有限公司。罗伯特·博世工业股份有限公司又和罗伯特·博世股份有限公司合并成罗伯特·博世工业信托两合公司，此公司掌握 93% 的股份分红权与投票权，全权负责公司的业务决策。而公司剩余的 7% 的股份分红权与其相应的投票权则保留在博世家族手中。

博世家族因此维持着和博世的所有相关机构的密切关系：罗伯特·博世的孙子克利斯朵夫·博世既是家族的发言人，也是罗伯特·博世有限责任公司的监督委员会成员，还是罗伯特·博世工业信托公司的合伙人与罗伯特·博世基金会董事会成员。罗伯特·博世基金会将股份带来的全部红利运用于慈善与社会事业，具体涉及教育、医疗、文化、科学及国际关系等领域，意在维护欧洲区域以及全球的稳定。与此同时罗伯特·博世基金会还在斯图加特建有罗伯特·博世医院。作为全球最大的基金会之一，罗伯特·博世基金会从创立之日开始就不参与任何公司决策，全力投入公益事业，这样不仅保障了股份的安全，而且承载了创始人实现世界和平的愿景。

最终，在罗伯特·博世过世 27 年之后，博世集团形成了有限公司、基金会和家族三权分立的制衡关系。为了能够实现创始人对于公司独立经营的夙愿，公司任何业务都没有上市，所产生的全部利润留在公司内部，或投资于科技研发，或作为备用金，以应对未来的不时之需。基于这样的制度框架创新，罗伯特·博世保证了家族对企业的影响，这更多的是对企业文化基因的一种捍卫，同时既给"奋斗者"以更大的发挥空间，也通过基金会持有财富并达成自己对社会未尽的心愿。

罗伯特·博世，德国近代史最伟大的企业家之一，一辈子"向死而生"地追求着实业家的事业，家庭凄凉，从"自私"的奋斗走向"无私"的奉献，最终挣扎着传承给后代一份实业品牌的荣耀，留下一个经过百年时间检验、两次战争摧残仍生机勃勃的制度框架。博世股份内部分红的大部分都进入了罗伯特·博世基金会，这家基金会守护财富，回报人民，也支持着持续贡献消费力的德国中产阶层。

从罗伯特·博世的故事里，我们可以深刻地感受到：企业家往往质朴而单纯，也充满着清教徒式的理想主义。肯尼斯·霍博和威廉·霍博所著的《清教徒的礼物》里对清教徒式企业家有所描述：第一，出色的机械天赋；第二，先集体后个人的道德观念；第三，非凡的组织能力；第四，建造人间天国的坚定信念。无疑，本文所述的罗伯特·博世和博世拥有同样的特征。实业家精神超越历史，跨越国界，本质是一种人类共同拥有的奋斗情感。单纯从劳动的角度看，他们往往最乐观、最勤劳、最能拼搏；从回报的角度看；他们的衣食住行和普通人一样，甚至要求更低。而他们的家庭则往往间接地为这份事业牺牲了很多，仅仅获得了别人眼中闪闪发光的荣耀。

再看中国，当下正是工业革命、电气革命、信息革命和智能革命浪潮催生世界工厂的历史性时刻，中国人终究需要清醒地认识到人类近代文明如何造富和如何传承全球性经验，进而厘清谁为社会创造价值，谁和人民分享财富。这不仅仅涉及中国传承世界工业革命精神的文明融合性，更体现了"实业立国"的根本性国情需求。

企业家不仅是"自己人"，也是造富人民的"同路人"。

博世能在全球竞争中获胜的战略特质

本部分我们力求从更宏观的视野分析博世在竞争中胜出的战略特质，以及博世作为一家欧洲工业瑰宝带给我们关于"实业强国"的启示，这些宝贵经验非常值得年轻的中国产业界借鉴和学习。

从博世如何在全球汽车产业链中胜出谈起。从大格局看，这和德国汽车工业与美国日本的竞争格局有关。当时的背景是，在20世纪70年代，主要是德国汽车工业与美国、日本汽车工业竞争，美国的福特、通用两大巨头借助美国的超大汽车市场在竞争中异常强势，而日本汽车工业主要是通过高性价比、低油耗策略抓住了石油危机后的机会窗口快速逆袭。概括地讲，美国汽车工业更多的是通过市场和资本驱动快速发展起来的，而德国汽车工业则是基于核心技术研发和高端品牌定位与美国车企打持久战。这个汽车竞争格局当然会深刻地影响做汽车零部件的博世，辩证地看，博世当然也参与其中。

博世得以发展至今，一个重要的原因就是博世是非上市企业，最大的股东是罗伯特·博世基金会，独特的股权结构使得博世能够不受资本市场的短期、盈利性影响，得以进行长期前瞻性的投资，最终在行业技术竞争中胜出。坦率地说，欧洲整体的工业基础在1945年后是呈退化趋势的，英国、法国、意大利这些传统的工业强国都在萎缩，目前德国主要的支撑产业就是汽车、化工、高端机械产业和中小制造业。在大的产业衰退环境下，德国汽车工业一枝独秀的背后有着竞争战略和产业政策的立体支撑，这个亮点尤为可贵。

博世坚定地认为战略第一，要追求可持续增长。

细化研究博世的战略思想，我们发现这家公司是非常质朴的，有一些中国人所言的"守拙"的味道。

例如，博世100年来长期坚持对未来趋势进行多角度分析和研究，形成MegaTrend大趋势报告，这个报告有几百页，几十名全球各行各业的专家都参与其中，完全超越了汽车和零部件行业的格局，所有的商业推理都基于朴素的大逻辑，如老龄化趋势、基因科学……这家公司更像一个巨大时钟，随着时代滴答作响，并且"每一步"都经过精密计算，走得不急不缓有板有眼。具体而言，我们可以将博世的战略做如下几个方面的归纳。

在战略思想方面，博世强调拥抱趋势并坚持前瞻性研发驱动。在每年一度的大趋势研究中，博世不断反思现有竞争力和未来竞争力的占位，这些都是基于趋势研究和消费者洞察的。现任博世CEO福尔克马尔·登纳（Dr. Volkmar Denner）认为博世传统的核心竞争力是机械和电子的结合，但是在未来的世界里汽车电子的趋势将更加信息化和智能化。于是他大胆地在传感器领域推动投资，精确把握了在传感器行业流行微机电传感器的时间节点，布局了汽车制造中的前沿传感技术。

从中国区战略负责人刘敏的角度看，博世的战略特点与她职业生涯中经历的其他公司有很多区别。用她形象的比喻来说就是企业界有老黄牛的文化，也有狼群的文化，博世战略文化更像一只老鹰。

第一，公司坚持"有所为有所不为"，做每一个战略决策时都会深入分析自己能做什么，能给客户带来什么，想得比较清楚；

第二，德国人主导的公司做事情严谨，不轻易制造概念，也不轻易下结论，非常实在；

第三，博世没有"搏"的概念，不会在准备不充分的情况下贸然推动，也不认为以小可以搏大；

第四，博世制定战略从来不靠感觉和想象，这一点很像德国球队，这是一种基于系统流程的推演，德国球队没有太出名的球星，但这个组织换谁做前锋都可能进球。

在战略落地方面，如果说善于捕捉趋势的博世集团是基于洞察设定了清晰的战略，那么其在战略落地上便是主要依靠工程科学。Dr. Volkmar Denner 推动公司制定了 3S 战略框架，即传感器（Sensors）+ 软件（Software）+ 服务（Services），这超越了家电和电工的应用格局，是一个面向 IoT（物联网）时代的全方位战略姿态。而博世中国的阶段性战略演进也非常清晰，其第一个阶段的战略可以概括为 Localization in China（中国本土化），其从 1909 年开始先通过销售代理公司将产品引入中国，改革开放后便快速持续投资建厂、本地采购，将从境外引进最先进的技术产品作为重点，使中国市场的收入实现增长。第二个阶段，博世从 2010 年左右开始聚焦于 IoT 战略，这几乎与 IBM 提出"智慧地球"发生在同一个时期。博世最早的一个显著变化就是将传统汽车业务板块的"汽车技术"改名为"汽车与智能交通解决方案"。第三个阶段是 2016 年之后，博世提出 China for Global（中国为全球）、Innovation in

China（创新在中国），致力于将中国变成研发中心。应该说博世中国的本地化现在已经超越了单纯的生产，开始借助中国市场充分的数据环境，面向智能时代布局博世在全球的下一个战略机会点。

虽然博世的家电业务、电工设备在全球有着很大的市场空间，但博世在制定未来战略时其实并不优先关注业务的扩大，而更在乎技术角度的能力构建。

在决策体系方面，博世采用的是混合"铁三角"决策和信任管理的方式。博世全球体系应用的并不是单一的垂直管理，甚至各个区域有一定的竞争关系，这是比较彻底的全球化思维。一般情况下博世在一个大市场都会建立决策"铁三角"，这是一个 3 人委员会。比如，多年来博世在中国的管理层包括中国区总裁、高级销售负责人和商务职能负责人，博世在中国的大部分决策都由这个中国管理层团队拍板，重要和复杂的决策向总部的董事会成员汇报。总部的董事会成员几乎每个月都用一周的时间一起做方向性决策和解决棘手的区域问题。而这样的决策体系对中层的管控更多基于"信任管理"。对内，博世决策体系基于专业协作，不太强调竞争性挤压的领导力文化。

在组织管控方面，博世进行了充分的本地化和企业文化塑造。博世中国的现任高管王宏宇于 2003 年以项目工程师的身份加入博世，是博世电子驱动和车身电子事业部的第一名中方员工。据他所言，博世中国本地化的速度远远快于其他竞争对手。往往新业务进入中国市场，先由德国总部派人组建团队，之后 3 年逐步进行团队的本土化，到 5 年左右中国区的团队基本上以中国员工为主。而构建团队的过程中，德国同事最关注的便是博世的文化传承，那是一种超越竞争，超越执行力，基于文化认同的信任文化。很多博世中国区员工都有十几年服务博世的经历，公司给予员工的自由度较高，这会使员工真心热爱公司，并且发自内心地忠于公司。

根据以上内容，我们发现博世是一家非常全球化并尊重本地市场的公司，同时也在战略上投入的时间和精力超出常规。博世从战略长期稳定性考虑，并没有采用垄断一切的"刚性增长"战略，更看重核心技术供给和服务供给，在掌握了汽车行业诸多核心知识产权的情况下也没有贸然走上前台发布博世汽车品牌，而是通过支撑、服务和合作的方式支撑前台厂商的竞争，以确保自身立于超越竞争的不败之地，这种"柔性增长"的战略思维非常值得中国企业借鉴。对于内部，博世在保证公司持续竞争力和市场地位的同时给予员工更多空间，愿意善待和相信员工，减少组织摩擦力。

除了战略第一，博世还秉承着实业精神，远离过度金融化的诱惑。

博世背后的罗伯特·博世基金会每年会从全球选出30多名不同文化背景的年轻人加入"博世基金会大使"计划，让他们在全球各个国家（地区）开展公益活动。对于青年政治家，博世也有相应的"领导力发展计划"，旨在与这些有潜力的年轻人互动，让他们了解博世。这些罗伯特·博世基金会主导的项目，经过100年的积累最终在全球枝繁叶茂，上万名年轻人或许现在已经不再年轻，但他们成为了博世和全世界乃至全世界政府的纽带。当然，他们中的一部分人也可能加入了博世。

据说这些做法和博世创始人罗伯特·博世的经历有关，也和博世对于经历两次战争重建的思考有关系，博世希望在和政治有一定边界的同时，能形成更好的外部环境支持业务可持续增长。这位历经百年的产业巨子深刻地意识到：政治不在公司经营范畴内，但敏锐的洞察力和跟随政治趋势能让公司基业长青，支持年轻政治家所形成的柔性影响力也比较符合商业和政治的边界原则。同理，博世对慈善也有类似的观点，据博世中国慈善中心负责人郑莉惠女士介绍，关于博世的慈善理念：第一点是加强企业和社会的联系，第二点是重视对员工的熏陶，第三点是要匹配企业的战略与需求。其背后的逻辑是建立企业和社会、国家乃至世界的联系。

围绕这个话题，我们再谈谈美国企业背后的"东西"。如果博世的背后是社会责任，那么美国企业背后更多是股东责任，这个差异让二者在战略选择上也产生了差异。美国企业过度金融化的趋势应该从 20 世纪 70 年代到最近最为明显，很多制造业的战略都因为这个大环境发生了明显的变化。

最有代表性的案例就是通用电气。1981—1998 年，通用电气通过资本运作保持着高增长，持续地扩张使公司形成多点开花、持续盈利的管理架构。通用电气因为有实体产业的 AAA 信用评级，可以低成本举债。通用电气这家因爱迪生发明电灯而发展起来的全球制造业王者，实际上将业务中心转移到了金融部门。吃进的是债务，吐出的是真金白银。它的业务范围从帮助人们购买家用电器发展到为快餐连锁店、发电厂和郊区豪宅提供融资。同时，通用电气还提供铁路油罐车、写字楼和飞机租赁服务。然而到了 2009 年 3 月，通用电气股票收于每股 6.66 美元的低点，公司濒临破产。2018 年，通用电气全年股价下跌 57%，标普道琼斯公司将通用电气从道琼斯工业平均指数的成分股中剔除。可以说，美国靠金融支持的制造业时代有了一个叹号作为休止符，但是过度金融化对美国实体经济的危害还在继续。

结语

当我们分析了博世的企业战略及博世的竞争对手的战略后，我们惊讶地发现：专注于制造业，专注于实体经济的博世并没有因为"保守"而被淘汰；另外，看似老旧的"德国战车"其实在历史上每次都能首先驶离经济危机的泥潭。

当然，博世并非"圣人"一样的存在，即使在今天，它也面临着严峻的内外部挑战，甚至在某种程度上其领先优势正在被来自中国的竞争对手削弱。有着130多年工业历史的燃油汽车正在被智能新能源汽车冲击甚至颠覆，对此，博世高层始终认为目前博世最大的风险来自博世能否转型成功，如何从汽车零部件公司向物联网公司转变，以及如何在软件产品和传感器等核心器件上保持领先。在德国传统工业的母体里并不一定拥有这样创新的基因，况且，船大难掉头，其现有的管理架构不一定能支持其内部的跨部门联合创新，德国文化保守的一面也需要更有创新力的文化来影响和改造。

但基于德国人的性格特点以及博世130余年来的风雨历程，博世深入骨髓的精神肖像就是：危机主义——基于强烈的危机感认知当下，布局未来。以科学家和工程师为主导力量的博世领导层小心翼翼地操纵着这艘大船。而实际上，国家工业的大洋正是因为有了一艘艘巨轮才有了生命，一个国家中伟大公司的命运其实已经和这个国家紧密相连。"实业强国"的大道理在大洋中，也在巨轮上。

实业的制造能力是"从小到大"锻炼出来的，
重视制造业产业链的中小企业，
往往会孕育出持续创新的工业巨头。

1

这些看似多元化的扩张，
背后依托的都是工程师制造能力，
以及对生活场景渗透的战略思考。

2

对于品质的极致追求是博世精神的核心。
为了实现这一目标，
罗伯特·博世愿意投资买最好、最先进的设备。

3

4 博世深入骨髓的精神肖像就是
危机主义——
基于强烈的危机感认知当下，
布局未来。

跨越 3 个世纪，
李锦记
家族传承的利器

金 梅

《砺石快消》主编，
《砺石商业评论》副主编

　　中国有句老话叫"富不过三代"。家族企业在全球 500 强企业中占比 40%，但全球家族企业的平均寿命只有 24 年，其中 30% 能传承到第二代，10% 能传承到第三代，只有 3% 的家族企业在第四代及以后还在经营。李锦记就是这 3% 中的一个，作为一个 134 岁的长寿家族企业，其在华人家族企业中很少见。它如何穿越周期，横跨 3 个世纪依然充满活力，对当下的企业很有借鉴意义。

　　"不要晚结婚、不准离婚、不准有婚外情。违背后两条者，退出董事会！"除了李锦记，估计少有企业会把婚事跟企业经营如此"混为一谈"。

作为华人社会中少见的 134 年的长寿家族企业，李锦记奉行"家族利益至上"，把家族传承看得比企业更重要。没有血缘关系的人根本不能持有公司股份，所以它从不考虑上市。

它的产品卖到了全世界 100 多个国家（地区），占据美国酱油调料市场 88% 的份额，新加坡的货架上几乎都是清一色的李锦记。就连在酱油文化浓厚的日本，李锦记都能杀出一条血路，市占率仅次于日本味业龙头龟甲万。

经历百年的风波迭起、险象环生，李锦记如何穿越周期、走出低谷，横跨 3 个世纪依然能熠熠生辉、充满活力？这一点对当下的企业相当有借鉴意义。

永远创业

李锦记的字典里，没有"守业"这个词。历经百年沧桑，它深知没有能够守住的东西，唯有创业，永远创业，才能保持健康活力。

1888 年，在广东新会，做小杂役的李锦裳意外地将生蚝汤煮成黑漆漆的东西，鲜香的蚝油从此诞生。就是这个意外，给李锦裳的后人们带来了一份祖业，开启了李锦记的百年传奇。李锦裳从此开始专门经营蚝油，这种 100 斤生蚝才能熬出 2 斤的美味，迅速征服了当地人的味蕾。

但老天没有给他一辈子过安稳小日子的机会。1902 年，李锦记蚝油庄与它所在的半条南水街在一场意外大火中化为灰烬，李锦裳的事业瞬间归零。望着满目疮痍，他只好携妻带子到华侨和富裕人士更多的中国澳门寻求活路。

靠着货真价实的蚝油，他再次在中国澳门站稳脚跟，为李家的"永远创业"开了一个好头。1922年，60岁的李锦裳辞世，其子李兆南、李兆登继承父业，他们一边拓宽销路，一边改进配方和包装，让李锦记稳稳地锚定了高端市场。

1932年，中国香港经济渐渐繁荣，李兆南把蚝油庄迁到中国香港，再次创业。李锦记不但很快站稳脚跟，短短4年后又以中国香港为跳板闯进了北美洲华人市场。

30年的南征北战，李锦记的海外知名度变高了，生产力却没跟上。直到1960年，它还是个只有20人的小作坊。20世纪70年代，尼克松访华后国际局势剧变，看着公司清晰可见的天花板，在境外历练多年的第三代传承人——李兆南的儿子李文达提议：李锦记要有发展，就必须推出便宜的大众化产品。

这个观点直接让他的叔父炸了锅。李家坚持了80多年货真价实的高端产品，他一个毛头小子要往大众化上做，简直胡闹！为了避免闹剧，叔父甚至提出要收购其父李兆南手里的股份。

不肯退步的李文达，劝父亲掏光家底，用460万港元反向收购了叔父的股份。此次家庭纷争后李兆南几乎倾家荡产，也让公司产能下降、业绩低迷。

李锦记再次归零，但李文达终于淘汰了熬蚝油的大黑锅，以替代原料和工业化生产在美国推出了平价的熊猫蚝油。此产品在美国市场迅速突围，还从美国火回了中国香港。中国香港的另外三大蚝油庄被李文达这记现代化、产业化的重拳，打得头晕眼花、无力招架，李锦记自然所向披靡。

可安稳日子还没过多久，不安分的李文达就又看上了冉冉兴起的内地市场。"穷则变，变则通，通则久"，他如同一个战略家，总能看到遥远的机会，并在充分准备后与机遇撞个满怀。

他决定再次归零，在内地市场开始下一次创业。他重资修建数个万吨级生产基地，破釜沉舟地准备向内地市场进发。谁料1987 年，进入内地的临门一脚之前，他的亲弟弟李文乐竟然提出了分家。

身患癌症的弟弟，面对前途未知的内地市场已经不想折腾了。他担心自己的妻儿在强势的李文达那里吃亏，所以直接放狠话："不同意分家，就把 40% 的股份卖给外人。"

李文达顿感五雷轰顶，他的钱都拿来建厂了，计划兴建的广东大埔厂房还有几千万元资金没有落实，公司还欠下了数额惊人的债务。买，没钱；不买，外人进来了，公司就变样了。

此时的李锦记危如累卵。最终，兄弟两人对簿公堂，官司打了6 年，年营收超过 1 亿美元（按当时汇率约合人民币 5 亿元）的李锦记，还被法院要求停产半年。最终李文达赢得诉讼，他东挪西借付了 8000 万元股权转让费和弟弟断了交往。

这一次，李文达直接被归成了负数。

"打虎亲兄弟"指望不上了，好在还有"上阵父子兵"。20世纪 80 年代，李文达最艰难的时候，他的 4 个儿子李惠民、李惠雄、李惠中、李惠森和女儿李美瑜从国外归来，李家的第四代就此登上历史舞台。

值得庆幸的是，他的商业灵感和子女们的丰富学识相碰撞，他们共同为李锦记引进了科学管理手段和尖端科技，让李锦记再次走上高速发展的道路。

李文达的 4 个儿子和 1 个女儿各司其职，他们职责各异，但酬劳相同，每个人都在自己的岗位上"永远创业"。

"永远创业"的关键，在于一个"变"字。

20 世纪 90 年代，负债累累的李锦记为了快速扭转财务局面，开始在健康、房地产等行业布局。1992 年，南方李锦记诞生，掌舵者李惠森在李锦记从未涉及过的健康产业领域，完成了"无中生有"之变。如今李锦记健康产业已遍布境内外，发展出健康产品、中草药种植与销售、物业投资以及风险投资四大功能模块，旗下品牌每年为集团贡献着约 200 亿元的年营收。

要永远创业，就要学会抓住变化中的机会。机会是稍纵即逝的，有很多机会存在于变化之中，甚至是在危机当中。为了抓住机会，李惠森还总结出了"六六七七"理论。即不要等到"十拿九稳"再去做一件事，这时候机会的风口往往已经过去了，要在对事情有六七成把握的时候就开始行动，在行动中随着变化不断调整、不断完善，从而找到最合适的机会。

对于集团而言，很多重要的决定，实际上都是在"六六七七"的状态下确立和开始执行的。如果说"永远创业"是对变化的不断探索，那么"六六七七"则是对把握机遇、采取行动的进一步指导。它让一个百年企业具备冒险的勇气，具备在时代的浪尖上弄潮的魄力。

要永远创业，就要学会满足不断变化的具体需求。作为接手酱料业务的第四代传人之一，李锦记酱料集团主席李惠中表示，"永远创业精神"体现在具体的实践中，表现在根据市场需求的变化与人们口味要求的变化，结合李锦记 100 多年积累的经验与技术工艺，提供给广大消费者和业界最"对味"的产品。

除了虾酱、酱油、辣椒酱、方便酱、XO 酱等爆火的产品，李锦记还开发出了豉油鸡汁、葡国鸡汁、卤水汁等口味独特的酱汁。

在市场趋于饱和时，它还不断将既有产品细化，满足消费者的个性化需求。如针对不同地区消费者的口味设计酱料，李锦记推出了针对中国南方消费者的柱侯酱及叉烧酱这类鲜美甘甜味道的经典粤菜酱料，针对中国北方消费者的老抽、蒜蓉辣椒酱、酿造陈醋，还有日本豉油、韩国炸酱面酱、马来西亚沙爹酱等异域口味。

李锦记还针对特定人群设计了低盐豉油、薄盐头道特级酱油、薄盐蚝油等，还有以主打便捷迎合年轻消费者的"一招胜"系列酱料包，使厨艺新手也可以在家轻松做出鱼香肉丝、麻辣香锅等地道美食。如今的李锦记已经成为有 220 多款调味品的"酱料王国"。

永远创业的李锦记，其"变"不只体现在产品上，它的"变"是多层次、全方位的"变"。在机器流水线作业代替人力手工作业之后，第四代管理者还对传统的酱料生产引入自动化和现代科学的管理。除了使用世界上先进的工业流水线，提升产品质量、稳定性、原材料利用效率外，李锦记一直按国际先进水平和标准生产所有内外销产品，国内外销售的产品均遵循"同线、同标、同质"的三同原则。

除了工业升级，李锦记还实现了从田间到餐桌的全产业链管理。通过自有原料生产基地，对土壤、种子、种植过程、农药使用严格控制，并取得良好农业规范（GAP）认证，从供应商采收、抽样、验收、加工、包装、运输，到食品加工、分销物流、品牌推广、上架销售等各环节严格管控，力求全程无盲点、无死角。

李锦记"100-1=0"的零缺陷品质管理体系是其特有的百年鲜味方程式，意为"100 件事中有 1 件做错就满盘皆输"。这使企业受到了广泛的认可，北京奥运会、上海世博会、广州亚运会、G20

杭州峰会等大型国际会议与活动，李锦记都是调味品供应商。从2012 年开始，李锦记与中国航天结下了深深的缘分，作为"中国航天事业战略合作伙伴"为宇航员提供者酱料，李锦记的产品多次随神舟飞船去太空、登陆国际太空站，李锦记也获得了"中国航天事业贡献奖"。

李锦记身处传统调味品行业，行业的进入壁垒低、产品和市场技术含量低，低价恶性竞争的问题非常突出。但"流水不腐，户枢不蠹"，只有企业在产品、理念、制度、供应链等各个维度不断进行创新，才能让品牌立于不败之地。而永远创业、永远归零的心态，让李锦记告别了百年企业的陈旧和迂腐，也让家族企业"富不过三代"的魔咒在李家被打破。

家族利益至上

经历了两轮兄弟反目的戏码后，李文达已如惊弓之鸟。父辈和自己兄弟之间的两次股权争夺战，让家族四分五裂，也让李锦记危在旦夕。

2007 年，在央视的《对话》栏目中，被问到"企业成功的核心理念是什么"时，李文达在小黑板上珍而重之地写下"家和万事兴"。没有人比他更懂这几个字的分量。历史上很多企业都是因为股权纷争而轰然倒塌，再有一次兄弟反目，就可能让李锦记的繁荣毁于一旦。

对李锦记而言，确保家族和睦比经营好企业更为重要。在李文达眼中，"企业只是家族的一部分，我们更关注家族怎么延续，家族利益至上。没有家族内部的和谐，家族企业的长久发展就无从谈起"。

　　从孩子们小时候，李文达就非常注重对孩子们的培养。他经常带孩子们去看出殡仪式，并告诉他们：人一生中的所作所为，要为最后的"盖棺定论"负责。他希望孩子们做人做事要看得长远，要顾着生前身后名。

　　由于坚持为盖棺定论负责的态度，李锦记有最严格的质量管控体系，绝不为赚钱不择手段，并且坚持不上市，从而保证企业"计划事情可以更长线"。前文提到的其"100-1=0"零缺陷品质管理体系，就是最好的例证。

　　《黄帝内经》中说"上医治未病"，李文达也从"治未病"出发，第二次分家风波过去后，他就委托二儿子李惠雄寻找解决家族问题的方案。李惠雄花了 6 年时间先后去了瑞士、英国、美国、日本取经，研究国际上的家族企业长久传承的原因。

　　2003 年，李氏家族成员在共同努力下，创造性地成立了家族最高决策和权力机构——家族学习和发展委员会，简称家族委员会，开始寻求"治家"方案。李氏家族希望通过家族委员会将家族共有的价值取向、行为准则正式化、固定化，科学高效地培育家族下一代，从而使家族能世代传承，家族企业永续经营。

　　李锦记确定了家族宏图："李锦记家族永续经营，代表中华民族创造历史，成为家族企业的典范。"李氏家族的家族委员会通过机制化的管理，将代系之间模糊的价值、宏图、原则变成切实可行的制度条例，使传统家族走上现代家族治理传承之路。

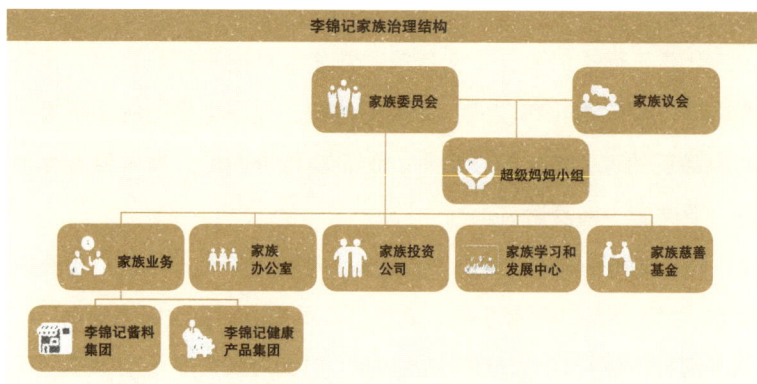

图1　李锦记家族治理结构

家族委员会是整个家族的最高权力机构，下设家族业务、家族办公室、家族投资公司、家族学习和发展中心、家族慈善基金。从上图的家族委员会架构不难看出，集团不过是家族众多事务中的一个分支而已，李氏家族的健康有序发展才是李家的大业。家和万事兴，这个中国人常说的朴实真理在李氏家族得到了制度化践行。

家族委员会是家族做重大决策的委员会，其核心职能是研究怎样治理家族和化解家族矛盾，主要任务包括家族制度建设、下一代培养。家族委员负责确保将家族的价值观念传给下一代，促使家族成员形成共同的价值观，并且向年轻一辈的家族成员解释家族创始人采用某种治理结构的原因。

家族委员会每季召开一次为期4天的会议，成员无论在哪里都必须参加，迟到者会受到惩罚。会议主持人由家族的核心成员轮流担任，主持人不仅负责会前策划、会中执行、会后落实，也要兼顾与会者的情绪和感受。

首日，大家会在会上介绍自己的孩子和家庭情况；第二日、第三日，讨论各项家族建设的议题，还会模拟特殊情况下怎么做决策；第四日早上，所有家族成员的配偶则会被邀请参加会议，家族委员会将向他们通报前几天会议通过的内容，以便其当好"贤内助"，做到"心一致，行动一致"。

家族委员会甚至对与会者的态度都有严格规定。会议上可接受的行为包括"我们"大于"我"、坦诚表达、建设性回馈、畅所欲言、积极争论和对事不对人，不可接受的行为则包括负面情绪、一言堂、"我就是这样"、言行不一致和人身攻击。家族委员会通过明确的规则，确保家族内部的"目标一致、心一致、行动一致"。

家族里还有一个"超级妈妈小组"，妈妈们每个月碰一次面，交流对于下一代的教育经验和培训方案，从小为孩子灌输家族的理念和价值观，共同提升家族传承人的总体水平，以此为整个家族持续健康有序发展保驾护航。家族委员会每年还会组织全家族旅行，每位家庭成员都要参加，大家通过这个团聚的机会，分享家族的快乐、责任、知识。

将家庭沟通、子女教育进行组织化和制度化的落实，家庭委员会很好地避免了一些企业家只顾事业的发展，忽视了家庭氛围的营造和子女的教育问题，从而进入"富不过三代"的怪圈。

这样的家族管理和教育，还可以让家族成员将中国人的稳健、谦卑和宽容与西方人的创新进取精神相结合，培养高质量的家族力量，从而在变化的环境中守住祖业，锐意创新。

除了家族委员会，李锦记还制定了严格的"家族宪法"，成立了家族议会，试图从制度设计上规范和协调"家族治理"和"企业治理"的种种问题。

"家族宪法"让家族文化确定下来，家族内部共用同一套话语体系，大大降低了家族成员的沟通成本。所有家族成员必须遵守家族宪法，家族宪法的关键内容如下。

（1）股权的继承和转让。家族宪法规定股东须具有李锦记家族的血缘，但不限男女。股东想要退出，股份由公司统一购回。

（2）家族成员的雇佣。家族欢迎家族成员加入家族企业，但必须在家族外的企业工作 3~5 年才能进入李锦记。家族成员的应聘程序和入职后的考核必须与非家族成员相同，家族成员必须从基层做起。家族成员进入家族企业后工作出错要受处罚，如果无法胜任工作，可以给一次机会，如果再没有起色，一样要被"炒鱿鱼"。如果家族成员在外打拼有所成就，李锦记需要时可将其"挖"回。

（3）董事会。董事会成员由家族委员会在对业务有兴趣的家族精英中选择出任，可聘请外部非执行董事。主席由家族成员出任，家族委员会每两年召开一次会议选定董事会及各个业务的主席，主席可以连任。

（4）家族委员会、董事会与管理层的角色分工。李锦记家族在家族宪法中对家族委员会、董事会与管理层的功能做了细致区分。李锦记家族委员会的成员必须都是"血亲"，主要负责家庭事宜；企业董事会由家族精英组成，主要讨论与企业运营相关的问题；企业管理层则由社会各界精英组成，负责企业的日常运营和管理。李锦记通过清晰的角色分工，把由同一人承担的家族成员、股东、董事和管理层的不同角色有效分开，避免企业经营和家族管理混为一谈，影响企业事务和家族事务的公正决策。

李氏家族上至股权分配、下至儿女教育皆遵章办事；凡遇大事，需 75% 以上家族委员会成员投票同意方能通过。家族所有意见都先在家族内部讨论完成，对外发出的永远是统一的声音。家族委员会作为一个共同体，既保证了家族对企业的控制力与影响力，也避免了家族关系干扰企业经营。

詹姆斯·柯林斯在《基业长青》里说："只要公司具有组织的力量，保持高瞻远瞩和活力，就不会衰败。"清晰的分工让李氏家族委员会以制度化的群策群力的方式为董事会培养和推荐顶级组织人员。董事会与管理层的角色分离也让李锦记可以引入社会各界有才之士加入管理层，从而让李锦记充满活力。2022 年 10 月 10 日，阿里巴巴前高管靖捷接替在任两年的原百事、达能食品健康高管林碧宝，任李锦记酱料集团 CEO，新力量的加入让李锦记具备了在新形势下快速进行数字化转型的可能。

李氏家族如标致家族和爱马仕家族一样，通过不断强化家族意识、保证家族内部和谐为企业提供稳定的环境，通过引进专业人才让企业具备活力，从而实现企业的长治久安。

思利及人

2021 年 7 月 26 日，一代蚝油大王李文达辞世，李锦记的第三代退出企业舞台，但他办公室的墙上悬挂的"思利及人"4 个大字早已刻在了李锦记的基因里。

世界上只有一条"护城河"，就是不断创新、不断疯狂地创造长期价值，"思利及人"正是李锦记发展的原动力。李文达认为"思利及人"就是"做事之前先思考如何有利于我们大家"，李家第四代继续将其细化为"直升机思维""换位思考""关注对方感受"3 个方面。

思利及人，即只有将企业的"利"和消费者的"利"，甚至全社会的"大利"结合起来，企业才能在市场经济中扎根结果。从李家第一代坚持用 50 斤生蚝为用户熬制一斤超级美味的蚝油开始，李锦记就是靠着"利人"而"立"下了品牌。

1992 年，李锦记为满足消费者需求，推出空前成功的顶级 XO 酱，不但成功渗透欧美，甚至直接提高了中式酱料的地位。1997 年，为了满足城市居民快节奏的生活需求，李锦记首创蒸鱼豉油、"快乐厨"方便酱料包，让人们在家里就能轻松享用美食。

为更多不同地域、不同习惯、不同需求的用户，提供更实惠、更多样、更优质的调味产品，"利人"的李锦记才得以不断扩充商业版图，完善上下游产业链，提升质量管理水平，获得境内外众多消费者、机构的认可。

李惠森说过："'思利及人'是李锦记的核心价值观，其中一个要素是'直升机思维'，是一种从'我'到'我们'的思维方式。"这要求家族成员站在整个社会、民族、国家的高度去思考问题。

2011 年启动的"李锦记希望厨师项目"也是李锦记"思利及人"使命的重要实践。李锦记认为培育好下一代才能更好地造福社会，每年李锦记从全国经济欠发达地区招募想学烹饪的青年，全额资助其入读正规职业高中中餐烹饪专业，授之以渔的同时，发扬中华优秀饮食文化。除此之外，李锦记还在航天教育、医学与生命科学教育、地区基础教育等方面持续投入，传递李锦记"思利及人"的大爱之心。

在"家国一体"的传统中华文化的影响下，李锦记的"直升机思维"使其自然而然地承担起了中国饮食文化输出的重任。多年来，李锦记通过在巴黎举办"中华美食节"、冠名世界厨王争霸赛等国际烹饪赛事来提升中华美食的世界影响力。李锦记通过"川菜非遗"提案，提升全社会对传统中国菜系的保护和传承意识，通过举办丰富多彩的中餐推广活动，为中餐文化搭建更大的世界舞台。

同时，李锦记也通过不断创新中式酱料，寻找和推广中式酱料与西餐的新融合方式，在提升自身业务水平的同时，提升中式口味和中式餐饮的世界认知度，为"中国味"的开疆拓土积蓄力量。10多年间，"希望厨师项目"已经拓展至全国多地，甚至拓展至韩国、马来西亚等国家（地区）。未来李锦记还计划在世界各地设立奖学金，为中餐行业培养后备力量，有效推进中餐在国际市场上开疆拓土。

思利及人，需要学会"换位思考"，能化干戈为玉帛，这一点帮助李锦记建立了稳固的销售渠道。李家人信奉，思利及人的"人"不仅包括李家人、消费者、合作伙伴，甚至还包括竞争对手。这就意味着，"思利及人"不仅是要思考如何做事能有利于"我们"，还要学会换位思考，关注对方的感受。

20 世纪 80 年代中期，李锦记将马来西亚一个冒牌李锦记熊猫蚝油的工厂和 18 个销售超市告上了法庭。官司打赢后，李锦记从超市角度"换位思考"，寻求让超市雇主感到最舒服的解决方案。超市无非是想赚更多的钱，并不是故意要搞垮李锦记，所以李锦记没有追着超市要钱，只是建议超市改卖李锦记的产品，并将法院判定的赔款当作李锦记产品的市场推广费。

超市负责人意外又感动，自然开始不遗余力地推销李锦记的产品。由于懂得换位思考，在这件事里李锦记、消费者、经销商成了共赢的获益者。

"换位思考"让李锦记改变了思维方式，同时学会了主动聆听、欣赏差异、理解顾客、合作互利，最终赢得市场信任。能将自己的产品卖到世界上有华人的所有地方，甚至包括太平洋上的小岛，李锦记强大的销售体系就是这样一点点"攒"出来的。

思利及人，就是持续地为他人创造价值。2011 年，星巴克打算推出一款新的泰式三明治，要求既保持西式的风味又不失东南亚风情，于是找到李锦记。为这类新客户专门设计的新产品，往往要经过漫长的研发过程，还存在很多未知风险。但李锦记并不计较，还专门为此成立了研发团队与星巴克共同开发出了味道独特的泰式辣酱。

这一次热心的帮助，为此后它成功进入麦当劳、肯德基、三全、小肥羊、思念、海底捞等众多企业的中央厨房打好了前战，也奠定了它在 B 端高端餐饮市场的地位。

李锦记在 2012 年有 5 款产品入选成为"神舟九号"载人宇宙飞船航天员佐餐酱料，自此李锦记开始在航天酱料这个细小的领域不断投入。在随后的"神舟十号""神舟十一号"载人飞行任务当中，李锦记深度参与了航天食品的研制与开发。为了适应独特的食用场景，李锦记改进了此前的手撕包装，将酱料装进牙膏管，便于航天员挤压食用，可多次使用的包装也避免了制造太多的空间垃圾。

2014 年，李锦记与深圳太空科技南方研究院开始着手研制 3D 航天食品打印机。2016 年，这款打印机参与了"太空 180"试验，可以打印各种太空美食，大大节约食材存储空间，这一年李锦记荣升为"中国航天事业战略合作伙伴"。

多年来，李锦记和中国航天一起多次登上太空。2021 年，它的多款酱料随"神舟十二号"和"神舟十三号"再次登上太空，多年的积淀让李锦记有能力为航天员提供更丰富的中国味道，更重要的是，中国航天的进取精神正在内化为李锦记品牌精神的一部分。

通过为中国航天创造价值，李锦记获得了独一无二的品牌地位和"航天品质"的用户认可，也借力航天精神获得蓬勃的发展，这就是思利及人的魅力。

思利及人，就是为员工着想，"关注对方感受"，帮助企业无为而治。李惠森说："《道德经》谈到 4 种类型的领袖——'太上，不知有之；其次，亲而誉之；其次，畏之；其次，侮之'。我觉得全球像哈佛商学院这类顶级领导力培训学校，他们现在教的还是第二级的东西，很注重领导者个人方面，培养的是 CEO，而不是第一级的 Chairman（主席），'我'大于'我们'更多一点。"

为了达到第一级的"无形领袖""无为而治"的境界，李锦记的企业内部有一个非常独特的追求——"爽"。让自己的每个员工感觉到"爽"，成为李锦记可以让企业"自动"前进的秘诀。领导即使连续几个月都不在公司出现，或只出现两三天，公司完全不会因此而脱离轨道，这就是李锦记倡导的"自动波领导模式"，这样领导就可以把更多时间放在思考企业发展策略上。

李锦记通过"选对人才"、营造"高信氛围"、建立"高效团队"、设立"共同目标"、进行"有效授权"和"教练育才"6 个内容，让员工发挥潜能、感到爽、沐浴良好的团队氛围，从而吸引更多的人才，保障企业的永续经营。李锦记将东方智慧结合西方现代的管理理论，解决了"人才"和"团队"这两个最重要方面的问题。

李锦记高度强调"换位思考"，做任何事情都要站在对方的立场上思考，如领导者要与员工换位思考。他们注重建立领导者与员工的关系，让领导者从监督者变成倾听者和支持者。2022 年李锦记又被《HR Asia》授予"2021 亚洲最佳企业雇主奖"，这是其第五年获此殊荣。

李锦记将自己的价值追求也传递给了员工，引导员工积极地、阳光地对待家庭、人生以及事业，倡导信任他人、以身作则、积极聆听、承担责任、欣赏差异等积极的价值取向，引导员工在"各美其美"之后，能"美人之美"，在"美美与共"中实现"天下大同"。

得道多助，失道寡助。一个企业能够为他人着想，才能在众人拾柴的作用下，穿越"寒冬"，穿越周期。

不过李锦记的前方并非一片坦途。近年海天味业凭借更高的产品性价比和宽广的渠道优势，在国内 B 端和 C 端市场都超越了李锦记，煞有一副"走李锦记的路，让李锦记无路可走"的架势。

2021 年，海天味业营收达 250.04 亿元，净利润为 66.71 亿元。由于李锦记坚持不上市，外界无法知道其具体财务数据，根据估算，在全球市场叱咤风云的李锦记年营收约为 700 亿元，尚具备一定的先发优势。但未来随着竞争加剧，双方可能擦出更多火花。

结语

企业要历经沧桑，穿越百年，优秀的企业文化才能让企业屹立不倒。李氏家族的"永远创业""家和万事兴""思利及人"等家族精神，让李锦记成功地穿越激烈动荡的百年，克服了无数艰难险阻，成为世界的民族品牌。

　　李文达以中国传统文化中最朴实的"做人"的道理来经营企业，他说："会做人了才能做好企业。"他用永远创业的进取思维、家和万事兴的管理思维、思利及人的利他思维，延续了李锦记的百年辉煌。而且他乐于接纳家族第四代的创新观念和做法，使家族不断发展。

　　李锦记的第四代企业家吸收了西方的契约精神和制度建设方法，将其与中国的文化观念共冶一炉，过滤了人治主义和特殊主义，强化了契约精神，让家族价值观得以制度化传承，这是中国家族企业治理结构现代化改造的前沿实践。

　　让我们一同期待，未来的中国有更多百年企业可以展现出深厚的中国文化内涵，让家族企业穿越周期，基业长青。

李锦记的字典里，

没有"守业"这个词。

它历经百年沧桑，

深知没有能够守住的东西，

唯有创业，永远创业，才能保持健康活力。

1

由于坚持为"盖棺"定论负责的态度，

李锦记有最严格的质量管控体系，

绝不为赚钱不择手段。

并且它坚持不上市，

从而保证企业"计划事情可以更长线"。

2

将家庭沟通、子女教育进行组织化

和制度化的落实，

家庭委员会很好地避免了

一些企业家只顾事业的发展，

从而忽视了家庭氛围的营造

和子女的教育的问题，

从而进入"富不过三代"的怪圈。

3

4 李文达认为"思利及人"
就是"做事之前先思考如何有利于我们大家",
李家第四代继续将其细化为"直升机思维"
"换位思考""关注对方感受"3个方面。

5 李锦记通过"选对人才"、营造"高信氛围"、
建立"高效团队"、设立"共同目标"、
进行"有效授权"和"教练育才"6个内容,
让员工发挥潜能、感到爽、沐浴良好的团队氛围,
从而吸引更多的人才,
保障企业的永续经营。

TCL 如何
向上升级、向外拓展、向内变革

戚德志

财经作家、高级编辑，
深耕人文商业领域

1978 年年初，木棉花绽放的时节，温润的气息吹过。21 岁的李东生，前往华南工学院（今华南理工大学）报到，攻读无线电技术专业。

这个来自广东惠州的少年，是恢复高考后多达 570 万名考生中的一员。这是他第一次来到广州这座省会城市。

整整 45 年之后，身为 TCL 创始人、董事长的李东生，终于把这条在全球颇具竞争力的液晶面板产线，带到了这座令他魂牵梦萦的城市，那个梦开始的地方。

2022 年 9 月 29 日，国庆节前夕，投资额高达 350 亿元的"TCL

华星广州 t9 项目"正式投产。对这个并不复杂的名称稍加解释，
我们便不难发现其背后的深刻内涵：TCL 成立于 1981 年，如今
已成为具有全球竞争力的智能科技产业集团；TCL 华星（000100.
SZ）原名华星光电，成立于 2009 年，是 TCL 旗下专注于半导体显
示领域的创新型科技企业；广州市，更具体一点说，黄埔区，是该
项目的所在地；t9 则是 TCL 华星的生产线序列号，其全称是第 8.6
代氧化物半导体新型显示器件生产线。半导体显示器件生产线的世
代，是根据所加工玻璃基板的面积来划分的。生产线的世代变化，
反映了行业的演进水平，越高世代的生产线，切割效率越高，建设
生产线需要的投资额当然也就越大。

百年未有之大变局的当下，世纪疫情叠加全球变局，中国经济
面临需求收缩、供给冲击、预期转弱的三重冲击，不同企业做出了
不同的选择。这些选择也许都有其合理性，但无数事实告诉我们，
悲观者往往正确，而乐观者才能赢得未来。

在这个意义上，TCL 华星广州 t9 项目意义非凡，这个项目蕴
藏着 TCL 穿越周期而历久弥新的巨大秘密。

向上，产业升级。从最初的"三来一补"（来料加工、来样加
工、来料装备及补偿贸易），到做磁带、做电话、做电视，再到后
来挺进产业链上游，在液晶面板产业中闯出一片新天地，TCL 的故
事是中国企业不断探索产业升级，不断从传统产业往新兴战略产业
跃迁的故事。

向外，全球产业布局。从 1999 年迈出境外自建渠道及自有品
牌推广的第一步，到 2004 年收购汤姆逊和阿尔卡特陷入万劫不复
之地，再到如今境外营收占比近半，TCL 的故事是中国企业在本土
与全球两个完全不同的战场上，与全球顶尖巨头正面交锋并找到自

己制胜之道的故事。

向内，变革创新。1998 年 2 月，TCL 首次导入企业变革的观念；2002 年，李东生提出"创建具有国际竞争力的新企业文化"；2006 年，李东生发布了《鹰的重生》；2009 年，TCL 创建华星，布局新赛道；2014 年，TCL 进行了"双 +"战略转型；2017 年，在李东生的"4·12 讲话"之后，TCL 更是进行了持续 3 年的变革与聚焦。

41 年间 TCL 历经 6 次变革转型，创作《万物生生——TCL 敢为 40 年 1981—2021》期间，我和秦朔老师多次长时间深度专访李东生，他对此总结说："变革是 TCL 的基因，TCL 的故事，就是一个变革的故事、创新的故事。"

不管向上、向外还是向内，只是 3 个不同的维度。这一切的背后，TCL 最重要的基石，是李东生身上始终闪耀的企业家精神。

1997 年，李东生担任 TCL 集团董事长第二年，广东省委组织部考察他作为副市长候选人。李东生考虑再三，婉言谢绝："我更适合做企业，我的理想是成为中国的松下幸之助。"

此话或许有些托大，李东生后来再没说过。但在精神气质上，当代优秀中国企业家和当年以松下幸之助为代表的日本"经营四圣"那一代企业家，确有几分相似之处。

企业家的驱动力有多强，企业的创新跃变能力就有多强。正如 20 世纪 90 年代新经济学派最重要的倡导者之一乔治·吉拉德，在那本影响广泛的《重塑企业精神》中所说，"经济的复苏，取决于企业家的复活"。

这个世界，永远不会缺乏挑战。但正如李东生所说，"企业发展如逆水行舟，缓进则退，不进则死"。TCL 经历了不同周期依然在拔节生长，是因为他们不但"有勇气面对决策"（德鲁克，1985），而且始终坚韧。

"我不觉得选择有什么难的，难的是选择之后的坚持。做出一个选择，可能有一段时间看不到曙光，外界的质疑甚至会让你怀疑自己，这时候能不能坚持，在于你有没有坚韧的品质。"李东生说。

向上，产业升级

2021 年 2 月 26 日，李东生被授予 2021 年 David Sarnoff 产业成就奖。由他主导并建成的中国首条完全依靠自主创新建设的高世代面板线，经过 10 余年发展，TCL 华星已成为全球第二大电视面板供应商。

David Sarnoff 产业成就奖，是在全球信息显示领域极具权威的国际信息显示学会（The Society for Information Display，SID）自 2018 年开始设立的重量级奖项，每年只授予一位为推动行业发展做出重大贡献的业界人士。

在李东生之前，2019 年 5 月 15 日，京东方创始人、董事长王东升被授予这一奖项。王东升和李东生两位来自中国的行业巨头先后获奖，可以说是一个标志：液晶面板产业完成了中国式崛起。2021 世界显示产业大会上的一组数据更为直观：2020 年中国新型显示产业直接营收达 4460 亿元，全球占比达 40.3%，产业规模位居全球第一。

出乎很多人意料的是，TCL 当初开展液晶面板项目，纯属无奈。

　　TCL 当时只是生产——更严谨一点说是组装——彩色电视机的众多厂家之一。1991 年前后，全中国有 100 多条彩电生产线，有七八十个彩电品牌，有包括北京、熊猫、金星、牡丹、飞跃、凯歌、长虹、创维、康佳等一众电视生产商。但由于没有人真正掌握核心技术，很快供过于求，随后各大电视生产商只能通过残酷的价格战来争夺市场份额。

　　2004 年 1 月 28 日，被带领 TCL 成为世界 500 强企业的梦想驱使并诱惑着的李东生，在中法两国领导人的见证下，并购了全球彩电业的老大——法国汤姆逊公司。

　　与此同时，发端于美国的液晶显示技术，经过夏普等日本企业的不懈努力，迎来了产业化的契机。可惜的是，当时作为显像管鼻祖的汤姆逊尾大不掉，加上全球化过程中不可避免的文化冲突、管理冲突，差点将 TCL 拖沉——2005 年亏损 9 亿元，2006 年巨亏 19 亿元，在 A 股上市的 TCL 集团被戴上 "*ST"（公司经营连续 3 年亏损，退市预警的股票）的"帽子"。

　　1997 年亚洲金融危机后，全球液晶市场迅即陷入衰退周期。但值得关注的是，来自韩国的三星和 LG，却在这个低谷时期果断出手，投入数十亿美元打入液晶显示领域，后来证明，这种凌厉的搏杀式战术是一种非常奏效的战术。直到今天，韩国液晶显示企业依然是全球液晶显示领域的龙头，这种逆周期投资的策略居功至伟。

　　韩国企业迅速崛起的同时，日本企业为了制造均衡态势，向中国台湾地区的 6 家企业开放技术授权，中国台湾地区得以开启 TFT-LCD（薄膜晶体管液晶显示器）产业周期。液晶显示这种革命性的全新技术迅速席卷了显示市场，短短几年间就将中国的七八十个彩电品牌摧毁了 90% 以上，若干条 CRT（显像管）生产线被悉数淘汰。

回首往事，李东生说，"每每想起这一幕，就极为心痛""不掌握上游技术，永远要仰人鼻息，存不得继续依赖的幻想"。

中国彩电产业不得不继续饱受"缺芯少屏"之苦。2008 年全球金融危机之后，日韩彩电企业取消了对中国台湾地区液晶面板企业的订单，令其濒临绝境。

李东生清楚记得，2009 年 1 月 16 日，9 家大陆电视企业在关键时刻站出来，与台湾液晶面板企业签署战略合作协议，采购量超过 1200 万片，订单价值高达 22 亿美元。未曾想，不到一个月，韩国彩电企业突然又从取消订单改为购买中国台湾地区的库存面板，并且都是现金交易。

此时，已签署协议的奇美、友达，不但拒绝履行供货合同，而且任由韩国企业买断库存面板。我国的彩电企业毫无还手之力，只能将 2009 年的面板采购金额提高至 44 亿美元，无奈接受涨价的现实。2009 年 3 月到 8 月，面板涨幅超过 30%，彩电企业不但没有利润可赚，甚至不得不亏损生产。

这件事情深深地刺痛了李东生。他说出了那句几乎是一代中国工业人的觉醒宣言："一定要建立自己的液晶面板产业，摆脱受制于人的局面。"

2009 年 11 月，李东生和 TCL 以"自主团队、自主技术、自主建线"的方式，正式启动当时的最高世代线——国内首条 8.5 代 TFT-LCD 生产线项目（后文简称 t1 项目）。TCL 的 t1 项目总投资 245 亿元，其中深圳市出资 30%、三星出资 15%、TCL 出资 55%。TCL 的出资额差不多达 135 亿元，这几乎是 TCL 过去近 30 年积攒的全部家底。

液晶面板产业是高科技、重资产、长周期产业，其中蕴含着温度、洁净度、曝光时间、强度等缄默知识和技术诀窍。TCL 华星经过艰苦摸索，将产能、移动率、良品率、ASP（产品平均售价）、成本等 5 项指标不断校验，深刻把握液晶面板产业规律，创造性地提出"华星指数"，帮助 TCL 华星不断穿越周期——TCL 华星是全球液晶面板领域唯一一家从来没有出现过年度亏损的企业。

李东生对 TCL 华星的要求是，"一天当两天用，全年任务提前半年完成""把对手逼'疯'，把自己逼'死'"。

TCL 华星不只是一颗星，而是群星闪耀。

t1 项目之始，李东生就已开始考虑 t2 项目的规划。而就在筹建 t2 项目的同时，2013 年 6 月，t3 项目组正式成立。2017 年 3 月 31 日，在 t3 项目的基础上，采用柔性 LTPS-AMOLED（低温多晶硅有机发光半导体）技术的 t4 项目又一次落户武汉光谷。2018 年 11 月 14 日，t6 项目投产。同一天，投资 426.8 亿元的 TCL 华星第二条 11 代面板生产线（t7 项目）开工建设。2020 年，TCL 华星将收购的苏州三星电子液晶显示科技有限公司定义为 t10 项目。如今，t9 项目已正式投产，同样将闪耀在广州的 t8 项目已启动合作投资……

液晶面板产业有一个所谓的"液晶周期"，大概 3~4 年会经历一个完整的上行和下行过程。在这个起起伏伏、有明显周期性的行业中，TCL 华星为什么能够创造奇迹？

这与 TCL 华星的战略规划的前瞻性与节奏把控息息相关。李东生说，TCL 华星看起来投资大、风险大，其实，它的发展战略是比较稳健的。TCL 华星没有同时在一年内开建过两个项目，TCL 华星的项目也不像有些企业的项目，资本金 90% 都由政府提供或通过财政担保去融资。

企业要尽可能按市场规律做事。李东生认为："液晶面板行业是长周期行业，战略管理极为重要。一条生产线从最初规划到投产产生收益，大概需要 3 年。其中项目筹备至少要 6 个月，建厂、投产、量产需要 12 个月，从量产到产生收益要 6 个月，加上其他各种不确定性，在规划一个项目之初，就必须预判 36 个月之后的行业状况、市场情况，并由此确定项目怎么建、建多大规模、生产什么样的产品。而在 3 年建设投产周期外，还必须叠加考虑液晶周期的影响。能否使生产线的量产周期与液晶的上行周期高度契合，直接决定了建设这条生产线是赚钱还是亏钱，企业能不能持续经营下去。"

为了从战略上控制风险，TCL 华星坚持有序扩张，对于每个项目都会考虑各种可能性，包括最好的和最坏的可能性。例如，t4 的OLED（有机发光半导体）项目，刻意推迟了一年才动工。这个项目本来完全可以和京东方同步开建。"为什么晚了？是有意为之。我们评估，当时 OLED 的技术准备还不足，而且按当时的规划，即便很快建成了，也很难和三星竞争。市场的需求也没有增长得那么快。我们判断，如果那时开建，t4 会成为一个很大的经营包袱。"李东生解释道。

"对于面板行业的周期性，你永远不可能掐得那么准，周期最终是靠市场力量来平衡的。要仔细测算，但我们不是算命先生，所以最要紧的，还是提高自己的竞争力。"李东生说。

向外，全球产业布局

2021 年 6 月，李东生参加亚布力中国企业家论坛第二十一届年会的时候，与负责大中华区业务的戴姆勒股份公司董事会成员唐仕凯进行了交谈。

唐仕凯问他："中国市场已经足够大了，TCL 为什么还要全球化呢？"李东生回答说："中国市场很大，全球市场更大。"

那次年会的主题是"大变局下开新篇"，李东生的演讲主题是"以'全球化'破'逆全球化'"。

1981 年，TTK 家庭电器有限公司成立，这是一个中外合资企业，也是 TCL 的前身。从这一刻起，TCL 就和国际化结下了不解之缘。或者说，国际化、全球化就是 TCL 的生命基因。

李东生认为，"产品出口贸易—跨国并购—全球化经营—建立全球产业供应链以应对逆全球化和贸易保护主义的影响"，是 TCL 40 余年全球化的一条主线，也是整个中国经济从被纳入全球分工体系、担任跑龙套的配角，到逐步走向舞台中央、成为新主角这一历程的映射。

这 4 个阶段看起来是横向的扩延，其实是一山更比一山高的 4 个阶梯，每个阶段所需要的能力都是不同的。

来料加工、产品出口是第一阶梯。从 20 世纪 70 年代末开始，广东充分利用毗邻港澳、华侨众多的优势，大胆引进外资和先进技术、设备，吸引港澳中小厂商到珠江三角洲发展"三来一补"加工贸易，带动了劳动密集型加工业的兴起，TCL 最早开始的国际业务也是以这种方式做起来的。

运用"三来一补"等外向型方式，把丰富的劳动力资源和外部的资金、技术、原材料、市场结合，中国就可以通过外循环带动内循环。在中国有了比较扎实的工业化、市场化基础后，就可以从"借船出海"迈向"自己造船出海"。1999 年，TCL 在越南建了第一个工厂。

加入 WTO（世界贸易组织）之后的国际并购是第二阶梯。WTO 规则的基础是贸易投资自由化，李东生对此的理解是，"如果我们只守着中国市场去和全球竞争，就很难打赢这一仗。所以一定要往外走，在境外开辟市场，不能只在内线作战。只有将内线和外线作战结合起来，才有可能在未来经济全球化的竞争中建立优势"。

2004 年 TCL 跨国并购法国汤姆逊彩电业务和阿尔卡特手机业务，也是这一思路的典型体现。国际并购以及随后遭遇的重大挫折，导致多年来外部对 TCL 一直批评不断。李东生自己也从未停止过反省，但走出去，使 TCL 成为全球化公司，一直是他不变的追求。

李东生不止一次说："两次并购为 TCL 的国际布局奠定了基础，TCL 对国际市场、各国（地区）的投资环境有了深刻认识，意识到生产基地、渠道网络等'资产'也是很有价值的。"

扎实推动全球化经营是第三阶梯。国际并购带来了全球化运营的基础，在国际并购中受到的挫折没有磨蚀 TCL 全球化的决心。建立起全球化的业务结构和资源配置格局之后，从终端产品看，TCL 的彩电销量已位居全球第 2，其中境外市场销量占 2/3，营收和利润都超过国内彩电业务。更重要的是，TCL 全球化经营能力大大提升，近几年美国对中国单边加税，但 TCL 在美国的销售依然实现了增长，这正是能力建立的结果。

李东生认为，TCL 的竞争力是一种"有比较优势的能力"。无论智能电视还是普通家电，TCL 的技术在中国企业里处于前列；相对于发达国家（地区），TCL 有效率和规模优势、工业能力和供应链优势；相对于其他发展中国家（地区），TCL 有技术、规模、效率的综合优势。这些优势是 TCL 加快全球化布局的重要基础。

建立全球产业供应链则是第四阶梯。李东生明确提出，国际化业务与全球化经营代表着两种截然不同的经营理念，"国际化经营以企业自身为中心，全球化经营则以全球市场为中心；国际化更多是将产品卖出去，全球化是要建立一个全球的经营网络和提升经营全球业务的能力"。

如今，TCL 和那些享誉世界的全球化公司一样，形成了全球产业布局——全球制造、销售、服务，即在全球各地建立产业链和供应链；全球营销，在世界各地建立品牌销售渠道和服务体系；全球研发，在全球建立具有国际竞争力的实验室和研发体系。

截至 2022 年，TCL 已在全球布局 43 个研发中心、32 个制造基地，业务遍及 160 多个国家（地区），产品销售种类涵盖智屏、空调、智能移动及连接设备、冰箱、洗衣机、健康电器、智能语音等。

"中国制造业的产出占全球的 28%，如此巨大的产能不可能都在国内消化，也不可能都用出口的方式消化，因此在全球布局，在全球建立产业链、供应链，不仅要输出产品，更要输出工业制造能力，在全球市场实现自身价值，就成为大势所趋。"李东生说。

2022 年 5 月 9 日举行的 TCL（集团）2021 年度业绩交流会上提供的数字显示，2021 年，TCL（集团）整体营收为 2523 亿元，同比增长 65%，整体规模已达到世界 500 强企业水平，其中境外营收为 1174 亿元，占比近半（46.53%），与 2020 年同期的 734.6 亿元相比，增幅巨大。

"当前经济全球化遭遇冲击，全球产业格局在加速重构，国家的竞争实际就是经济的竞争，竞争的主体是企业，中国企业要尽快适应全球化竞争的新趋势、新变化，加快优化全球化产业布局。"李东生说，"中国制造业一定要从出口变为真正的全球化，要从输出产品转变为输出工业能力。"

"逆全球化"的影响，叠加突如其来的新冠疫情，给世界带来前所未有的冲击。久经沙场的李东生，坚持不下调经营目标，并明确提出"上坡加油，追赶超越""全球领先"。

"既然业务收缩聚焦，从'巴掌'变成'拳头'，那么在'拳头'领域，一定要追求全球领先。在智能终端领域，彩电要做到全球领先；在半导体显示器件领域，TCL 华星要做到全球领先；其他产业要按照中国领先和行业领先的标准向前。"李东生说。

此时此刻的李东生和 TCL，恰如令他印象深刻的高尔基笔下勇敢的海燕，在怒吼的大海上，在闪电中间，高傲地飞翔，这是胜利的预言家在叫喊——让暴风雨来得更猛烈些吧！

向内，变革创新

天行有常，明者因时而变。要么进化，要么僵化。

从宏观大势看，李东生曾经撰文分析，改革开放后每个阶段的赢家都是靠创新变革才成功的，只有不断变革才不会被淘汰。

"从 20 世纪 80 年代到 1992 年邓小平发表南方谈话，是计划经济向市场经济转型的阶段，这时'一招鲜吃遍天'，拼的是勇气，拼谁先下海；1992—2001 年中国'入世'，中国企业的重点是建立现代企业制度，向跨国企业学习，再增加一些本土化的点状创新，这时拼的是治理结构、战略、文化、组织、系统；2001—2011年，次贷危机和欧债危机使西方经济出现衰退，不少中国企业在国内渐渐取得优势；2012 年到现在，要用新理念，用创新驱动高质量发展。"

从微观主体看，TCL 历史上有过 6 次变革，都推动了企业的发展。

1998 年 2 月，李东生发表了《推动经营变革、管理创新，建立竞争新优势》的讲话，TCL 由此开始了成立之后第一次系统性的变革创新。他借鉴了时任通用电气 CEO 的杰克·韦尔奇的组织变革经验，在 TCL 内部首次导入文化变革的观念，确立了企业文化的基本架构，明确了为顾客创造价值、为员工创造机会、为社会创造效益的企业宗旨。1997—2002 年，TCL 集团销售收入从 56 亿元增长到 222 亿元，净利润从 1.5 亿元增长到 4.2 亿元，分别增长了约 4 倍和接近 3 倍。

到了 2002 年，距第一轮变革过去了 4 年。在成绩面前，一些不好的苗头开始出现，且有蔓延之势。2002 年 7 月，TCL 召开企业文化创新千人大会，李东生发表了关于《创建具有国际竞争力的新企业文化》的讲话，TCL 由此开始了第二次变革。这一轮变革主要解决充分授权与承担责任的矛盾，破解"小圈子"现象，把握规范管理与保持速度和效率优势的关系，创建学习型的企业文化，通过沟通企业愿景，凝聚发展共识，使各项变革措施切实落地。

TCL 历史上的第三次变革，是众所周知的"鹰的重生"，于2006 年展开。2006 年 6 月 14 日凌晨，在深圳蛇口的公寓里，李东生一直睡不着，索性起来在书桌前梳理思路，在信纸上边写边改。夫人魏雪醒来后，坐在床上，盘腿抱着电脑，在早上 5 点多把文章草稿打印了出来。这篇文章就是著名的《鹰的重生》。

就像追求重生的老鹰那样，李东生也将身上的羽毛一根根拔掉，鲜血洒落，但畅快淋漓。这篇 2000 多字的文章，被首先发表在 TCL 的内部网站上，很快引来超过 2 万条跟帖。不少员工彻夜回帖，热泪盈眶，有的回帖甚至长达万字。

几天之后，这篇文章在社会各界广泛流传，被评价为改革开放以来，"自我反思最为深刻、叙事抒情最为真诚、遣词造句最为考究"的企业家文章之一。

通过变革，TCL 走出了至暗时刻，培养了在生死存亡关头敢于改变自我、自强不息、渴求重生的精神特质，确立了更清晰的战略路径，强调"现金流至上"。

2009 年，TCL 创建华星半导体显示器件产业，布局新赛道，实现产业转型升级，改善管理治理，强调"有质量的增长"，强化全面预算管理和 KPI（关键绩效指标）考核机制，逐步完善利润分享机制，激发团队潜能。

2014 年，TCL 进行了历史上的第五次变革——"双 + 转型"，即"智能 + 互联网""产品 + 服务"，不过没能取得预想效果，新能力没有建立起来，原有业务竞争力持续下降。

TCL 随之陷入"千亿魔咒"：2014 年、2015 年、2016 年的营收都在 1000 亿元左右，但净利润不断下降，总资产的增幅超过了营收增幅，对此，李东生表示："说明集团整体经营效率不但没有提高，部分主要产业的经营效率指标还有所下降。"

李东生分析认为，"双 + 转型"不成功的根本原因，还是经营转型停留于宏大、抽象的概念，没有悟透互联网数字化对制造业本质上的改变。"表面看好像变了一点，但内在的骨子里的很多东西都没有变。一句话，形变神未变。"

2017 年 4 月 12 日，在 TCL 执委会扩大会议上，李东生以《逆水行舟、不进则退，改变自己才能把握未来》为题作报告。报告明确了 TCL 在此次战略转型、变革转型中，究竟要改变什么，其核心是有 4 点，即转变经营观念、优化组织流程、创新商业模式、清除发展障碍。

在"4·12 讲话"中，引起集团上下最大震动的，是以下几段话。

"管理团队首先要转变观念，只有改变自己，才能把握未来，要适应经营环境的变化，要学习和掌握新的能力，不能适应的，只能转岗或被淘汰。"

"我们要树立这样一种良好的用人导向，让愿干、能干、敢干的人上来，让能说、不能干的人下去。"

"企业需要'政委''参谋长'，但更需要能打仗、打胜仗的将军。"

这是 TCL 历次变革中的一个重要时刻。尽管这次讲话没有《鹰的重生》那样的社会影响力，但就对企业上上下下从思想到行动所产生的冲击，以及对企业未来发展的影响而言，和《鹰的重生》相比毫不逊色。

通过重组及剥离非核心业务，TCL 关停了 110 多家公司，将战略聚焦于以半导体显示器件及材料为代表的高科技产业和以 AI×IoT 为战略牵引的智能终端产业两大产业集群。

重构与聚焦的最终结果，即是"双子战略"。2019 年，TCL 完成"双子战略"的资产重组，形成了"TCL 科技 +TCL 实业"的双子架构，鲲鹏展翅、两翼发力。

2019 年年底，TCL 升级了企业文化，提出"要成为全球领先的智能科技公司"的愿景，并明确了两大核心主业要在综合实力上迈向全球前列的目标。

"3 年变革转型、浴火重生，业务上的体现是'双子落定'，分拆为两大产业集团；战略上的体现是确立了全球领先的共识和目标。"李东生说。

开辟产业新赛道，是 TCL 全球领先战略的必然选择。2020 年 6 月底以 125 亿元并购天津中环电子信息集团，进军半导体和新能源材料产业，TCL 实现了从智能终端产业到半导体产业，再到半导体和新能源材料产业的新曲线。

李东生完全认同欧洲管理学家查尔斯·汉迪在《第二曲线》中的判断："使你到达现在位置的东西不会使你永远保持在现在的位置。"李东生是 TCL 探索第二曲线的引领者，他在接受我们采访时表示："集团的产业有第二曲线，每个产业内部业务有第二曲线，每一家企业的产品也有第二曲线。第二曲线事实上是不断变革创新的代名词。通过最近几年的变革创新，对第二曲线的探索已经成为 TCL 的一种自觉。"

企业家跃变

深圳南山区中山园路 1001 号，TCL 多媒体大厦 10 楼办公室。李东生所坐办公桌后面的墙上有一幅书法作品，上书 4 个字：顺势明道。

势是时代大势、产业趋势；道是规律，是思想，是共同目标。

"40年间，我见证了中国经济从弱到强，工业和科技实力快速提升，国家走向全面开放。TCL也从一家作坊式的地方小企业发展成具有国际竞争力的跨国公司，TCL的成长历程与国家改革开放同步。我深深感恩这个时代，时代成就了李东生，时代造就了TCL。"

这段话是李东生2018年12月18日获得"改革先锋"称号后接受记者采访时所说的。这就是李东生理解的时势。

那一日的北京，阳光灿烂，晴空万里。人民大会堂内，气氛庄严而热烈，庆祝改革开放40周年大会隆重举行。李东生身着中山装，神情庄重。他是作为"电子产业打开国际市场的开拓者"获得"改革先锋"称号的。

《人民日报》刊登了获得该称号的100名先锋人物的介绍，对李东生的介绍如下：

他主导TCL开展重大跨国并购，开创了中国企业全球化经营的先河，在全球设有28个研发机构和22个制造基地、产品行销160个国家和地区；曾创下我国第一台按键免提电话、第一代大屏幕彩电等多个第一，带领团队建成完全依靠自主创新、自主团队、自主建设的高世代面板线，实现我国视像行业显示技术的历史性突破，中国继日韩之后成为掌握自主研制高端显示科技的国家，曾荣获"全国劳动模范"等称号。

TCL成长于惠州，惠州经济总量不大，在珠江三角洲经济圈并不起眼。李东生自认并非天赋异禀，但在他的领导下，TCL勇于尝试，不怕挫折，一变再变，在"干中学"的过程中成长起来、强大起来，在全球产业的影响力越来越大，这是李东生和他的团队用业绩和市场表现展示的 TCL 强大的生命力和血性。用他在 2020 年 TCL 全球经理人大会上的话说，"弱者只会未战先怯，强者却因磨炼而更加强大"，这就是 TCL 的精神。

40 年来，TCL 和中国最为活跃的电子、通信、家电等产业中的中外领先企业都曾是对手或合作伙伴。今天，在 TCL 的三大产业赛道上，依然强手如云，高手林立：在智能终端赛道，对手包括三星、LG、索尼、华为、小米、海信、创维、美的、格力等；在半导体显示器件产业赛道，对手包括三星、京东方、LG、友达、群创光电、天马等；在新材料和新能源赛道，对手是隆基股份、通威股份、晶澳科技、晶科能源等。TCL 正在部署进入集成电路产业，一旦真正进入，还将直面更多的国际巨头。

对外把握时代的变化、全球化的变化、技术的变化、政策的变化、消费者的变化，对内持续推动变革，TCL 一次次打破路径依赖、跳出平庸陷阱，一次次突围，一次次跃升。TCL 的故事，就是因变而跃、万物生生的故事。

TCL 的跃变 40 年，背后的关键驱动力是李东生本人的跃变。

李东生的跃变，来自深刻的使命感、对环境变化的洞察力、自我反省与变革的精神，以及开放学习、不断自我超越的态度。数十年如一日，未曾动摇。

1999 年，李东生在 TCL 集团高级管理干部会上讲道："中国是一个经济大国，但中国不是一个经济强国，其中一个主要原因就在于中国缺少一批有国际竞争力的世界级企业来支撑中国的经济大厦。因此，从国家要振兴、民族要强盛的需要出发，中国必须尽快培养一批世界级企业，这应该是我们 TCL 发展的目标。"

至少从那时起，使 TCL 成为世界级企业就是李东生的使命。此后，曲曲折折，风雨兼程，但 TCL 至今仍走在迈向全球领先的道路上。TCL 有过高峰，有过低谷，有过停滞，但在不断变革，而李东生追求实业强国、志在世界巅峰的精神，"虽九死其犹未悔"的探索旋律，一直在回响，荡气回肠。

李东生说，企业的变革创新在不同的领域、不同的维度、不同的产业中都在发生。企业战略格局和发展驱动力主要来自企业家，企业家要成为企业发展的"发动机"。要做到这一点，企业家必须持续学习、不断提高自我，一方面让自己的能力得到提升，另一方面带领企业走得更远、更高。除此之外，还要借助团队的力量，例如，企业技术方面的创新驱动力应该来自专业技术团队；商业模式创新的驱动力应该来自业务团队。企业家应当凝聚合力，建设企业。

TCL 的跃变与李东生作为企业家的跃变启示人们，只要企业家不断追求，坚持反思、学习与变革，企业的发展就不会有天花板，即使一时浮沉，终能开辟新天。

一言以蔽之，TCL 穿越周期之道是什么？

是向上跃变之道，产业升级、技术创新与核心能力的提高，是探索精深之道。

是向外拓展之道，国际化和全球化的探索，是通往世界之道。

是向内变革之道，企业变革贯穿 TCL 发展始终，是建立一个强大而富有生机的组织之道。

更是李东生从经理人到企业家，到攀登世界工业高峰、产业报国的产业家之道。

这是梦想的力量，是全球化浪潮中的中国力量。

不管向上、向外还是向内，
只是 3 个不同的维度。
这一切的背后，
TCL 最重要的基石，
是李东生身上始终闪耀的企业家精神。

1

周期最终是靠市场力量来平衡的。
要仔细测算，
但我们不是算命先生，
所以最要紧的，
还是提高自己的竞争力。

2

改革开放后每个阶段的赢家
都是靠创新变革才成功的，
只有不断变革才不会被淘汰。

3

4 对外把握时代的变化、全球化的变化、
技术的变化、政策的变化、消费者的变化，
对内持续推动变革，
TCL 一次次打破路径依赖、跳出平庸陷阱，
一次次突围，一次次跃升。
TCL 的故事，
就是因变而跃、万物生生的故事。

5 TCL 的跃变与李东生作为企业家的跃变
启示人们，只要企业家不断追求，
坚持反思、学习与变革，
企业的发展就不会有天花板，
即使一时浮沉，终能开辟新天。

"零售大王"寻找第二曲线的秘诀

汪建国

五星控股集团董事长

　　编者按：汪建国堪称"零售大王"，自1998年创立五星电器后，他还一手缔造了孩子王、汇通达和好享家3家独角兽企业，并且半年内孩子王和汇通达先后成为上市公司。作为"创业老兵"，汪建国一次次拥抱变化、拥抱新模式。他认为，任何企业都有生命周期，任何一个人也都有成长周期，无论是企业，还是个人，都在最好的时候去寻找第二曲线。

　　本文总结了汪建国30余年沉淀下来的深度思考，希望对商业决策者做正确决策、穿越企业的生命周期有一些启发。

第二曲线的底层逻辑

正和岛： 1991 年您投身商海，此后从家电连锁到零售电商，再到产业投资……您几乎每隔 10 年就会让自己的人生出现一次"刷新时刻"，成功找到"第二增长曲线"。这背后有哪些共同的底层逻辑？希望您分享一些心得体会。

汪建国： 我认为底层逻辑有 3 个：第一个是要敢于折腾，第二个是要适应变化，第三个是要激发潜能。

第一，人生只有一次，人生是短暂的，与其平庸地过一辈子，不如去做点事情。我经常和团队说："如果不去折腾，就白活了。"所以，我不断"折腾"：在政府机关工作 10 年，在国有企业工作 10 年，创办五星电器后做了 10 年，现在再创业又干了 10 年。我认为，生活可以安逸，但工作不能安分。人生还是要过得精彩，不能过得平庸。

第二，我们处在一个伟大的时代，更是一个巨变的时代，如果我们不随着时代变化，就会被时代淘汰。在变化的过程中我们要不断思考，在做得好的时候去寻找下一条出路。

第三，人的潜力是无限的。如果人一直做熟悉的事情，潜能就不能得到发挥。相反，如果人能挑战更高层次的事情，潜力就会被释放。我从政府机关到企业，从做一件事到做几件事，从做企业到做投资，发现人的潜能被挖掘后是螺旋式上升的。现在我是"两栖动物"——在产业端，我孵化了汇通达、孩子王、好享家；在资本端，我成立了星纳赫资本。我觉得，只要去折腾就有无限潜力。

再来说说这些年来我做企业的心得体会，一共有 3 点。

第一，要终身学习。只有学习，我们才能不断地穿越周期，才能适应变化。持续学习，是应对变化的最好办法。

第二，要保持好奇。我对商业一直有很强的好奇心。创办孩子王的时候，我研究了境外零售商的打法，研究他们在母婴行业是怎么干的，家乐福、沃尔玛又是怎么干的。我想，能不能将他们的零售要素在中国进行整合而非简单模仿？于是我创办了孩子王。对新鲜的东西保持好奇心，是驱动我不断去挑战的原动力。

第三，要手比头高。遇到事情快速行动，一旦行动起来你会发现自己有一种力量。卖掉五星电器之后，我在不同的商业领域做了不同的事情。虽然很多人都觉得很难，但是我做了就不觉得难了。我个人有一个体会：很难的事情，做了就不难了；很大的事情，做了就小了。

正和岛： 在做企业的过程中，您遇到过哪些大的坎坷？又是如何克服，实现一次次蜕变的？

汪建国： 我工作 40 余年，从政府机关到国有企业，再到创办五星电器，2009 年又把五星电器卖掉，二次创业孵化了孩子王、汇通达、好享家等企业，确实每 10 年就遇到一个大的坎儿。我想，遇到了大的坎儿，首先要把自己逼到没有退路，逼到墙角，背后是墙，前面是海，没有办法，只有跳。

第一个坎是从政府机关到企业。20 世纪 80 年代末，我从政府机关到企业，本想去做经营，结果没有岗位。回政府机关又回不去，企业又没有工作安排，我和司机坐了半年的"冷板凳"。这个坎是怎么跨过的？我自己主动"请战"，克服心理压力，成立"综合部"，带着一个大学生做生意，慢慢地做出了产品和品牌，就这样做起来了。做事情不要在乎别人的评价，要找到自己的方向，坚定不移地做下去。如果一个人心态消极，那他将一事无成。

第二个坎是从民营企业到合资企业。2004—2005年，五星电器的销售额是国美的1/3，是苏宁的1/2，国美、苏宁相继上市，而五星电器上市慢了一步。这个时候，凯马特倒闭，国家发文要求不准拖欠供应商款项。在这种情况之下，五星电器的资金链遇到了很大的挑战，压力非常大。这时候求助资本市场也来不及了，我们紧急寻找产业投资，与百思买合作，就这样把坏事变成了好事。所以，遇到困难的时候，要有毅力，不能放弃，不能松懈，要保持积极的心态。

第三个坎是2009年卖掉五星电器，创办孩子王、汇通达遇到的重大挑战。孩子王开到第5家店的时候亏损得很厉害，开业当天只有几十万元的销售额，和五星电器一天销售额能达到上千万元比起来，是不成功的。当时对于孩子王的模式，不仅外界不看好，内部团队也缺乏信心，我也非常痛苦。汇通达也遇到了同样的问题，这种商业模式在农村市场没有过成功的案例，供应商不给我们供货，银行不给我们贷款。怎么办呢？要寻求他人的力量。孩子王开到第6家店的时候，我们获得了华平资本的投资。当时我的出发点就是要"靠大树"解决企业的困难。汇通达也得到了资本市场很多战略伙伴的帮助，后来阿里巴巴投资了45亿元给我们背书。所以，在面对挑战的时候，人一定要有信心，一方面，眼睛向内，寻找内在的力量；另一方面，眼睛向外，发现他人的力量，寻求他人的帮助。很多人遇到坎过不去的原因就是只靠自身。

正和岛： 把危机变成机会，企业才能逆势增长。企业怎么苦练基本功？这是很多企业想要得到的锦囊。

汪建国： 首先谈谈我发现的两个现象。

一是把技术"神圣化"了。大家都在说要赶快搞数字化，不然就是死路一条，但我认为脱离企业业务简单地搞数字化和因为数字化而放弃了原先的基本动作、自废武功，也是不可取的。零售企业的顾客体验和与顾客交流是很重要的，技术实际上就是工具，如果放弃和顾客交流、放弃为顾客提供体验的场景。长此以往，不做擅长的事情，反而做不擅长的事情，就是自废武功。技术是手段，企业要用各种手段和顾客建立关系，例如孩子王的社群营销。但是，数字化并不是所有企业都需要搞，有的企业本身赚钱就不多，并不适合搞数字化。

二是把企业复杂化了。做企业应该是简单的，如果我们整天都在学习理论和思想，而不去结合企业的实际情况，反而会越搞越复杂。所以，在这样的背景之下，我认为企业要回到基本面，苦练基本功。

基本面就是本质，商业的本质就是"创造顾客"。无论经济和市场环境怎么变化，商业的本质不会改变，有了顾客就抓住了根本。管理的本质是提高效率；组织的核心是调动人的积极性，激发员工的热情；经营的本质是创造利润，带来价值。企业越小越是要简单，大道至简！企业文化要末端化，企业要驱动员工做事。员工拼命干，肯定没问题；员工松懈了，就会有问题。小齿轮都转起来，大齿轮也就不怕了。

现在很多企业把组织结构、治理结构搞得很复杂，却把基本功丢了。企业的基本功就是要不断寻找顾客，给顾客带来使他们喜出望外的价值。企业可以通过商业指标来衡量自己的经营状况，如果顾客不断增加，复购率不断提高，客单价不断上升，那么企业就不太需要担心自己的经营状况。

如何应对企业生命周期?

正和岛: 在严冬环境下,企业家的每一个决策都至关重要。据说 2009 年您在黄浦江边的酒店思考了 6 个小时,最终决定在家电连锁高峰期卖掉五星电器,此后又成立了 3 家新公司。创业者、企业家如何在关键时刻扛住高压做出正确决策?

汪建国: 我认为,企业家真正的价值和贡献就是善于做决策,并且是做正确的决策,这是企业家首要的任务。方向比努力重要,选择比勤奋重要。无论是创业、转型,还是发展,首先在方向上要有大体的把控,不需要绝对正确;另外,越是在高压时刻,遇事越要有清醒的认知,一定程度上,人能否做正确决策首先取决于认知是否到位,其次取决于头脑是否清醒,不能带着情绪、感情、压力做决策。我总结了更高层次、更长维度、更多方位这 3 个方法论来说明。

第一,更高层次。解决问题要站在比形成问题更高的层次,如果是站在比问题更低的层次,则可能连问题都发现不了。既然是董事长,就要站在比员工更高的层次看待问题,不能用线性思维看待问题。

第二,更长维度。看待问题要站在历史的长河中,不仅要看眼前,还要看过去,更要看未来。要站在一个更长的维度,根据趋势性的东西来做决策,只有把握趋势才能把握未来。

第三,更多方位。做决策时,需要综合企业内部的条件、外部的环境等各种要素来进行判断。

对于做决策，我还积累了以下几点经验。

第一，隔夜决策。这么多年来我有一个习惯，对于重要的文件，一般不会当场签字。我会放一放、想一想后才签字，现在看来还是很实用的。个人要保持良好的心态，在头脑清醒的状态下更能做出正确的决策。

第二，独立判断。商业决策有时候不能民主，对于五星电器，如果我听股东、员工、社会的意见，就不应该卖，因为大家都不赞同。有时，真理是掌握在少数人手里的，企业家要对决策承担责任，要敢于决策。创业也好，转型也罢，创始人和高层领导必须比部门领导、普通员工有更超前的意识。企业能不能做好，与领导者的思维方式有很大的关系。现在很多领导者和员工处于同样的思维层面，陷入某个维度。有句话叫"要站在月球看地球才看得清楚"，我们要跳出业务看业务，跳出企业看企业，跳出行业看行业。

第三，抓住本质。我在企业内部强调的是追求真相，真相究竟是什么？就是抓本质，做正确的事。现在不确定的东西太多，信息量很大。在复杂的环境之下，做正确的决策，要抓住本质，找到"大齿轮"，不能在细节问题上陷得太深。俗话讲，"将军赶路，不追小兔"，就是这个道理。

我这几年的体会，是要以企业家的视角看投资，以投资者的视角看企业。更重要的是，顾客思维是最本质的。顾客满意的东西才是最好的，做决策时要判断是否能给顾客带来价值，不能只看现象。

因为做投资，我一年要看几百个项目。面对项目，我经常会问方向性的问题，并且提炼出了"三问四答"。你的定位和战略是什么？你要干到什么程度？你的愿景和使命是什么？我把这 3 个问题称为"创业三问"。你的目标顾客是谁？你提供的商品与服务是什么？你靠什么来赚钱？你的客户增长和盈利增长能不能持续？我把这 4 个问题称为"模式四答"。这样一问，就能把企业决策性的东西问清楚。

正和岛：汪总的决策之道很系统、干货满满，从中能看出来企业家的确是"少数人"，是与众不同的，想法和做法都非常独特。近期您也提到过一个理念——心流，做企业可以说是创业维艰，很多时候痛苦是多于快乐的，您所说的心流从何而来？它出现的频率如何？出现的原因是什么？

汪建国：我认为心流首先来自专注。专心做一件事，就把很多烦恼和杂念忘掉，专注到一定程度，还会感觉非常舒服。我对心流的感受频率很高，因为我每天会集中在一定时间专注思考几个问题、解决几件事，这时我就能感觉到很轻松、很舒服；有时静下心看书，或者跟同事们一起交流、分享，我也能感觉到非常愉悦。

其次，心流来自谦卑。对同事也好，下属也好，我在跟别人交流时候，如果稍微有点自大和自傲，心里就会发慌，保持谦卑，心里就很踏实、很舒服。

我感受很深刻的一点是，面对工作和生活，要想拥有持续的活力和热情，就要保持一种学习心态。

要向用户学习，在数字时代，用户的变化太快了，尤其是"90后""00后"，他们跟我们的想法是不一样的。

我们这代企业家还要多和年轻企业家交流，面对信息科技，我们多少有些跟不上他们，他们在勤奋、刻苦、拼搏这些方面，和我们这代人的想法也不太一样。

最后还要多向世界学习，发现了好的创意就去试一试，在尝试过程中一旦成功了，就会获得开心感、幸福感、成就感；有了一些新方法，也可以跟团队试一试——五星控股旗下的很多小企业就是这么成长起来的——看到小企业成功了、很多小企业的领导者成长了，自己也能收获一种成就感、自豪感、幸福感。

工作和生活是很难分开的，企业家、创业者都要创造条件去做事，有了一份好的事业，生活中也会收获一份好心情，它们是相互影响的。同样，在职场上如果只抱着打工的心态，下班以后就不学习了，把工作忘得一干二净，这样是干不好工作的，生活也很难好起来，它们也是互相作用的。

正和岛：很多人已经意识到抓住本质的重要性，但是做起来很难，如何能够真正具备抓住本质的能力？

汪建国：是的，现在做企业和以前做企业不一样，有句话说得很好，"在商言商，言商向儒"。商业越来越需要思想，越来越需要理念，越来越需要文化了。我们这一代企业赶上了套利时代，只要抓住了人口、土地、互联网的红利，坐对了"电梯"，就能爬上"高楼"。未来的企业靠红利是远远不够的，新型企业家需要文化底蕴，要能够深度思考、深刻研究，要把握企业管理的规律，毕竟做企业是有逻辑的。

我和团队这几年没有去套利，而是希望通过学习和观察来研究商业的本质。我们特别对互联网做了一些研究——互联网带来了一些用户和环境的变化，产业互联网更是刚刚开始。在这样的情况下如何做出正确的决策，对新型企业家的要求是不一样的。老一代企业家把握机会就能成功，新型企业家则需要一定的底蕴。

如何踩准点，把握大的产业机会？

正和岛： 在您的创业生涯中，您总是踩准了点。1998 年，您看好家电行业发展的大趋势，创办五星电器；您二次创业做母婴零售品牌也和国家人口政策息息相关。那么企业应如何把握大的产业机会？

汪建国： 这是一个相对复杂的问题。首先，要提高认知能力，不管是人与人，还是企业与企业，最大的差别是认知的差别。从商业视角来说，信息技术革命带来了一系列深层次的变化。

第一，最大的变化来自用户。借助智能终端，用户的主动权被放大了，用户的更多个性化选择也能被满足了。

第二，商业的基础设施变了。就像交通方面，原来是省道、国道，后来有了高速公路、高铁，如今做生意的基础设施变了。

第三，商业的底层逻辑也变了。原来是竞争性逻辑，是精准的比较性逻辑，但现在用户的需求多样，不仅需要商品，还需要服务。企业必须进行生态布局，整合资源。

首先，企业家要想带领企业穿越周期、踩准节点，就一定要提升自己的认知能力。我在五星电器的时候，看到了房地产的发展，看到了家电的更新换代，看到了 3C 的潮流。那个时候，我就知道产业是有周期的，某个产业红得过头的时候，就是危机出现的时候。

其次，要不断迭代。没有一种模式可以一成不变，我们必须不断迭代变化。孩子王的门店已经更新到第 9 代了，原来孩子王以线下实体店为主，现在是全渠道、全链路发展。

再次，要学会放弃，放弃是获得的前提。假如要抓一只活的猴子最有效的方法是什么？答案很简单——找一个细口瓶，在里面放个枣。猴子把爪子伸进去，抓住了枣之后就不愿意放弃，不放弃就被套牢了，这就是我说的瓶颈。如果我不放弃五星电器，就没有现在的孩子王、汇通达、好享家、五星控股。

最后，要看到趋势，提前布局。商业趋势原来是渠道为王、终端为王，现在是从全渠道走向全链路，产销一体化，"顶天立地"、纵向渗透。我们已经开始布局了，无论是汇通达还是孩子王，要向上游找到战略合作伙伴，不能等事情发生了再去赶潮流、赶风口，不布局就没有未来。要有超前的眼光，要比别人想得更远一点、更多一点。

2009 年我创立孩子王之前，市场上有很多母婴小店。而孩子王开的是大店，为什么？因为我们看到，体验和服务成为零售的核心能力。现在的汇通达相比之前也面目一新了，都在不断变化。

正和岛： 五星电器遇到瓶颈时，您在新加坡国立大学读 EMBA 的时候遇到了吕鸿德教授，他对您说，企业有生命周期，个人有成长周期，您应该大胆地去寻找第二曲线。回看过去走过的路，您如何理解企业生命周期？对于延长企业的生命周期，有什么心得？

汪建国： 说到企业生命周期，我想到一个词叫"百年老店"。我一直认为百年老店的提法是有争议的，基业可以长青，但是很难有百年老店。在巨变的大环境下，企业的生命周期在缩短，更迭速度在加快。任何一种商业模式的周期都是非常短暂的。在经济上行阶段，企业只要不犯大错就能活下来；在经济下行阶段，企业能活下来本身就是不容易的。

如今我对企业如何穿越生命周期的理解和以往不一样：以往"冬天"来了，"春天"就不远了，但也有可能，"冬天"会更漫长。以前企业"过冬"准备"棉袄"就行了，但现在只准备"棉袄"不行了，还得强身健体，提高自己的免疫力。如果还和以前一样，是过不去"冬天"的。所谓强身健体，就是企业从内部的经营思想、经营理念，到组织思想、组织方式，再到技术的应用、效率的提升，最后到现金流、商业模式，要有大的变化才行。

我们企业内部也在做强身健体的"过冬"准备。2022 年 3 月 21 日，我在内部会议上讲话，提醒大家企业内外部环境发生了巨变，作为团队的"驾驶员"，必须"握紧方向盘，谨慎驾驶，小心翻车"，并把"提毛利、增利润"作为今后一段时间需要紧紧握住的"方向盘"。另外，还要关注"三正"，以提升正向现金流、正向利润、正效率增长的思想来抵御"寒冬"。

产业是有周期的，那么，企业该怎样穿越这个周期？

首先，在快速变化的时期，我们每年都要重新审视、升级企业战略。我们常常说"终身使命"，使命是终身的，而愿景则是描绘十年里我们的方向性目标，更细分的就是 5 年战略、3 年规划、1 年预算。

每一年的下半年，一般从六月、七月开始，我们都会花几个月时间，围绕愿景、战略、规划、预算，重新审视、升级。在变化的市场当中，战略不能一成不变，而是要做微调。从这个意义上来说，重新审视、升级企业战略，就是延长企业生命周期。

其次，要不断寻找新的增长曲线和增长点；吃一块，夹一块，看一块；吃着碗里的，看着盆里的，想着锅里的；保持想 5 年、看 3 年、做 1 年的不断循环的方法。我现在发现产业周期、企业生命周期正在缩短。比如早先得益于房地产市场火热，新房子多了，家电产业也爆发性增长，火了 10 年，现在家电要更新换代，彩电流行的是等离子的，冰箱流行的是双开门的。在这样的情况下，必须保持"吃一块，夹一块，看一块"。

最后，因为企业生命周期变短了，所以我采取分布式的做法，同时做多个不同的企业。我觉得时代不一样了，市场变了，经济周期也变了，中国发展这么多年也到了一个调整期，如果还是靠一个中心化组织或者领导者一人来指挥企业，企业想做大是很难的，想做强就更难，进一步说，就是企业的生命周期在一定程度上取决于企业家的努力。

我认为延长企业生命周期的方法，就是不断迭代和不断创新。我有一句口头禅："应对变化的唯一方法是学习，而应对周期和挑战的唯一方法是创新。"只有不断创新才能延长企业的生命周期。一个不具备持续创新能力的企业，是很难基业长青的。企业要在模式和组织两方面进行创新。

第一，任何一家企业、任何一个模式，都要持续创新，只有不断创新，才能延长生命周期。

第二，在过去，企业是中心化的组织，是领导者一个人说了算。未来，用户越来越个性化、多样化，企业需要敏捷、柔性的组织。如果企业的组织方式不变革，其生命周期也将是短暂的。企业内部要激发活力，外部要整合资源，这样企业才可能长久运行。企业要去寻找新的组织、新的团队。那些新团队更年轻、更有活力和创造力，这样就能实现"去中心化"，让组织更加柔性化、自驱动，企业穿越周期的可能性就存在了。

市场元气和未来机遇在哪里？

正和岛：您在集团"2022 年度工作会议"中提到，"尽管形势严峻，但是站在历史的长河中来看，我们依然处在伟大的时代"。在这样严峻又伟大的时代环境下，您周边的企业家们是什么状态？

汪建国：我们这一代企业家有个通病，就是高估自己的能力，低估环境变化带来的影响。巨变之下，企业家的精气神、冒险精神和创造性都会受到一定的影响。当前的变化确实超出了我们的预期，我们很难对未来环境的变化和走势进行预判，而更不能预判的就是风险。面对挑战，我认为还是回归到树立信心和统一认知这样的根本问题上来，"躺平"是非常有风险的，越是困难越要以积极的心态去应对变化。变化是常态，面对变化，我们的行为方式、思维方式、底层逻辑都要发生变化。

正和岛：如您所说，企业家面临着诸多不明朗，如何能让企业家们重拾信心和热情？希望您能给予他们一些鼓励。

汪建国：外部环境是改变不了的，能改变的只有内部的东西。改变内部的东西就要回到基本面，也就是回到顾客层面，多做让顾客满意的事情。只要顾客在，我们就围绕顾客做研究，练好基本功。

环境对企业的影响是有的，但没有那么大，也不是绝对的。

我对一句话感触很深："现状很难描绘，未来很难预测，一切皆有可能。"站在历史的长河来看，灾难和危机都是阶段性的，我们仍然处于一个伟大的时代。无论经济上行还是下行，当下都是一个好时代。社会的发展和进步是螺旋式的，现在转折向下，意味着很快就会转折向上。对企业来说，下行的长周期不代表没有发展机会，个体仍然有成长、上行的可能性，这个认知很重要。企业家要更多地看到希望，加快内部的变革，把坏事变成好事；不能犯错误，要为顾客做得更好，激发起企业内部的力量，提升效率。

我们不能把宏观环境作为企业做得不好的借口，要做好企业，主观意志非常重要，面对危机的态度和思维方式能决定命运。认为危机就是危机，这是固定式思维。如果你在危机中找机会，把困难当机会看待，这是成长型思维。面对一些危机，我们要把它当成一个转折点。正因为大家都认为是危机，主观上你如果比别人更加积极主动，就有可能超越别人。因为别人在观望、犹豫、"躺平"，这时候你行动起来，就有机会。

我们还可以从另一个维度看待这个问题，正因为环境不好，才需要新的方法。如果你能创造新的方法，就有机会创造新的模式。IBM、卡耐基钢铁公司……很多伟大的企业都是诞生在危机之中、灾难面前的，把危机当作机会来看，才能真正渡过危机。这是我的思维方式，希望能给大家带来启发。

正和岛：有种说法是医疗器械行业将进入黄金 10 年。汪总根据做实业的经验来看，未来哪些行业和机会可能有黄金 10 年乃至 20 年？

汪建国：我觉得可以从几个维度来看。

第一，从顾客划分来看，"一大一小"还有很大的商机。

"大"就是老龄化问题，中国已经进入老龄化社会，但为老年人的需求目前还没有得到充分满足，我认为未来5年、10年、20年都是老龄市场的黄金时期，其中包括大健康产业、医疗器械产业等。

"小"就是指孩子的市场，尽管目前我国的出生率在下降，但是孩子消费的客单价在上升，家长还是愿意为孩子付出，无论是从对商品品质的要求来看，还是从教育、娱乐的需求来看，这个市场的总量很大，未来空间也很大，孩子王面向的市场可以说是上万亿的市场。

第二，从服务对象来看，我认为ToC市场随着电商企业的发展已经非常成熟，竞争也比较激烈，但ToB的市场才刚刚起步。

我们的汇通达在农村市场服务了1.9万个镇、18万家小店，但是这种类型的小店在中国有400万家。单个小店想要进行信息化、数字化转型，其实是比较难的，农村用户已经在拥抱数字化，但小店跟农村用户之间往往还没有数字连接，或者有了数字连接但没有后台供应链支撑，于是小店的生存空间就越来越小。向上游看，还有很多上游厂家需要进行信息化、数字化转型，所以我认为ToB市场还是一个大市场。

第三，从城乡市场来看，以我个人的理解，目前城市很多商品市场已经饱和了，但是农村市场还是蓝海，大有可为。汇通达深耕农村市场10年，真切感受到农村市场太分散了，我们从家电做起，然后做农机、电动车、酒水，现在面向农村经营新能源汽车，农村用户也觉得新能源汽车充电方便，成本低，所以我觉得农村的商机也是很大的。

第四，从互联网市场来看，消费互联网已经到了一个高峰，竞争格局基本形成，产业互联网是互联网的下半场，才刚刚开始，里面机会更多，这不仅是指 ToB 市场，城市化与产业的融合、产业与产业之间的融合，里面的机会都很多。随着科技进步，人工智能、大数据、云计算、新能源、新材料、新制造等领域里产生的新产业，我认为都充满商机。市场总量很大，机会仍然存在。

第五，从企业分类来看，中小企业机会相对少。值得关注的是中小企业特别是小企业，受疫情等影响较大。

我认为还是要呼吁政府、社会各界关注这些小企业，它们覆盖面广，吸收的就业人口比较多。想要救这些小企业，一方面需要小企业自己苦练内功，抓紧增强免疫力；另一方面需要政府和社会各界加以扶持。总的来说，机会是有的，挑战也无处不在。这是我站在经营企业的微观角度的看法。

本文综编自正和岛《决策之道》以及"正和岛十日谈第一季"中对汪建国的采访

遇到了大的坎，
首先要把自己逼到没有退路，
逼到墙角，背后是墙，
前面是海，没有办法，只有跳。

1

现在不确定的东西太多，
信息量很大。
在复杂的环境之下，
做正确的决策，要抓住本质，
找到"大齿轮"，不能在细节问题上陷得太深。

2

未来的企业靠红利是远远不够的，
新型企业家需要文化底蕴，
要能够深度思考、深刻研究，
要把握住企业管理的规律，
毕竟做企业是有逻辑的。

3

4

要不断寻找新的增长曲线和增长点；

吃一块，夹一块，看一块；

吃着碗里的，看着盆里的，想着锅里的；

保持想 5 年、看 3 年、做 1 年的

不断循环的方法。

5

我认为延长企业生命周期的方法，

就是不断迭代和不断创新。

我有一句口头禅：

"应对变化的唯一方法是学习，

而应对周期和挑战的唯一方法是创新。"

家族企业的

5 个命门话题

陈 凌

浙江大学管理学院教授、博士生导师（家族企业与企业史）、浙江大学管理学院企业家学院院长

编者按： 在中国，家族企业占私营企业的 85%，占上市公司的 35%。改革开放已有 40 多年，很多家族企业面临着代际传承的难题。浙江大学陈凌教授早年留学德国，此后深耕在家族企业传承领域。他在本文中分析了大周期背景下，家族企业的传承与转型问题：在现代市场经济中，家族企业与其他企业相比有何独特竞争力；我国家族企业传承的关键点是什么；对于家庭企业的传承与转型，国外有哪些可以借鉴的经验……

家族企业是落后的吗?

在世界范围内,家族企业的力量都不可小觑,其中有大型的家族企业,有小型的家族企业,也有很多夫妻店类型的创业企业。

在美国,家族企业数量占全部企业的 90% 以上,其中 500 强企业中有 40% 是家族企业;在中国,家族企业数量占私营企业的 85%,占上市公司的 35%。

在全球范围内的家族企业中,有的可以发展成大型集团,比如美国沃顿家族沃尔玛集团、韩国李氏家族三星集团和中国台湾王氏家族台塑集团;有的则可能历史非常久远,比如始于公元 578 年的日本金刚组公司是世界上现存历史最悠久的企业;始于公元 718 年的日本栗津法师温泉旅馆,目前由第 46 代家族成员经营;法国 Chateau de Goulaine 葡萄园从公元 1000 年延续至今。

这些家族企业中有很多长寿企业,如果我们把长寿企业定义为存在时间超过百年的企业,在世界范围内有 6 万多家;如果我们把它定义为存在时间超过 200 年的企业,世界范围内也有 8000 多家。所以我们可以看到,超过百年的长寿企业,事实上有点像人类中的"百岁老人",越来越为人所知。

经历了若干个技术周期、产品周期……家族企业延续生命的关键是什么? 我国的家族企业如何传承与转型? 这些都是我们值得探究的问题。

大家讨论家族企业传承时常遇到的一个问题,就是对"家族企业"的理解不一定准确。根据我的研究,家族企业都有以下特点。

第一,家族拥有企业,而且所有者长期担任董事长兼 CEO。

第二,所有者有意愿将企业传给第二代。

　　第三，家族成员认为传承家族事业不仅是可行的，而且也是值得追求的。

　　所有者创办家族企业，而且代表家族拥有这家企业，他是大股东，并且很长时间担任企业的领导。这是最传统的家族企业，与现在流行的互联网企业，如阿里巴巴、字节跳动非常不一样。后面两点也很关键，典型的家族企业承载了家族的梦想，家族会希望未来一直拥有并领导企业，家族成员能传承和延续这份事业，并且当第一代和第二代都认为这是可行的，且第二代又有意愿，他才会有传承的准备，否则他们继承了父辈的股权就想追求自己的兴趣，比如进行资本运作等，家族企业也是无法长期延续的。

　　家族企业和非家族企业之间最大的区别在于：在有传承意愿的基础上，家族成员都认为家族拥有企业的所有权和经营权是可行的。如果家族成员认为家族企业这种模式不可行，他们也会找家族外的人担任领导，比如让职业经理人担任企业副总，但仍然优先培养家族成员当接班人。如果从现代转型角度评价，这不是我们讲的企业经营的职业化，因为他们让职业经理人担任副总不是为了分离企业的所有权与经营权。那么企业经营职业化的重要衡量标准是什么？是 CEO 由非家族成员来担任。如果在家族企业里，每一代 CEO 都是家族成员，不考虑把 CEO 职位交给职业经理人，说明企业采取的是家族传承模式。

　　家族企业一定是落后的吗？虽然家族企业由家族所有，也由家族经营，但它们通过转型一样可以引进现代企业制度。我们不要简单片面地理解现代企业制度，尤其不能认为现代企业一定要两权彻底分离，所有权与经营权的逐步分离只是一个发展方向。不过通常情况下企业发展得越好，经营的专业性要求就会越高，年轻家族成员对经营的兴趣或者经营的能力越会减弱，这是有规律的。

德国和日本的很多细分领域里的隐形冠军企业大多数是家族企业，它们恰恰就是坚持所有权和经营权在家族手里，一代代地培养接班人，培养事业合伙人，坚守自己的定位，它们依然是很优秀的企业。值得提醒的是，这些家族企业的所有权和经营权都在家族成员手里，但是家族内部仍然会使所有权和经营权适当分离，家族成员按照一定规则比较平均地拥有股权，但是经营权集中在最有经营能力的家族成员手里，这也可以说是家族内部的两权分离。他们的目标不是一味把企业做大，而是做长寿企业。

因此，我们要对家族企业有信心，保持敬意。这些家族找到了他们的使命，也找到了自身产品或者产业的独特定位。当一个家族有了非常明确的目标和价值观，它就更容易长期坚持、不断地挖掘和提升。成果是需要慢慢积累的。如果子女热爱父母辈的事业，几代人持续深耕于同一领域，则很有可能创造出一份根深叶茂的家族事业。

在现代社会，家族企业的独特竞争力是什么？它们的内部往往非常团结，非常有进取心——这恰恰是很多国有企业和乡镇企业没有的特点。杭州"江南铜屋"所有者朱家原本是当地的铜匠世家。新中国成立以后，朱家原有的事业因为铜材受到政府管制无法继续下去，朱家的第二代做了多年铜匠以后被迫改行练书法，第三代朱炳仁先生在改革开放以后除了涉足书法绘画以外又重新做铜，他把铜艺和艺术形式结合起来成就了江南铜屋的现代辉煌，他的儿子朱军岷就成为江南铜屋的第四代并且和父亲一起经营江南铜屋，持续打造"朱炳仁·铜"这一享誉全国的铜艺品牌。江南铜屋的历史命运也说明长寿家族企业的存在既需要家族自身的持续努力，也需要社会环境有持久的需求。

家族企业传承的是什么？

如果家族企业传承的只有财富，不管是从整个社会资源配置的有效性看，还是从企业长远发展看，甚至对于家族本身来说，这都不是一件好事。实际上，家庭企业的传承是财富、事业和精神的三重传承，其中的精神传承则包括创办企业的责任感、企业家精神的传递。

家族企业的传承是事业的传承。家族企业往往很珍惜品牌的声誉。品牌故事需要两代人、三代人慢慢努力才能讲好。中国现在鼓励"专精特新"，专精特新是很多中小企业应有的战略，只有这样才能在激烈的市场竞争中存活下去。对家族企业而言，专精特新需要几代人的努力，家族企业的目标就是成为隐形冠军企业，做小池塘里的大鱼。我在欧洲见过很多家族企业，发现他们根本不羡慕其他企业做得多大，或者可以挣多少钱。他们最自豪的事情是自己生产出来的产品品质是最好的，自豪企业经过那么多年还活着并且还不断地在更新产品，自豪某些产品是他们最早开发出来的。

如果我们也有成千上万个百年企业，那么中国经济的国际竞争力将是无可置疑的。我曾访问过贵州的一个苗医家族。他们开发的烧伤特效药特别有效，已经传了 6 代了。这个家族把产品定位于烧伤特效药的原因是他们所在的地区有很多磷矿，磷很容易燃烧，因此当地最常见的病就是皮肤烧伤病，于是他们因地制宜开发出烧伤药，还在自家研发出来的烧伤药的基础上成立了一个医药公司，子女还想持续做下去，把烧伤药做得越来越好。

家族企业的传承是精神的传承。很多家族企业都是基于非常差的条件开始发展起来的。很多浙商的创业史非常令人感动：出身贫寒，挣别人不屑挣的钱，走遍千山万水，吃遍千辛万苦。浙江、福建、广东、江苏、山东的企业家都是这样的。吉利的李书福、正泰的南存辉都是从修鞋匠起步的，起点很低，但他们都具有极强的斗志和生命力。虽然很多企业家高中都没有毕业，但是从他们现在的谈吐可以看出来他在不断成长，这就是企业家的学习精神和学习能力。这种企业家成长的源动力来自改变命运，让家人过上好日子的朴素想法，他们在致富以后仍然不断努力则是为了让身边更多的人一起过上好日子。

现在有的人会对家族企业的传承有误解，尤其是讲到共同富裕的时候，会提到一个话题，就是中国还没有遗产税，但劳动收入税收相对全面，起征点也很低，这确实是一个需要认真思考的问题。但如果因此对家族传承、财富传承抱着一种仇恨的心理，是完全没有必要的，也是不合理的。国家需要加强税收法规建设，坚决打击偷税漏税的现象，健全各种税收政策来缩小贫富差距，往共同富裕的方向努力，相信我们的民营企业也会给予支持。

家族企业中的职业经理人

在我接触的案例中，家族企业的传承是否可行恰恰受到了大量第二代的质疑。他们认为家族企业没有前途、不值得追求，企业发展到一定阶段就应该交给职业经理人，实质上这也是家族企业现代化转型的一个矛盾。那么中国的家族企业与职业经理人到底是什么关系呢？在我看来，职业经理人不仅是家族企业传承的重要一环，也是我国家族企业现代化转型的重要一环。

我国大多数民营企业一直都是企业家亲自经营，他们既是创始人，也是大股东，作为企业的最高领导，有绝对的权威，相当于董事长兼总经理。这种模式下员工通常很难提出不同的意见，因为这意味着直接跟老板对抗。而职业经理人制度能为企业决策提供纠偏机制：一方面，职业经理人负责经营家族企业时，企业最高层有两个领导，可以积极配合，共同决策；另一方面，如果企业有职业经理人，员工更容易提出不同的意见，比如，做出决策的是总经理时，员工可以向董事长提出建议，不用当面与总经理交锋。如此一来，企业的决策过程会更加良性。所以我建议，企业规模比较大时，就应当物色职业经理人，把董事长和总经理的角色分开，哪怕这两个角色都是家族成员，把他们区分开以避免一人担当两个职务也会有好处。比如哥哥是董事长，弟弟是 CEO；或者家族两代人中的第一代是董事长，优秀的第二代担任 CEO。总之，职业经理人制度有利于企业良性发展。

需要注意的是，企业的经理人团队建设也好，家族企业的传承也好，都需要有提前规划。提前培养职业经理人团队，把重要的经营和管理职能赋予该团队，该团队才有机会得到锻炼，有时间成长。一个优秀的团队不仅需要成员的个人成长，也需要成员之间进行分工和协作。只有当经理人团队中出现分工，有一个相对强的领导者，企业家即创始人任命他作为 CEO 才不会引起团队中其他经理人的不满。

这个过程会让部分企业家感受到威胁，为什么？因为他们习惯一个人说了算，突然发现经理人有领导权会不放心。对他们来说，最好是自己担任董事长兼总经理，下面有一批副总裁支持自己的工作。但是问题在于，对职业经理人赋权，目的是使职业经理人成为一个独立的团队，最终发展到家族成员与职业经理人两权分离，即所有权和经营权分离的状态。

　　根据我对实际案例的观察，企业转型过程可以概括成下面两个阶段：第一阶段，企业刚成立的时候，规模不大，发展主要依靠企业家的个人魅力和领导才能，企业家兼任董事长和总经理是不可避免的；第二阶段，企业达到一定规模，企业家开始培养他的接班人和职业经理人团队，这时候企业的传承和现代转型同时进行，交织在一起。

　　培养接班人和职业经理人团队孰先孰后会影响企业的转型之路。因为企业经营模式转型主要是职业经理人来推动的，所以如果现代转型发生在前面，那么职业经理人团队会成长得更快。在这种情况下，企业家的下一代回到家族企业之后，会面临三角关系，他们不仅要跟父亲打交道，还要跟职业经理人打交道。举个例子，如果企业家与孩子的年龄差距较大，企业家在培养职业经理人团队的时候，他的孩子还在学校读书。当孩子回到家里，企业家和职业经理人团队的配合已经很顺畅了，孩子就只能在旁边慢慢锻炼。在这个过程中，两代人如何与这位职业经理人处理好关系，这位职业经理人如何发挥他的积极作用就很重要。我们建议这个阶段的企业家要把孩子托付给职业经理人，让职业经理人不仅是孩子的领导，也是孩子的成长导师。

　　如果企业家和孩子是共同创业的，那么企业家应该在带着孩子创业的同时帮助孩子建立自己的团队，孩子接班的流程会与职业经理人逐渐被授权的过程同时进行。这时候董事长会兼任 CEO，下面有一个 VP（Vice President，指副总裁）是孩子，还有一个 VP 是职业经理人。如果我们观察这 3 个人平时的互动，就会发现，这位职业经理人会承担起孩子的师傅的角色。但是因为孩子是和父亲共同创业的，他就会根据自己的能力和兴趣负责一块新的业务，同时他会不断积累自己的经验并培养自己的团队。

中国家族企业传承的两个关键点

家族企业传承的第一个关键点是要明确这个家族企业对家族意味着什么。对一些家族来说，发展家族创办的企业可能是家族的使命。底层的价值观决定了具体的目标，家族成员如果没有共同的目标和价值观，传承就无法进行。家族有共同的使命，第一代没有完成的事业，第二代继续做；第二代没有继续完成的事业，第三代继续做，坚持下去就有可能将"专精特新"企业打造出来了。打造"专精特新"企业为什么需要几代人的时间？因为核心技术、核心产品、品牌口碑、团队成长，这些都需要很长时间的积累。即使企业已经做得很好了，品牌和口碑也需要时间传播，最后形成产品受到市场普遍认同的效果，才算是打造成了"专精特新"企业。

所以家族企业的传承需要家族成员有共同目标及其共同价值观，这个价值观就是把发展家族创办的企业看作使命，看作几代人共同努力、专注的一份事业，这样就能够抵御很多诱惑。此外，这种对事业的认同感、使命感也可以团结同样热爱这份事业的职业经理人。职业经理人会很乐意成为事业合伙人，把最好的技术奉献给家族事业。最终，这个事业既是家族的事业，也是一群人的事业。

我研究国外长寿企业时发现，他们很注重保持家族的吸引力：家族成员间是"透明的"，他们没有不良嗜好，都在努力工作。并且不只是家族里的人好几代在企业里工作，员工也是几代人都在企业里工作，企业就这样一直传承下去。甚至这些企业会出台一些措施鼓励员工夫妻俩以及他们的后代来企业工作。

家族企业传承的第二个关键点是传承要及时。对家族企业来说，有了共同目标之后，家族企业的传承程序就要及时开始，两代人可以往共同的方向一起努力。打个比方，我们家族的列车决定去北京，即使路途遥远，中途可能有成员从驾驶员的位子上下来，没关系，还会有其他成员来接棒驾驶，让家族列车继续往北京开，而不会临时转换方向。所以传承要及时开始。传承开始之后，企业的员工不仅会有一种归属感，还会有共同的目标。哈佛大学商学院的戴维斯教授带领团队做了一个研究，调查企业传承时两代人的年龄，结果发现在传承顺利的企业里，大部分情况下第一代人的年龄为 51~60 岁，第二代人的年龄为 23~31 岁。

很多中国的企业家都会认为在这个年纪考虑传承太早了。从第一代人的角度说，企业家在 51~60 岁这个阶段不需要像过去那样身先士卒地跑市场、推销产品，可以逐渐把工作的重心转向培养接班人。从第二代人的角度说，23~31 岁正好是求知欲、创造力最强的时期。如果有像父辈这样有经验的管理者、企业家来带领他们，他们就会进步得非常快。在这个阶段，即使传承的过程遇到一些问题，两代人都有足够的时间和精力来解决。

在很多企业传承的案例里，第一代人准备将企业交给第二代人时会遇到各种意外状况，如金融危机、产业的重大变化等，这时第二代人需要第一代人再多管理企业几年。如果这时候第一代人是 51~60 岁，再多管理几年也没有关系。千万不要等到第一代人 65~70 岁才开始传承，否则第二代人也大约 40 岁了，最好的青壮年时期被浪费了。他们可能会经历迷茫和猜忌、和家族成员沟通不顺畅，也可能去做别的事情，没能专注于家族事业。方太的传承非常顺利，一个重要原因就是第二代人硕士毕业后就回宁波跟父亲一起创业，父亲那时候 50 多岁，正是适合传承的年龄。所以说传承的时间节点是关键。

在我看来，大部分家族企业传承失败，主要原因在于传承开始较晚。这会有两方面的影响。首先，第一代人在企业领导人的位置上时间太长，凭经验经营企业收获了不错的效果，常常形成惯性思维。当第一代人在年龄比较大的时候，在企业经营中做了一些盲目的调整，有可能导致企业传承失败。其次，第二代人没有时间成长，也缺少锻炼的机会。如果没有机会让他锻炼，他的能力其实是难以提高的，换句话说，企业家的能力只有在企业经营实践当中才能提高。以方太的传承为例，方太传承顺利不仅是因为时间恰当，还因为传承过程中双方的默契配合：第一代人逐渐将舞台让给第二代人，第二代人不断进步，并且在这个舞台上做出成绩，最终获得家族的信任、员工的支持。有的接班人认为，我是独生子，企业领导人的接班人只能挑我，企业领导人让我走向舞台，我就能做好企业领导人。其实没有那么简单。企业领导人不是一个任命能够决定的，要得到周围人的信服，才有领导力。综上，家族企业传承能否成功，要取决于两代人的互动默契。

传承有不同模式：创业式传承、集体接班、子承父业，但最终第二代人的能力决定了传承模式，也决定了传承是否能成功。方太的传承是创业式传承。方太的创始人把之前创立的飞翔集团交给了女儿，然后和儿子一起创办方太。另一种传承模式是从一个家族企业转化成家族控股的企业集团，比较典型的例子是万向集团。方太集团的创始人把家族企业变成企业集团，集团的管理由家族成员来负责。由家族成员管理的集团旗下，有很多独立企业。虽然也会招募职业经理人来从事管理工作，但职业经理人在帮助家族成员管理企业的时候基本属于辅助者的角色。很多的民营企业是家族控股式的企业集团，家族在企业治理中还是扮演了重要角色。

第三种模式，子承父业。传承过程中两代人之间的分工可以是多样的。比如青岛红领集团的创始人张代理把公司传给女儿张蕴蓝，自己做 C2B 的互联网研究。后来张蕴蓝把这个公司发展为上市公司，甚至发展为一个国际化品牌。再以万向集团为例，创始人鲁冠球让儿子治理集团旗下的一些上市公司，领导公司的职业经理人，但他自己会继续在重要的上市公司里担任董事长。这些都是很好的尝试。

还有一点很重要，创始人不要以为第二代人继承企业后只需要做甩手掌柜就够了，为什么？因为企业的管理团队必须非常规范化，而这种管理往往并不能一蹴而就，而是需要几代人共同努力。还是以青岛红领集团为例，创始人张代理让女儿张蕴蓝经营上市公司，但不需要她一辈子经营这家上市公司，等她了解这家上市公司的情况，有能力把管理团队都组织起来了，就可以做董事长，甚至可以布局投资其他的事业。所以我们说，第二代人还是需要把经营企业作为自己的使命，这样也许第三代人才能做他自己想做的事。这并不是对职业经理人不信任，而是这份事业既需要能力强的职业经理人，也需要能够贯彻、延续使命的家族成员。

大部分专精特新企业需要这种模式，需要在第二代人的领导下，进一步生根，研发出核心产品和关键技术。现在一些制造业企业在传承上遇到的问题是，企业家的孩子留学回来，对投资感兴趣，投资往往是利润导向，而专精特新企业是产品导向、核心竞争能力导向，二者有很大的区别。于是觉得父母那一代做的活"又脏又累"，对这种活不感兴趣。

有一个现象值得讨论，美国的通用电气和德国的西门子同为世界 500 强企业，为什么现在通用电气面临拆分，而西门子还能够继续往前发展？我认为一个重要原因是通用电气的核心 DNA 改变了。通用电气原来是创新导向的工业企业。杰克·韦尔奇上台后，开始带领通用电气进入资本市场，后来 GE Capital（通用电气旗下的金融子公司）利润最高的时候达到通用电气的 70%。一旦去做投资，做资本运作，就必须要有金融企业的资产配置、风险预防措施等，但这些配套措施会改变企业的 DNA，让它从制造业企业变成金融企业。对于金融企业来说，买别人的创新技术更划算，资本运作挣钱如此轻松，就不会投那么多钱搞研发。最终通用电气的研发能力大大减弱，导致现在拆分的结局。通用电气进入资本市场的成功是短暂的。通用电气的失败对于想要长寿的家族企业来说是一个非常好的教训。

我们能从德国家族企业的传承中学到什么？

首先，我们可以看看下面这张图，它展示了各国长寿企业的数量。

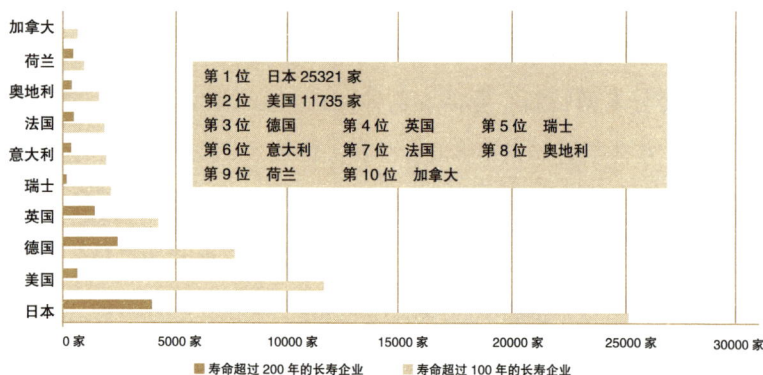

第 1 位　日本 25321 家
第 2 位　美国 11735 家
第 3 位　德国　　第 4 位　英国　　第 5 位　瑞士
第 6 位　意大利　第 7 位　法国　　第 8 位　奥地利
第 9 位　荷兰　　第 10 位　加拿大

■ 寿命超过 200 年的长寿企业　　■ 寿命超过 100 年的长寿企业

图 1　世界各国长寿企业的数量

从中我们可以发现在寿命超过 200 年的长寿企业中，德国企业的数量仅次于日本。在现代化进程中，德国曾落后于欧洲其他国家，是一个后来者、学习者和赶超者，在 19 世纪末到 20 世纪上半叶，德国终于成为世界科学技术与很多产业的领导者。

德国的案例对于我国那些想要走向百年的家族企业来说，非常值得探讨。德国的企业有两大特点：一是长寿，它们经历了技术革命、世界大战等大周期；二是以隐形冠军企业、专精特新企业著称。此外，与美国模式相比，德国的社会市场经济模式更加人性化，更加关注社会的均衡。比如德国的上市公司就规定，监事会必须要有员工的代表，让员工参与管理，参与决策。

并且，德国的家族企业是一个庞大而卓越的群体，其中既有像默克（于 1668 年创立）、西门子（于 1847 年创立）、博世（于 1886 年创立）等为代表的，生存发展超过 100 年依然充满活力的大型企业集团，也有以各个特殊行业或领域的"隐形冠军"为生存形态的中小企业，更有 2600 多个以家族姓氏命名的"德国制造"（Made in Germany）的世界级品牌。当然这些德国品牌有很大一部分属于隐形冠军企业。德国著名管理学家、"隐形冠军"现象的提出者和研究者赫尔曼·西蒙（Hermann Simon）教授从一开始就指出，这些企业大多是家族企业，家族对于企业的长期拥有和经营应该是这些企业能够保持基业长青的重要基础。

这些企业的成功之处在于它们很好地避免了典型的"大公司病"，如缺乏灵活性、官僚主义盛行、过细的劳动分工和疏远客户等，同时在技术更新、市场开拓、核心能力、确定产品质量规格和确定竞争规则方面具有优势，它们往往不是规模最大的企业。这些企业的竞争策略也与传统教科书上所说的不同，比如它们通过专业化，而不是部门化来提高效率；它们并不追求多种产业的范围经济，而是集中力量做好类似的几种产品；它们异常重视研究和开发，保证核心技术的领先地位和高质量员工的技术水准；等等。

我把德国家族企业的模式归纳为 5 个核心要点。

第一，基于核心竞争优势而不是短期盈利的发展目标，构建长期发展的生态环境。

第二，专注主业和独特定位，重视研发与创新，同时贴近客户，不断挖掘客户需求，持续成长。

第三，基于人本主义的和谐劳资关系，重视培训和员工成长，以核心员工长期雇佣为特征。

第四，拥有稳健的财务政策，企业治理以双层治理结构为主要特征，以大股东（主银行或控股家族）为主的监事会和经营团队为主的董事会在分工明确的同时紧密合作。

第五，拥有反映时代精神的独特企业文化。

如果分别从宏观和微观视角考察企业的发展理念和行为，那么可以得到 5 对概念，分别是生态环境与企业目标，产业结构与专注主业，教育体系与人才战略，金融体系与公司治理，时代精神与企业文化。从中，我们能够发现，企业是在与社会大环境互动着的。

对中国企业家来说，最值得借鉴的还是德国企业的长期主义生存法则，该法则有 3 层含义。

第一，企业需要围绕战略的长期坚持，在时间维度上保持耐力和恒心。有学者将其概括为"耐心资本"："家族企业所有者在艰难时期大都表现得很乐观，因为家族企业资本是一种'有耐心'的资本。因此，只有拥有可持续的商业模式和'有耐心'的资本，家族企业才能'永续幸福'。"

第二，企业独特战略的系统实践。这层含义和德国人长期奉行的系统论休戚相关。家族企业本身是一个系统概念，德国人更是习惯用系统论的观点来看待家族企业的成长和发展。根据系统论的观点，家族企业至少是由家族、所有权、管理团队和商业模式 4 个互相影响和互相联系的子系统所构成，这些子系统与外部环境系统构成了家族企业生存发展的整体系统。

第三，德国优秀家族企业与生俱来的工匠精神。相比其他国家（地区），德国的中小企业非常多，而且这些企业的核心竞争力都是来自创始人的几十年的不懈努力。有学者研究发现，德国企业文化中一个很特别的现象是，德国的中小企业非常多。这些企业由创始人及其家族所拥有，其业务以出口为主，并以经营灵巧著名。中型企业是德国经济的重心，尤其机械行业和化学行业中的企业常是中型企业。更特别的是，这些企业一般偏好获利丰厚的利基市场，而且不太愿意扩大规模，以免同事之间无法分享其私人空间。对这些企业而言，丰富的内在灵魂和机器似乎合而为一。德国家族企业拥有强大的核心竞争力是长期坚持这样的工匠精神的必然结果。

那究竟如何学习德国企业的长期主义生存法则呢？我认为必须从理念、战略、实践 3 个层次来落实。

在理念上，要反思和坚持家族企业经营的长期目标。家族企业要慎于上市，不断强调低速增长是德国家族企业的长寿之道，而国内有太多的民营企业盲目追求规模，追求上市敲钟的荣耀和短期财务绩效而忽视了企业的可持续发展。

在战略上，认真梳理影响家族凝聚力的因素，包括家族情感凝聚力、家族财务凝聚力、企业情感凝聚力和企业财务凝聚力。显然，中国家族在情感凝聚力，尤其是在凝聚力的制度建设方面还有很大的发展空间。

在实践上，企业在创始阶段也需要治理。传承过程中如何学习和加强治理？这个问题原来曾被我忽视，因为我想当然地把治理这件事和董事会或家族委员会的工作等同起来。记得在一次我和科曼教授与企业家的交流中，科曼教授仔细询问了企业家如何倾听顾问、合伙人和家人的意见，大家有意见分歧的时候是如何做决定的，科曼教授当时就指出，企业在创业阶段就需要做好治理。虽然中国的一些家族企业还正处在第一代创业阶段，但治理也要从早抓起，从现在抓起。

结语

疫情给世界带来了很大的影响与改变，我们也正在经历非常大的变化，外延式的增长模式慢慢地被替代内涵式的增长模式。我在研究很多长寿企业的历史时就发现，德国、日本、以色列等国（地区）的长寿企业都有遭遇灾难（包括战争和自然灾害）并幸存下来的经历，这些灾难都给这些长寿企业在确立核心价值观、增强员工凝聚力和塑造企业文化方面留下了难以磨灭的印记。

因此，真正优秀的企业不惧怕灾难，因为企业能在灾难中获得磨炼和成长。正如本文所强调的，从长周期的角度，中国民营企业正面临市场环境变化所带来的转型挑战和企业自身的传承挑战，转型和传承的双重挑战是企业成长的难得机会，中国家族企业应该在积极地拥抱产业调整的同时，发挥自己的优势，提炼和传承家族企业的精神财富，创造出更多物质财富，让中国企业获得可持续发展的成长基因和长寿基因。

在现代社会，
家族企业的独特竞争力是什么？
1

它们的内部往往非常团结，
非常有进取心——这恰恰是很多国有企业和
乡镇企业没有的特点。

实际上，
家庭企业的传承是财富、事业和
2

精神的三重传承，
其中的精神传承包括创办企业的责任感、
企业家精神的传递。

家族企业的传承需要家族成员
有共同目标及其共同价值观，
3

这个价值观就是把发展家族创办的企业看作使命，
看作几代人共同努力、专注的一份事业，
这样就能够抵御很多诱惑。

4 通用电气进入资本市场的成功是短暂的。
通用电气的失败对于想要长寿的
家族企业来说是一个非常好的教训。

5 这些（德国）企业的成功之处在于
它们很好地避免了典型的"大公司病"，
如缺乏灵活性、官僚主义盛行、
过细的劳动分工和疏远客户等。

6 德国、日本、以色列等国（地区）的
长寿企业都有遭遇灾难（包括战争和自然灾害）
并幸存下来的经历，
这些灾难都给这些长寿企业在确立核心价值观、
增强员工凝聚力和塑造企业文化方面
留下了难以磨灭的印记。

什么样的
企业能够
永葆青春

王 玥

创新战略学者、产业投
资人、连界董事长

编者按：美国管理学思想家伊查克·爱迪思研究辅导过上千家企业，他把企业比作像人一样的生命体，他认为绝大部分企业都会经历创业孕育、成长、盛年、衰退的周期，其相关著作《企业生命周期》影响深远。这本书的中文译者王玥担任多家世界500强企业创新战略顾问、多家科技企业和创投基金的投资人，正和岛对话王玥，记录下他在企业不同发展阶段遇到的挑战及相应的应对经验，企业决策者可以借此自查自诊、对症下药。

中国 90% 的民营企业都停留在婴儿期

《企业生命周期》把企业比作人，教我们怎么诊断企业的问题，也讲出了企业的本质——我用两个词概括：无中生有、向死而生。

无中生有是什么？我听许多企业家讲过创业历程，他们从一穷二白、空怀理想，到做出很大的事业，最终有几千人、几万人加入团队。做企业要保持放空、不断进取的心态，才能持续孕育出"有"。

向死而生是什么？人终有一死，那现在就不好好活了吗？向死而生意味着要将当下活得有意义、有质量，甚至争取"永葆青春"。

《企业生命周期》把企业的生命周期分成了 10 个小阶段，我将其概括为 4 个大阶段。

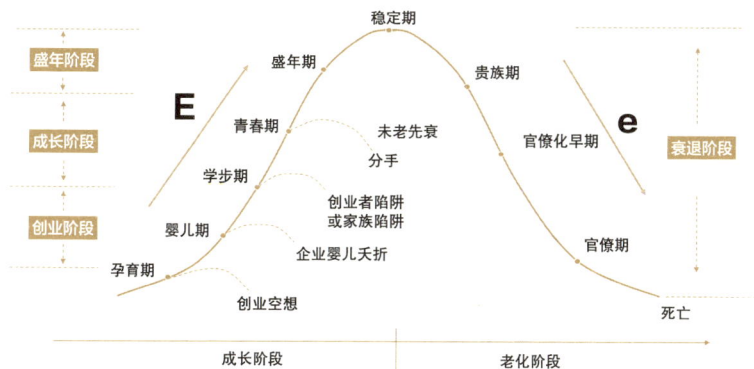

图 1　企业的生命周期

第一阶段是创业阶段，或者说孕育阶段。此时创始团队对刚刚诞生的企业充满期待，创始人可能放弃了曾经优厚的薪酬待遇，重新起步，他的承诺和行动是最重要的。我做投资常遇到一种情况——一个人有很好的想法、技术，准备创业，但没有付诸行动。他说："玥总，你若投我，我就辞职。"这时我肯定不会投资，只有他承诺了要创立企业，并且开始付诸行动，我才会给他助力。

企业在这个阶段的致命问题是企业现金流规划不清晰。如果对早期企业进行投资，不能相信创始人提供的商业计划书上的现金流规划，因为这时企业还什么都没做，现金流规划是想象出来的。在这个阶段，创始人一定要做最坏的预期，思考现金流能够撑多久。初创企业充满梦想，但就像一个小婴儿，如果几天不喝水、不吃奶，很可能会夭折。

第二阶段是成长阶段。这个阶段最大的特点是企业充满了销售意识，不停地卖东西、拓市场，创始人还要向投资人营销自己的企业，企业有了初步的现金流。这个阶段的企业可能是不完美的，产品可能也是不完美的，拼命销售会导致一大堆麻烦，如服务流程不完善，甚至客户投诉等，但即便如此，企业里也充满干劲和希望。除了销售，企业也开始搭建自己的制度体系，包括产品体系、运营流程等。这对创新精神会有一定的限制作用，有创造力的人往往不喜欢被制度体系限制；但从企业的生命周期来看，在这个阶段建立制度对创新是有帮助的。

这时企业最致命的问题是领导层缺乏战略性思考，行动没有优先级思维，认为很多事都同样重要。此外，企业在产品、制度体系都不成熟时，还试图向客户销售更多的产品，实际上是在加速企业衰老。

第三阶段是盛年阶段。随着企业发展顺利，产品逐渐成熟，客户和员工会越来越多。这个阶段的典型特征是客户开始复购。

此时企业最大的挑战来自创始人和领导团队，他们可能搞不清楚授权和分权的区别。随着市场扩大，事业部和员工越来越多，创始人不可能什么都管，于是要设计组织结构。在前两个阶段，大部分企业的组织结构常常是一团乱麻；到了这一阶段，企业需要一个清晰、成熟的组织结构。这会让创始人在授权、分权之间犹豫，于是引发一个典型现象：员工觉得老板多变，一会儿给审批权，一会儿不给。解决问题的关键在于建立成熟的组织管理制度和文化，保障企业健康运行，同时要约束创始人的权力。处理好权力和制度的关系对任何一个组织都是挑战。

第四阶段是衰退阶段。这个阶段的典型特征是形式大于功能。企业可能特别注重流程、会议，但没有人为最后的结果负责。更可怕的是，创始人可能心力不足，从创业初期恨不得一天工作25个小时，变成一个星期来一次公司，并且还想远程参与、控制企业。企业的冲劲和创新精神都不足了。

这样的生命周期在商业的历史上不断地重复。企业生命周期的本质是企业家精神从诞生到死亡的过程，而企业家精神主要是创新精神，因此企业生命周期背后的主线就是创新精神从有到无、从新到旧的过程。

《企业生命周期》诞生于1988年，距今已有30余年。关于该书中提到的企业所面对的生命周期，我认为，既有随时代发展未变的部分，也有变了的部分。

未变的部分是企业发展规律、诊断工具以及哲学思考，这些能穿越时间周期。具体来说，企业不同阶段的特征可以让我们判断企业的典型问题和病态问题，对于企业家而言，如何识别异常问题、找到最佳的处理手段与工具是最关键的。这种思考框架和解决问题的方法可以穿越时间。

变了的部分是技术革命和资本周期。今天，技术的快速迭代应用加速了产业周期的更迭，同时缩短了企业生命周期。这本书诞生于 20 世纪 80 年代，当时资本市场对企业的影响没有那么大。我们应该结合中国企业的实践进行探讨，包括外部环境因素，比如新冠疫情以及不断壮大的资本市场。

物理学上讲，波峰叠加，振幅会更大。我认为，一家企业至少活在 3 个周期的叠加之中：企业自身的生命周期、产业周期和资本周期。

除了企业自身的生命周期，产业是处于上升期还是衰退期也很重要，企业生命周期是随着产业周期起伏的。这些年，半导体行业、新能源行业都处于上升期，相关企业的发展相对更容易。影响产业周期的一个重要变量是技术，比如摩尔定律会改变半导体产业的产业周期。

在产业周期之上还有资本周期。资本像钟摆一样，永远不会停在中间，而是一直摇摆，这意味着它会有过激反应。当产业衰退时，资本会快速撤离；当产业上升时，资本又会加速涌入，形成泡沫。

企业家至少要看清这 3 个周期，才能够让企业这个"小宝宝"健康成长，甚至在其长大成人后延缓衰老。

不过绝大多数企业无法真正做到永葆青春，更残酷的是绝大多数企业永远停留在婴儿期。婴儿期的状态是什么？企业永远要为生存、为现金流而拼命奋斗。可能中国 90% 的民营企业都停留在婴儿期，无法进入下一个阶段。那么，为什么有的企业能进入下一个阶段？

一是企业家要把个人的创新精神变成组织的创新精神，把个人的影响力变成组织的竞争力。企业家需要改变自己，完成制度体系的搭建，用制度制约自己的影响力，还要完成从授权到分权、传承的演进。这就像西天取经一样，要经历一关又一关，大多数人是无法成功的。

二是很多中国企业没有完整经历过至少两个以上的产业周期。大多数中国企业都是改革开放之后成长起来的，像坐着电梯上升，那么，如果"电梯"减速，企业所在产业被重塑，企业还能不能爬出谷底？企业只有变革才能穿越产业周期，无论是互联网平台企业，还是传统的电力、银行、煤炭、公路行业的企业一样，它们的发展空间都取决于能不能"长"出新的东西来。

企业进入成熟期且能够孕育新的生命，是企业永葆青春的一个秘诀。我比较关注海尔、海康威视这些企业，它们所在的行业不像移动互联网一样"性感"，而是扎扎实实地做实业，现在也焕发出新的生机。比如海尔一直帮助小微企业在平台上实现裂变，海康威视以拆分新业务、生发出新上市公司的模式实现持续成长。列举这两家企业，并不意味着它们已经完全成功了，而是想说企业生命周期理念在中国的实践征程现在才刚刚开始。

中国企业距离成为百年企业还有多远

市场化、企业家精神这些概念都是在改革开放之后才逐渐被大家接受的。要想产生更多的百年企业，首先需要有真正的市场化环境。

企业家要接受一个现实——90% 的企业无法活过百年。所以前面提到，企业要向死而生，接受未来的结果，但仍然要追求高质量发展。要做到这一点，天时、地利、人和缺一不可。

天时，指企业家不可控的因素，如地缘政治、突发疫情等。企业家只能做好自己可控的事情，如此才可能成就百年企业。天时里最重要的一个因素是"国运"，正如巴菲特所言，没有一个投资者愿意看空自己的国家，今天每一位创业者、企业家的命运都是和国家的命运紧紧捆绑在一起的。

地利，在我看来是指企业所在产业能否不断迭代、不断发展。我曾与京东方合作，它是中国乃至世界最大的显示屏制造企业之一。如今，传统显示屏行业供应商增加，利润减少，市场越来越饱和。但京东方下一个更大的"战场"是物联网，屏幕是万物互联的入口，其中的产业边际效益、影响因素与之前完全不一样。可以说，显示屏行业新的产业周期已经浮现，对中国企业而言，地利就是有巨大的消费市场、较好的物联网基础以及形成了使用屏幕习惯的用户。

人和，在我看来是创始人面对的挑战，就是如何理解权力和领导力。权力是职务赋予的，有什么位置就有什么权力，但领导力对应的是影响力，不是职务赋予的。全球很多百年企业的创始人可能已经离任，但仍可以利用影响力帮助企业，甚至创始人去世之后，其价值观依然能得到传承，让企业持续发展。

对很多企业创始人来说，不论年龄大小，如果他们原来所处行业不受媒体和资本关注，一旦突然受到关注，他们就容易被外界影响。创始人要记住：短期内可能会有媒体大篇幅报道，有投资机构投资很多，但不要被他们左右。媒体、资本如果真正读得懂企业，那他们就自己干了，创始人才是最懂自己企业的人。

除了外界的影响，组织的快速扩充对创始人的管理能力和领导力也会带来巨大的挑战。以共享经济行业为例，有一段时间，大量资本纷纷涌入。我记得至少有两家共享经济企业的创始人跟我聊过，他们说："什么时候我突然发现自己不喜欢这个企业了？就是这个企业上个礼拜还只有 30 个人，下个礼拜就有 300 个人的时候。"比尔·盖茨也说过："一个创始人的极限是记住 500 个同事的名字。"很多年轻创始人没有管理大型组织的经验，企业只有 30 个人的时候，更像一个小家庭，依靠的不是规范性的管理。

如果一位创始人内心真正笃定和安静，他的领导力会更强，企业的生命周期会更长。

在企业成立初期，我鼓励企业要相对集权，因为最了解企业的就是创始人，早期相对集权有利于企业高效、快速地决策。企业发展到一定阶段时在平衡民主和集权方面会遇到两个重要挑战。

第一个挑战是如何处理新老管理层的关系。当企业出现新管理层，打破了之前的惯例，老管理层可能会说："你们怎么能这么干呢？"创始人如何解决新老管理层交替时的融合问题，避免企业因此进入衰退期，这一点很重要。

第二个挑战是创始人怎么保证自己能够持续获得准确、真实的信息。对领导讲好听的话是人的本性，当组织汇报层级变多，创始人可能是最后一个知道坏消息甚至从头到尾都不知道坏消息的人。在这一点上，关键在于企业要建立坦诚的文化，无论是副总裁还是一线员工，都愿意把问题说给创始人听。

实际上，90% 的人都战胜不了这两种挑战，这是人性决定的，大家都希望和熟悉的团队在一起，都希望回忆美好的时光。建设高效的团队，听到真实的信息，建立坦诚的文化，是对创始人最大的挑战。

企业从成长阶段到成熟阶段最大的挑战在于建立授权和分权体系。《企业生命周期》中概括了一个大多数企业都会出现的现象，叫"海鸥综合征"。海鸥很漂亮，但如果你是水兵，会特别讨厌海鸥，因为它可能在船上拉了一泡屎就飞走，你清理半天，一会儿它又来了。有时候创始人就像海鸥，随着企业发展，想干的事情越来越多，突然想干一件事，就瞎指挥一通，然后走了，留下员工善后。所以这时候创始人持续学习和自我进化的能力特别重要。

在新的时代和周期里，越来越多的传统产业要找到新的创新增长点或者"第二曲线"，需要尝试用多条"腿"走路，即使这种尝试往往不可能一次就成功。什么样的制度体系能够让成熟期的企业涌现具有创新精神的人？一些企业家做了各种各样的尝试，典型方法就是鼓励内部创业，但要将内部员工变成创业者是很困难的。还有很多企业家尝试对外投资、孵化，却发现很多创业者都不希望被控制。我认为最好的模式是企业家用产业资源帮助创业者，资源不局限于资金，资金只是资源的一部分。同时，企业家也要拥有一种价值观——不是所有的创业者都要为你所有，但通常只要创业者为你所用，就能让组织重焕生机。

我有一个模型或许能帮助很多企业家理解第二曲线。在这个模型中，横轴代表技术进化，纵轴代表市场拓展。

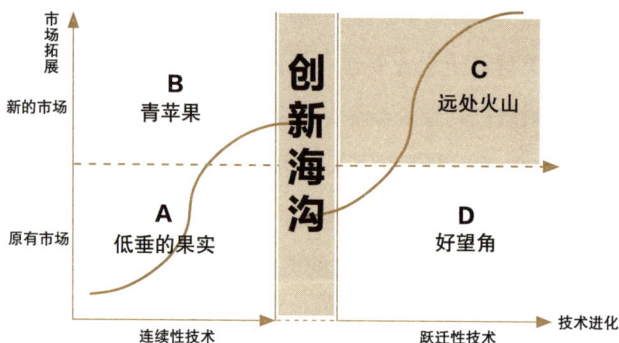

图2　技术进化模型

　　有两点需要强调。第一点，代表技术进化的是一段一段的线，而不是一条平滑的连续的线，这是为什么？因为技术迭代后，可能原来不应用在该领域里的技术，现在被用来满足客户需求。比如汽车领域应用的能源从原来的传统能源发展到今天的电能源、氢能源等。真正的技术应用是不连续的。

　　第二点，纵轴代表企业的市场拓展。说到市场拓展，大部分人会想到的是企业成立一个分公司，或者企业原来面向企业客户，现在面向个人消费者，但很多人会忽视沿着产业链去找新市场。在过去，消费行业的企业认为渠道和用户心智是关键，会大量地投广告，请年轻人最喜欢的偶像作代言，抢占用户心智。但现在，在产业上游布局也是关键点，例如当大家都在做奶茶时，谁能控制住高品质的茶叶便是一个新的关键点。

　　基于这两个维度进行综合考虑，企业家就可以识别哪些是真正的第二曲线，哪些是假的第二曲线。用现有技术开拓出来的市场都是第一曲线，不是第二曲线。因为如果底层的技术没有改变，无非是今天做中国市场，明天做东南亚市场，基本逻辑是一致的，又何来第二曲线？

　　很多企业通过这个模型，发现原来的业务是伪第二曲线，因为现有团队就可以干这件事。但如果应用一项全新的跃迁性技术，哪怕是服务现有的客户，原团队都无法胜任，必须用新的团队去做。

　　企业如何在保持增长的同时避免患上大企业病呢？很多民营企业会在探索这个问题的答案时踏进陷阱——过度依赖假资源。

　　什么是假资源？就是过度依赖关系或独特资质的资源。即便过去依赖假资源是有用的，但现在可能没用了。很多生意人倒买倒卖，可能做一单就能营收一亿元甚至更多。但这是做企业吗？我认为这当然不是。要知道，依赖假资源是有风险的，假资源带不来真增长。

什么是真资源？真资源至少有以下 3 点特征。

第一，拥有特殊禀赋和资源的平台。比如央企、国企、国家级科研平台，这些平台都有高信用背书。

第二，深度绑定独有的客户和渠道。比如有影响力的"大V"，他们可能有上百万、上千万的粉丝，只要"大V"在原则性的问题上不犯错，粉丝都是有一定忠诚度的。

第三，具备独有的技术优势。这一点在新的产业周期里越来越明显，独有的技术优势往往会给企业带来真正的增长。有些情况下，假增长要么是靠关系换来的，要么是靠资本堆出来的。快速投给企业几千万美元、几亿美元，快速获得用户的荒唐时代结束了，依靠独有的技术优势实现企业真正的增长，才是下一个阶段的机会。

必须用真资源换真增长，虽然这对很多企业家来说是巨大的痛苦，但也是一次涅槃的机会。

在《企业生命周期》中，爱迪思提出了企业经营的四大角色，还设计出了专门用于企业诊断的"爱迪思法"。他通过看到企业发展的不同阶段，提炼出企业需要具备的 4 个基因——PAEI。

第一个字母 P，是指 Performance，意为执行。一般来说，执行的英文是 Executive，但作者采用 Performance，是为了强调执行的效果，企业家精神要能做到与绩效完美匹配。

第二个字母 A，是指 Administration，在这里指执行力。在中国的政府或者国企单位，行政部往往会挂一个牌子写着 Administration，表示行政管理。但这和爱迪思提出的 A 不一样，他提出的 A 是指管理体系，评价管理体系的关键是它能不能支持企业运转、使企业保持执行力、支撑创新精神。

第三个字母 E，是指 Entrepreneurship，意为企业家精神。在我这样的工科人士看来，企业家精神就像一个主动轮，只有它转了，其他轮子才会转，并且都围着它转。其重要性不言而喻。企业家精神也是正和岛核心的理念之一。

第四个字母 I，是指 Integration，我把它翻译成融合，与企业文化相关。企业文化难在哪儿？不是难在文，而是难在化——如何把不同的部门、不同的员工融合在一起，就要依靠企业文化。

这几个基因构成了一个诊断模型，不同基因在不同阶段产生的影响此消彼长，企业家可以据此知道企业发展的不同阶段中哪些是正常的，哪些是病态的。比如在婴儿期，企业也许充满了创新精神，但是没有人去租办公室，没有人去谈客户，那么执行力就是有问题的。

企业家的信心从哪里来

最近，新冠疫情、中美贸易冲突叠加企业经营压力，导致很多企业家有些志忑。爱迪思也说："衰老始于心力。"关于企业家的信心问题，我有 3 个观点。

第一，创业是一场修行。创业是治病的：企业小，治小病；企业大，治大病。创业对一个人内心修行的影响非常大，比如人的本心是骄傲的，创业之后，你会希望员工帮你做事，希望合伙人跟你合作，希望客户买单，希望投资人来投资，这时你要把自己的心放下，越放得下，会发现企业成长得越好。中国人讲究德才相配，有时德不配位，就是创始人的内心修行配不上企业规模，企业规模就无法增长。所以，创业是治病，好的创业者的状态会不断地变好。

第二，企业家要有信心。中国的对外开放以及市场化大势不会逆转。虽然不同阶段可能有不同的不可抗力，如地缘政治、疫情等，但短期挑战对企业来说也是一次跨越周期的机会。

第三，要敞开学习之门，理解新技术。过去 30 年间，大部分中国企业家不是技术创业者，而是资源创业者、模式创新者甚至红利享受者。现在大家觉得做企业难，是因为原有的资源禀赋和竞争能力与新时代所要求的不匹配。企业家要好好想想，自己要不要勇敢面对未来的挑战，继续经营企业：要，就继续往前走；不要，就放下，把企业传承、交付给更合适的人。

企业能兴盛的前提是企业在不断地成长，不断地成长就意味着不断地变化，但变化既包括被动变化，也包括主动变化。

主动变化的企业往往会让自己成长得更健康，被动变化则很难变得卓越。就像人一样，如果我们被逼着学习，学业很难出色，做企业也是如此。

《企业生命周期》提出一个观点：任何一个企业都需要在变化中保持内部能量与外部能量的平衡。

当企业的内部能量弱于外部能量时，企业就是被动变化的状态：企业内部没有准备好，被外界推动着向前，整个企业就会非常疲惫，甚至想"躺平"。

这时候企业应该怎么办？外部能量越来越大的时候，企业家要想办法在企业内创造积极、进取的能量。而改变内部能量是有方法和工具的，企业家要找到正确的方法和工具。

我非常重视技术创新，那传统企业（家）在技术创新方面有哪些机会呢？

第一，可以拿出企业的一两个典型产业场景和新技术合作，这是能最直接产生效果的。很多企业家几十年都深耕在同一个场景里，其实大可以尝试跟新技术结合以获得更多的可能性。比如经营矿山，可以与 5G 技术、无人技术结合，做成"无人矿山"，类似模式已经应用得越来越成熟了。

第二，可以在组织里做"裂变"，用不同的组织形式把前面提到的"第二曲线"做出来。这可能需要多尝试，在尝试中找到技术创新的突破口。

第三，要有资本思维，对未来始终保持投资的心态。日本著名管理学家大前研一说："战略规则很重要的一个前提就是对不可知的风险的对冲和为可预见的未来的布局。"投资是重要手段，企业家可以通过基金去布局。对于一些可预见的新技术，不一定要直接买，可以用投资的方式与其产生连接。

以上 3 点是我给企业家的建议，也是我的经验，有利于让传统企业与新技术得到很好的结合。

曾经和一位哈佛大学教授的交流让我很受刺激。他说："中国有很多规模大的企业，但我不认为它们是创新企业，有一部分企业是'Dinosaur'。"Dinosaur 就是指这些大企业像恐龙一样，体积大，脑子小，可能很快就衰亡了。他还解释说："我没有看到更多的原创性技术萌发出来。"

从那时起，我认为中国一定会出现新的趋势，就是从"模式创新"变成"技术＋模式创新"。一家没有属于自己的核心技术的企业，就犹如建在沙滩上的城堡。很多企业家真正需要的并不是商学院讲的商业模型，而是要了解有哪些新技术开始在不同的产业得到应用。

从技术到产业的过程是很漫长的。投资一项技术时，我们要有一个重要的标准，看这项技术究竟是共性技术还是实验室技术。

什么是共性技术？它已经结束了在实验室里接受打磨的阶段，已经离产业端越来越近了，即使还尚不知道在哪个产业里能够得到大规模应用。相比之下，实验室技术可能还需要在实验室进行很多的实验，可能还会遭受很多次失败才能得到一个相对稳定的技术形式。

我们投资了一个3D打印技术公司，它能实现微米级精密的3D打印。但最初公司负责人并不清楚该技术可以大规模应用于哪里，后来突然有很多医疗设备公司找他，他才发现烤瓷牙、隐形眼镜，甚至航空航天等诸多场景都需要更加精密的生产，而这些生产场景都可以供他的3D打印技术有所作为。

最后谈谈决策。对于决策，我一直遵循一个原则：大多数人发言，少数人决策。在决策之前，一定要让大家讨论，从各个角度获取信息，听听大多数人的声音，哪怕会有不同的声音出现，但最终还是应只由少数人进行决策。

我还有一个小窍门：做决策的时候，尤其是做特别重要的决策时，一定不要在情绪中拍板，最好先冷静一下，找一个安静的地方想一想。

今天，
技术的快速迭代
应用加速了产业周期的更迭，
同时缩短了企业生命周期。

1

一家企业至少活在
3 个周期的叠加之中：
企业自身的生命周期、
产业周期和资本周期。

2

绝大多数企业无法真正做到永葆青春，
更残酷的是绝大多数企业永远停留在婴儿期。
婴儿期的状态是什么？
企业永远要为生存、
为现金流而拼命奋斗。

3

4 什么是假资源？
就是过度依赖关系或独特资质的资源。
即便过去依赖假资源是有用的，
但现在可能没用了。

5 主动变化的企业
往往会让自己成长得更健康，
被动变化则很难变得卓越。

企业抗逆周期，抓住未来增长点

彭剑锋

中国人民大学教授、博导，
华夏基石管理咨询集团董事长

编者按：改革开放以来，中国企业发展到今天，可以说是顺风顺水，没有经历过大的经济危机和衰退，还通过诸多红利——全球化的红利、人口的红利、政策的红利实现了高速增长。不过为什么现在企业家们普遍感到焦虑和迷茫？因为现在是百年大变局时期，尽管不同的企业处于企业生命周期的不同发展阶段，但企业的生存环境变了，技术与客户变了，发展模式就要变。中国企业家的认知、思维模式、赚钱模式也必须变。

市场环境变了，企业挣钱方式变了

过去中国经济增长顺风顺水，企业家们习惯了带领企业在顺境中实现线性增长，众多企业缺乏抗逆周期成长的能力，因而一遇到疫情反复，经济增速减缓，甚至经济危机，就会紧张且难以适应。但经济发展的常态应该是波浪式地前进，企业的成长曲线也并非线性的，会有起有伏，呈波浪式状态。

很长一段时间中国市场整体呈现出野蛮生长的特点，没有建立完善的规则体系，数据不透明、法律不健全、寻租空间大。而现在在大数据等信息技术的帮助下，经营环境更规范、更透明，一切都呈现在阳光下，只有赚"阳光"的利润，才能享受坦荡的生活。不过在这样的背景下出现的问题是，很多企业家渴望坦荡的生活，但是他们不知道该怎么做，他们的行为还停留在过去的成功模式上，还是机会导向，追求赚快钱，赚容易的钱，而当企业需要挣正确的钱，挣难挣的钱，挣需要时间积累的钱，挣需要长期投入的钱时，许多企业家就很矛盾、很纠结，不知该如何做，不知该如何改变自己以适应环境。

过去企业随大流、碰运气，不注重抗风险，但随着消费者对产品、服务的要求越来越高，现在企业要拼品牌、拼产品、拼组织。打个比方，过去踢球只要进球就可以，但现在的裁判、看球观众不仅要求球员把球踢进去，还要求球员踢得漂亮，踢得守规矩，踢得有技术含量，否则不买票、不捧场。过去通常是"劣币驱逐良币"，而现在和未来一定是"良币驱逐劣币"。

逆周期不仅是良币驱逐劣币的时期，也是产业集中度提高的时期。国际上，衡量产业集中度的指标一般是 CR4，即排在行业前 4 位的企业的市场份额在 50% 以上，就说明产业集中度比较高，产业比较成熟，这个时期往往会产生一批大企业。若产业集中度比较高，市场份额多的大企业有稳定的收入，就有能力做前瞻性的技术研究，产业的价格和技术创新也就能稳定了。要注意的是，产业集中和垄断不一样。目前的垄断基本只是互联网平台垄断，民营企业很少能形成产业垄断，甚至太分散了，需要提高集中度。

在逆周期中，企业家们能做什么？要在逆境中洞见机会，抓住大势与机会。

企业没有危机感就是最大的危机。企业家首先要有强烈的生存危机意识，要像张瑞敏所说的那样，"永远都是战战兢兢、如履薄冰"，但是这种危机意识不能只有企业家有，企业家一定要把危机意识传递下去，让企业中的全体成员都有危机意识。逆境之中，不能有"躺平"心态，要有坚定的意志和必胜的信心。组织为什么能打胜仗？其实就是狭路相逢勇者胜，被逼得没出路的时候内在潜能就爆发出来了。

现在有人强调管理"90 后"要充分授权、让年轻一代想干什么就干什么，但过于宽松很难培养人才，对于人才的责任感不能忽视。拿我们公司华夏基石举例，我是简单管理者，我们公司是一家没有管理的公司，一年都不开会，倡导自我驱动、自我管理，我把责任和权力都给了合伙人，在经营上，合伙人比我更着急，更有担当。经营企业，最怕只有老板着急，老板一人担责，而其他人不着急、不担责，这样的企业是难以抗逆周期成长的。但是有一点，公司成员的理念和价值观必须要统一，公司成员必须是同道中人，一起承担压力。虽然有疫情，但我们公司 2022 年的业务与 2021 年相比还增长了百分之十几，因为我们始终坚持为客户创造价值，做好每一个项目，维护好品牌。在我们公司，人人都是市场推广者，所有合伙人都做视频、写文章、进行线上培训、为客户解惑。我们公司没有专门的市场部，大部分客户是自己找上门来的。

企业除了要有危机意识，还要有危机管理，危机管理本身是一门学科，有一定的流程，比如平时要有危机管理预案。现在很多企业遇到危机后反应迟缓，其实问题刚有苗头的时候扑灭是最好的，不要等到火势不可控制以后再去救火。所以危机管理要先预测危机，建立预案，建立流程和相应的管理体系，尽量避免临时抱佛脚，出了问题再去解决，那就是下策了。

所以，中国企业家们必须认识到，环境变了，企业成长的方式变了，人也变了，现在必须要靠自己的能力，头顶着天，脚踩着地，脚踏实地地往前走。要发展就必须改变自己，提高企业的抗逆周期能力。

企业家们如何提高抗逆周期能力

我最近在研究 90 岁以上的伟大企业家，他们一方面将企业经营得好，做成了具有全球影响力的伟大事业；另一方面长寿，活过了 90 岁。这些企业家最大的一个特点是抗挫折能力强。大部分好企业一定是经过危机的洗礼才成长起来的，就像雄鹰的翅膀经过锻炼才健壮。在经济繁荣的时候，发展得好是应该的，只有具有抗逆周期的能力，企业才能在摔倒后爬起来，才能长盛不衰。世界级领先企业基本都经历过数次摔打，具有抗逆周期成长的能力。每一次危机对优秀企业而言，都是一次新生、重构的机会。这又回到了企业家精神的内涵，企业家精神有多重内涵，第一是创新精神，第二是担风险，第三是坚定的意志力，或者说是抗逆周期的能力。就像俞敏洪，"双减"后，即使很多人劝他："老俞，你都60岁了，别干了！"，但是他还是要干，因为他有责任感、有追求。现在很多企业家一遇到经济危机就怪环境，但是所有人面对的环境都一样，关键还是做好自己，苦练内功。有的企业既没产品，也没技术，只会短贷长投，没花很多功夫在产品、服务上，不以客户为导向，这种模式是必须要变的，未来一定要靠产品和技术。企业家们要提高抗逆周期的能力可以从以下方面入手。

第一，改变经营的底层逻辑，这个底层逻辑就是价值观，就是认知与思维方式。企业家要为下一轮经济周期的发展做好底层逻辑的准备。如果经营的底层逻辑还是投机主义、短期逐利，企业一定走不远，更别说抗逆周期了。企业家要秉持长期价值主义、创新向善的价值观。商业必须向善，赚钱需要时间的积累、长期的投入。如果不规范自己的行为，即使赚到钱也走不远，所以不能利用大数据创新搞垄断，不能绑架消费者，不能剥夺消费者的选择权等，总之创新不能作恶。

第二，依靠自主创新打造过硬的产品、品牌。现在是数字化时代，也是一个创新制胜的时代。一些企业过去靠模仿和低价在全球获得了市场份额，但未来一定是靠产品、品牌，才能赢得全球的竞争优势。我一直强调，企业要登科技高山，奉行技术主义、产品主义。就算遇到全球经济危机，只要企业的产品好、技术先进、成本低、服务好、交付快，怎么可能破产呢？所以最近有企业家来向我咨询时，我常常说"你能不能使产品好一些，管理水平高一些，质量稳定一些，服务好一些……只要都做到了，倒下的就不会是你。

不要'躺平'，不要怪这个环境。"

我和很多餐饮企业老板聊过，这几年餐饮行业因疫情受到了巨大的冲击，但为什么我们正和岛里产业领袖塾的餐饮企业虽在经营上遇到前所未有的挑战和困难，但没有一个倒下的？因为大家注重产品、注重创新。很多餐饮企业都发展了外卖业务，这也是企业适应环境的一种创新。老乡鸡的老板束总（束从轩）就跟我说，他们线上外卖带来的收入占总收入的比例从之前的10%上升到了40%。

为应对数智化时代的转型升级，我们总结了"新六化"：战略生态化、组织平台化、人才合伙化、运营数字化、领导赋能化、要素社会化。企业要真正基于大数据经营客户，提升客户体验与企业系统效能，拥抱变化，做好自己，这是提升抗逆周期能力的核心。

企业转型升级与战略成长要点

我认为中国经济未来的增长点将落在消费升级和数智化。现在国家提出内循环、振兴乡村经济，其本质都是促进消费升级。过去人口大幅增长带来消费大幅增长的模式不会再出现了，未来经济增长主要依靠消费升级，同时企业要将数智化作为核心战略，加速数智化的转型升级。未来中国企业的转型升级主要涉及6个方面，具体如下。

第一，登科技高山，加大产品技术创新与研发的投入。中国500强企业现在的研发投入在总投入的1.6%左右，世界500强企业的研发投入为5%~8%。企业想把产品和服务做好，就要加大对技术创新的投入。为什么华为倒不了？华为的研发投入达到了

14.9%，它有技术、人才的储备，就算某一项业务不顺利，也有很多其他的业务可以做。市场那么大，总有生存之地，所以它的抗风险能力强。如果中国企业的创新意识、研发投入的意识能够被唤醒，加大对技术、产品、品牌三大要素的投入，那么其抗逆周期能力和全球竞争力一定能得以增强。打仗靠什么？靠拳头，技术与产品就是拳头，拳头不够硬，最终就可能被别人打败。

第二，下数字蓝海，进行数字化转型升级。数字化改变人类的生活，未来人、机、物三元融为一体。大家都知道数字化很重要，中国企业在数字化方面的投入很大，但短期难以产生很大的效益。数字化转型难在哪里？第一，很多企业没足够的资金投入；第二，短期之内不能产生效益。

虽然数字化转型很难，但这个机遇一定要抓住。前3次工业（科技）革命中国被落下了，而在数字化革命过程里，中国与世界是同步的。如果能抓住这个机遇，我认为未来有两个国家最厉害，一个是美国，另一个是中国，因为相比其他国家，这两个国家有产业链、大数据、应用场景。中国是有优势的，因为中国有全球最大的数字化应用场景和完整的产业链。

现在很多人说中国企业要向日德企业学习，我认为可以学他们的产品和技术，但是日德企业不代表未来，即使日德企业现在在很多细分领域都是第一，但我认为日本企业已经失去了未来，原因如下：第一，他们人口老龄化严重；第二，日本相对不够开放；第三，他们没有产业互联网，没有大数据。

在工业文明时代，"专精特新"企业只要绑定一个大客户，把一个零部件做好就可以了，但在产业互联网时代不一样，企业一定要在一个生态之中有大数据连接，而不是孤立地做一个零部件。所有的企业都必须要有生态意识，找准自己在社会网络与生态协同体系中的位置。未来应该用产业互联网的思维理解专精特新，赋予其新含义、新竞争思维、新核心能力，而不是在战略上简单地聚焦。

未来的企业有 3 类。第一类，生态的构建者，如华为、阿里巴巴、腾讯、小米等，这种企业少之又少。最近我看到中国许多企业都在提生态战略，说要成为构建产业生态的企业，但事实上，只有十万分之一的企业能做生态构建者，能有几个华为、阿里巴巴呢？99% 的企业是参与生态的角色，这类企业就属于第二类。它们可能做一个产品，也可能提供某种服务，但是都依靠数字化与生态连接在一起，融入生态，加入生态。第三类叫超生态角色，这类企业主要做好一种产品或模式，让所有生态都跟它们合作。

第三，聚全球英才为我所用。就像任正非讲的"炸开人才金字塔，吸收宇宙能量"，人才是企业抗逆周期的重要基础。这个问题有两方面要考虑，一方面，如何让全球的人才在中国企业里生存；另一方面，建立什么样的人才培养机制，才能培养出具有全球视野的人才。

随着中国企业走出国门，所有资源都必须要全球配置，包括人才资源、技术资源、资金资源、技术资源、品牌资源……很多企业一出国就不行，它们最大的问题是文化封闭、人才机制僵化，导致缺乏具有全球视野和全球领导力的人才。如何从封闭走向开放，对很多中国企业来说是一大挑战。语言问题也值得重视，如果因语言问题导致沟通不畅，企业会在吸纳全球人才时有天然的障碍。为什么美国 500 强企业的 CEO 中印裔很多的，华人却很少？就是因为印度人在文化、语言上具有优势。

讲到人才的吸纳，就一并讲讲裁员。在我看来，虽然裁员是应对危机的一种短期举措，但在裁员时有一些问题要注意。首先，不要盲目裁员，其实有些人才是需要增加的，而不是裁，裁员既要基于现实的困难，也要基于对未来的判断。虽然从企业发展的角度来看，人才的结构优化调整是件好事，但像互联网企业有很多探索性业务，为未来 5~10 年的新业务储备了不少人才，现在遇到突发状况，首先裁掉这些人才，在某种意义上是把未来的潜力砍掉了，对企业的创新可能是伤害。其次，不要过度无情地裁员，不给人才思考的时间。如果要裁员，一定要人性化，要有序进行，不能伤人才的心，企业的信心不能掉、人心不能散。并且，有的企业裁员不是因为效益不好，而是因为到了转型升级时期，需要进行人才的换血。所以我认为过不了多久，互联网企业又得大量招人。

第四，学会与资本共舞。资本是把利剑，但很多企业没有学会与资本共舞，没有真正用资金创造价值。大多数大企业的致命问题不是资金短缺，相反，是资金太多了。许多大企业过度玩资本，钱多了就乱投，没有真正把资金花在产品、技术、服务上，而最后表面上看是因为资金短缺破产。

其实收购兼并能力对于抗逆周期也很重要。经济好的时候，想收购兼并优质资产很难，但到了经济的下行时期，大量的优质资产会被抛售，这时候收购兼并很容易。世界上的大企业往往在危机之中进行收购兼并，最后创新了商业模式，走出了一条创新的道路，这时候是产业融合、产业整合的好时机，可以说世界领军企业、头部企业都是在危机之中诞生的。所以企业要学会与资本共舞，利用资本的力量提高抗风险能力，包括资本的变现能力、收购兼并的能力、产业整合的能力。

第五，创全球品牌。中国已成为世界第一的制造大国，制造业增加值占全球比重近30％，但我们不得不承认，我国制造业虽规模大，产业价值链完整，但制造业产业位势低，产品品牌影响力与品牌溢价低，产业盈利能力不佳，产业关键技术受制于人，推动中国制造向中国创造转变、中国速度向中国质量转变、中国产品向中国品牌转变，是中国经济高质量发展的核心目标，这就需要中国企业在进行技术创新、提高产品质量的同时，走出国门，勇于开拓国际市场，将全球化与创全球品牌作为一种长期战略，不断提升自身的全球品牌影响力、品牌溢价力与品牌竞争力。

第六，回归到做"三好企业"，"三好"即好人品、好产品、好组织。做企业就是做人，要有好人品。我认为部分企业有私德，但是缺公德、缺社会责任意识，比如守法意识、规则意识、信用意识等。此外，企业要做好产品，之前已经说过，这里不再赘述。第三个是要形成好组织，要从靠个人英雄主义制胜走向靠组织集体制胜，要从企业家个人的成功走向团队的成功，要从企业家的企业变成企业的企业家。

任何想要抗逆周期的企业，最终都还是要把产品做好、把客户经营好、把人才管理好。产品、客户、人才永远是企业生存之本。要么你的产品是独特的，别人做不出来的，要么你的成本低、质量好、交付快。产品力、组织力、资本力是企业生存的三大能力，企业必须注重提升这3种能力。

有些企业的产品、服务做得不错，但还是遇到了困难，其中一个重要原因是企业家拍脑袋做决策。好的组织决策应该基于有企业家精神的群体智慧，所谓基于有企业家精神的群体智慧不是让大家举手搞民主，而是企业家在做决策的时候，不仅要尊重数据和事实，还要尊重群体智慧，最后还要敢于决策。现在很多决策者不尊重专家，不尊重数据和事实，还不听别人的意见，这是自我膨胀的体现。

总之，在数字化时代，环境变了、客户需求变了、企业成长阶段变了，企业家要适应新时代，必须要有新思维，进行认知和思维的革命。企业家要如何提升自己的领导力呢？我们提出"三大命题"。第一，打造基于价值观的新的领导力。企业家要通过顶层设计，通过认知与思维的革命去打造新的领导力。第二，企业家要进行组织治理与组织重构，即优化公司治理模式、组织治理模式，优化组织结构，变革组织结构。第三，企业家要真正去激活人才，让人才创造更大的价值。其实这就是要从战略、组织、人才这 3 个方面提升自己，处理好经营管理的最基本命题。

企业没有危机感
就是最大危机。

1

组织为什么能打胜仗？
其实就是狭路相逢勇者胜，
被逼得没出路的时候内在潜能就爆发出来了。

2

大部分的好企业
一定是受过危机的洗礼才成长起来的，
就像雄鹰的翅膀经过锻炼才健壮。

3

4 一些企业过去靠模仿和低价
在全球获得了市场份额，
但未来一定是靠产品、品牌，
才能赢得全球的竞争优势。

5 产品力、组织力、资本力
是企业生存的三大能力，
企业必须注重提升这 3 种能力。

商业机会永存，
企业家
价值不可替代

周掌柜

知名商业战略专家

  作为战略顾问，一方面，我们倾向于站在企业家的角度感受外界变化且以同理心思考；另一方面，从第三方视角的价值贡献出发，我们又必须基于更大的历史周期维度和科学管理的要求，摒弃情绪的影响。于是接下来，我希望用大颗粒度、大周期分析、超越主观情绪的方式和企业家进行一场"极致理性"的对话。

  从本质上看，企业家是社会增量价值的创造者，也是文明进化的核心引擎；企业家更是探索星辰大海的驱动者，而不是火箭发射成败的旁观者，在经济低迷和不如意之时，这个群体应该体现其使命及担当。这个时候不需要"哀兵必胜"的口号，也不需要"精神胜利法"，唯一的目标就是让企业生命周期永续，让抗周期之策落地。

从大历史视角看宏观周期

重塑企业生命周期，首先需要超越悲观和乐观情绪去看周期、看本质、看变化，最终形成战略管理的工具与方法。

面对当前的悲观情绪，我们可以回忆一下过去中国经济成就的根本逻辑。过去40年，中国的"洼地优势"带来了超常规发展，这一发展在人类文明发展史上极具代表性，但不见得是常态。

"洼地优势"是中国经济的宏观战略大逻辑，是我们利用制度特质和一定优势，创造、聚集了全世界的资本、人才、技术等各种要素。对于这一基本判断，有欧洲国家、美国、日本投资经验的企业家应该会很有感触。

改革开放后，"洼地优势"使全球产业巨头将大量产业链和就业机会转移到中国，创造了使中国经济得以快速发展的基础条件，"拿来主义、实用主义、理想主义"的融合也带来了前所未有的重商主义激情。但我们必须意识到，"洼地优势"不可能永远存在，"洼地"会被"填平"、经济增长会回归常态。

这个改变的过程会对微观的企业个体产生巨大的影响，这就提醒企业家需要以同理心理解政府制定政策的出发点。随着"洼地"被"填平"，社会会进入一个全新的再平衡阶段。我们在参与客户的宏观战略研究中提出了"3个再平衡"理论，顾名思义，就是从"再平衡"的视角解构目前全球性的动荡和商业风险，进而形成企业家的理性认知基础。

历史规律告诉我们：每个时代留给企业家高歌猛进赚钱的时间都不会太长，这是社会周期、经济周期、企业周期三者的震荡关系使然。在巨变的大环境下，我们不能认为所有的东西都极致完美才是常态，高歌猛进的时期注定短于抗周期艰难进化的时期，企业家需要动态平衡地看待外部环境变化和企业自身发展，应当把过去基于"高速发展"的逻辑调整为"抗周期发展"的逻辑，以形成企业发展的再平衡。

当前国际国内环境纷繁错乱，实际上是因为 3 个维度的"再平衡"动能在发挥作用。

第一个维度的"再平衡"是传统工业国与以中国为代表的世界工厂的力量的再平衡。前面提到，中国的发展客观上为世界经济做了加法，但"东升西降"带来了西方再次工业化的再平衡需求。对于中国的很多全球化公司而言需要在动荡的全球政治格局中通过遵守法律达到相对稳定的发展状态。

第二个维度的"再平衡"是国内计划经济部门和市场经济部门的再平衡。我们内部的发展周期也存在诸多不可持续因素，遇到瓶颈和挑战后进行重构是必然的，带来一定程度的混乱是必然的，混乱影响企业家信心也是正常的。我们无须过度悲观，只需管控好预期。

中国企业家群体在改革开放后的 40 多年里，多半时间都是引领舆论并站在荣光的舞台之上的，这注定不是常态，我们需要对此有足够的心理准备。创造社会财富和价值是光荣的，但巨大财富的拥有者在全世界任何地方都会遇到挑战。

第三个维度的"再平衡"是企业发展从竞争力逻辑到文明逻辑的再平衡。文明逻辑主要包含更健康、更长久、更抗周期这 3 个要素；简单追求竞争力的野蛮生长，长期来看肯定需要再平衡。

什么是竞争力？实际上就是极致的比较优势的沉淀，有时甚至是丛林法则发挥作用的结果。在改革开放后的40多年里，绝大多数企业都是从激烈竞争中拼杀出来的，对竞争力的追求存在巨大惯性，很少听说一家企业是因为社区服务做得好而成功的。我们在为多家优秀的中国企业进行欧洲市场战略研究时发现：中国企业乐于炫耀成就，这种思维方式在欧洲国家、美国是行不通的，它们更看重社会责任。

企业的文明也包括用创新驱动发展而非用市场掠夺驱动发展。归根结底，企业需要用文明的方式融入社区、城市、所在国家（地区），即使在中国经营也是一样的，这是企业用文明来抗周期的真实路径。

这3个维度的"再平衡"不仅在中国出现过，在美国、日本、德国和欧洲的其他国家（地区）也都出现过。比如美国在20世纪初曾经出现过"扒粪运动"和"进步主义运动"，这就是公众和媒体对企业家暴富以及缺少社会责任的强烈质疑。之后，在民意推动下，美国出台了很多限制富人行为和资本活动的法律。日本在20世纪90年代经济最繁荣的时期，曾豪情万丈地希望把全世界"买"下来，但今天日本还是在埋头耕耘。

当社会出现计划部门与市场部门价值主张偏差的时候，当极端贫富差距出现的时候，当国家（地区）之间力量此消彼长的时候，企业家感受到以上3种"再平衡"的摩擦力，甚至在痛苦中煎熬都是可以预测的。

那么，当我们解决了不理解、不接受、不认同等悲观情绪后，再来冷静地看看政治、经济等维度里真实的挑战是什么。

从经济发展的大周期逻辑来看，自 1980 年以来，超越意识形态合作、低通胀、央行独立、全球化浪潮、低波动率、更长周期和更高的 GDP 利润份额驱动的"现代周期"，带来了企业发展和投资界的"黄金年代"，即稳定发展的大周期时代。

伴随着全球政治格局的变化，地缘政治和国家安全超越了贸易至上原则，曾经那个稳定发展的大周期被打破了。高盛集团的组合策略分析师 Peter Oppenheimer 认为：投资环境正在迎来一场范式转换，现代周期已成往昔，后现代周期正在开启；在后现代周期中，通胀风险将大于通缩，且伴随着经济区域化、劳动力成本和商品价格上升，政府会变得"更大、更积极"。在此期间，较高的利率将导致估值对收益的贡献减小，股市的总体回报率将下降。

这位分析师的观点可以概括为一句话：面对新经济周期历史性转换的挑战，企业需要快速适应变化，调整自身的商业模式和战略管理姿态，专注于成为创新驱动者和承担为生产力赋能的职责，聚焦于创造商业利润这个最本质的要求，进而最大限度地维持自身的稳定性。

关注以上宏观格局，了解和洞察企业及资本发展的历史视角，对企业家来说是极具价值的，也是必需的。

从市场和科技变革看未来机会

这一部分，我们更多地从市场和科技变革的角度来把握企业生命周期的根本逻辑。

从战略逻辑上讲，外部环境洞察和企业家领导力是企业顶层战略设计的两个根本点。但从战略管理的本质上追问，外部环境的周期变化虽然对情绪面的影响较大，但对企业的本质影响并不如市场和科技这两个因素来得更直接。企业家更多地还是需要从市场和科技角度寻找重塑企业生命周期的方法，其次才是思考在大时代的站位问题。过度敏感，过度被外界环境干扰，反而容易形成新的投机思维。

从市场环境来看，企业家需要把握几个大逻辑要素的深刻变化。

其一，直面全球经济滞涨前景。全球性的经济停滞和通货膨胀，即滞涨，在未来 5~10 年内看起来已经不可避免。通货膨胀带来的一系列问题之中，对企业影响最大的就是负利率到正利率的转换、借贷成本增加、风险性投资被压制、需求萎缩以及成本上升的问题。这是比较大的市场要素逻辑。

其二，客观看待贸易和供应链变化趋势。全球性贸易环境正在发生根本性变化，应该说这主要是以美国为代表的发达国家（地区）推动的，简单地说就是贸易割据和供应链重新布局成为新趋势。贸易会从全球化的系统性格局，演变到可能围绕北美、欧洲和东亚 3 个消费中心形成 3 个区域型的布局；供应链可能从"All in China"（完全押注中国）演变到"China+1"（建立中国外备选项）、"China+Others"（平衡中国及中国外布局）、"N+China"（以中国外布局为主）、"Out of China"（退出中国）等几种情况。供应链布局变化对消费电子等外向型代工产业影响较大，对大多数企业的影响主要集中在供应链安全性的谨慎布局方面。

其三，在通货膨胀等多种趋势的影响下，中国劳动力价格在经济挑战下继续上升是大概率事件。经济不景气可能限制人员流动，这为企业通过培训获取承载劳动力和智力价值的人力资本提供了环境。

其四，全球国家治理的强势姿态应该有常态化呈现。民族、国家意识抬头是大趋势，全球政策都在从"贸易至上""自由市场"转向"政治第一"和"市场管制"，这必然带来政府债务的全球性增长以及国家治理的日趋强势，企业家需要有合理的心理预期。未来，必然会淘汰一批缺少合规能力、比较优势的企业。所以，遵从法律和合规经营是企业家需要更加重视的内容。

其五，市场消费向超级品牌企业聚集。多重挤压效应之后，行业消费开始向头部品牌企业聚集，头部品牌企业利用高端势能向中低端拓展的趋势更加明显。未来在相当长的时间内，市场消费将跟随欧洲国家和美国超级品牌主导市场的逻辑，超级品牌通吃产品高、中、低档位，甚至通吃多个相关产业是必然趋势，就像华为、小米等超级品牌在发展多元化产品一样。所以，中小型企业形成专业化核心竞争力和重视利润将成为其生存之道。

其六，存量竞争"多杀多"和"存量杀增量"出现。创业的热度在中国可能呈现历史性的降级，创业黄金大周期可能需要用10年甚至更长的时间才能恢复——这也要看新一代技术创新平台是否有类似之前苹果手机 App Store 应用市场级别的创新。那么，一般企业就需要聚焦刚需、强调专业化，而超级巨头企业则需要力求创新、破局发展新型生态平台。

以上宏观变化对企业的影响很难一概而论，我们分 3 种结构性层次进行解读。

第一种是尖端制造企业和尖端创新企业。这部分企业应该是国家产业政策未来支持的核心，也必然遭受欧美最强有力的技术封锁。在保证生存基本能力的前提下，自主创新角度向好的大趋势应该不会变。

第二种是高端品牌和高端制造企业。这部分企业面临的主要战略挑战是保护品牌溢价以及扩展产品线、抗周期，打造超级品牌是大中型企业抗周期的重要方法。

第三种是低端产能和简单服务业企业。这部分企业是目前受疫情影响最严重的，其未来发展的不确定性、回归刚需的可能性依然很大，主观上能做的就是在细分领域实现专业化、满足刚需。

突破以上多重变化的不变因素，我们认为还是前沿科技的牵引，也就是科学技术的引擎。根据对于产业科技型大企业发展趋势的判断，很清晰的创新方向主要集中在两个领域：新能源和信息技术——能源和信息革命是历次工业革命的主旋律，这次也不会例外。

从能源角度，我们建议关注欧盟公布的新能源替代计划。预计到2030年，欧盟将完全摆脱对俄罗斯能源的依赖，要实现这一目标，欧盟需要10万亿元级别的新能源产业投资，这方面其主要的合作伙伴目前来看还是中国。绿色能源是一个巨大的新兴市场，能源价格将呈现全球性上涨，有机会成为未来经济发展的核心引擎。

不过，与绝大多数科技企业相关的还是信息技术下一个阶段的进化。我们建议企业家多关注产业元宇宙带来的"虚拟＋现实"技术革命，也就是虚拟现实技术的全新数字化机会。产业元宇宙指向未来"虚拟＋现实"世界的融合，将推动AI快速发展和机器人产业的历史性崛起，新能源变革的大逻辑同样在支撑这一宏观趋势。很多人把产业元宇宙狭隘地理解为虚拟货币等虚拟经济，这引发了诸多虚拟金融乱象，我们对此并不认同。

除了新能源和信息技术，科技进化大趋势还涉及生物技术、量子计算、星际探索等前沿领域，以及与人们密切相关的服装材料、现代农业、互联网全息视频等。总之，关注所在行业的前沿技术创新是企业穿越周期的关键。

从科学战略管理看抗周期之道

当我们有了理性的心态和前瞻性的判断之后，做出科学的战略管理决策是重塑企业生命周期的重中之重。

过去，企业家和管理者更多地考虑如何提高竞争力，大历史周期变化之下应该更多地考虑如何构建制度文明来抗周期。制度文明主要指内部的科学管理和外部的全球性合规和法律遵从。如果是一家全球化的公司，就要以文明构建者的角色深入投资的国家（地区）的本地化建设之中，尊重所在国（地区）的历史和消费者，帮助合作伙伴成功，成为商业制度文明的构建者。

如何构建制度文明来抗周期，这里提供一些方法。

一是审时度势。用外部环境变化指导提升领导力，避免闭门造车，盲目乐观。

二是解决问题。从问题出发，找到影响企业生命周期的 2~3 个核心问题并加以解决。

三是收缩战线。高度聚焦具有行业专业价值并具备品牌优势和核心竞争力的业务，果断砍掉非核心部门。

四是投资员工。在经济低迷时期，职场流动性减弱，企业对于高级人才的投资损失概率降低，这时候提高中高层认知能力的战略管理研究、投资培训很有必要。

五是全线品牌和全域服务。全线品牌主要指高端品牌向中低端渗透，聚焦中低端"爆款"，以满足刚需。比如内衣品牌爱慕，其对运动系列产品和中低端系列产品的拓展效果很好。全域服务比较有代表性的是运动品牌李宁售卖咖啡，虽然成效未明，但符合全域服务的大逻辑。

对于品牌运营的抗周期行动，我们再分享一些颗粒度更细的内容。首先，社交媒体时代的品牌已经完全不同于工业生产时期的品牌，我们在服务华为手机等超级品牌时提出过"思想领导力、科技领导力、感知领导力"的战略模型。思想领导力，就是通过影响政商人群获得品牌高势能；科技领导力，就是品牌传播中更多体现科技创新；感知领导力，就是将业务规划成矩阵评估和消费者触点，规划好每一个触点的品牌行动。

另外，对于品牌抗周期我们要关注几个重要的行动要点。第一，打造极致产品。所谓的极致产品就是最能代表行业专业化水平，满足最大范围刚需，且用户感觉超值的产品。第二，满足刚需。这一点在经济挑战中更加突出，比如一家蛋糕店在经济形势好的时候可能卖冰激凌最赚钱，但经济低迷的时候大概率还是聚焦于面包这类刚需产品。第三，聚焦"甜点档位"。这个理念是我们研究 OPPO 东南亚市场的时候提出的，我们在东南亚调研时发现三星的定价策略是定价在一个理想价格区间中的偏上位置，这就是"甜点档位"策略，保证了利润和高端品牌势能。第四，重视政商人群。政商人群是高势能品牌的基础，购买力比较强，也是促进品牌高端化的核心人群。第五，降维品牌放量，也就是用打造高端产品的方法来打造低端产品，从而实现降维打击。这些方法都是我们在实战中摸索出来的，虽然都是以超级品牌为背景，不过其实用性都经过了小规模"战场"的检验。

企业内部管理也应该更多强调文明维度的制度投入，减弱掠夺性，依附于文明程度高的地区，分散投资，防止出现系统性风险。

这里讲一个百思买品牌转型的故事。从总体来看，美国百思买在过去 10 年的转型卓有成效，乔利作为 CEO 的三段论操盘堪称经典：第一段是找到问题，修复问题；第二段是寻找同盟军，扩大对外合作；第三段是重新定义愿景，升级使命。

第一段，成为公司 CEO 的第一周，乔利跑去明尼苏达州的一家百思买工作，询问店内员工的意见，例如"哪些方面是百思买做得好的？""哪些方面是不尽如人意的？""作为员工，你需要什么？"除了确保产品价格具有竞争力，百思买着重改进了网店和实体店的客户购物体验及供应链。

第二段，百思买还进行了广泛的协同合作，与三星、苹果、索尼、联想和惠普合作，甚至与亚马逊和谷歌等竞争者合作。2012年，苹果、微软等许多科技公司都开设了自己的实体店。2012年年底，时任三星电子 CEO 的 JK Shin 拜访百思买。乔利与他们达成了交易。

第三段，百思买定义了公司的愿景和使命：百思买不只是零售商，而是立志解决人类的关键需求，通过技术丰富人们的生活。乔利提到，优秀零售商和普通零售商之间的区别体现在为客户不断创新的能力上。在美国，像百思买、塔吉特、家得宝这样的公司都是非常成功的零售商，因为他们为客户做了一些独特的事情。

百思买虽然折戟中国市场，但在美国市场的变革非常具有借鉴意义。我们建议企业家在重塑企业生命周期的大课题中多看这类经典的全球性案例，不要盲目地照抄很多特色型成功企业的做法。

回到本文的主题，"重塑企业生命周期"实际上是一个非常大的话题，本文不想居高临下地给企业家提出一些指点江山的大道理，主要想启发企业家进行系统性的思考。不妨对本文做简单总结：第一部分"从大历史视角看宏观周期"强调认知的客观性问题，旨在提醒企业家如果看不清历史规律，一切主观的盲从都没有意义；第二部分"从市场和科技变革看未来机会"提醒企业家聚焦市场需求和科技创新动能，寻找机会，不要简单地听很多专家的片面论述；第三部分"从科学战略管理看抗周期之道"提醒企业家关注战略重塑和管理思维的迭代，特别是品牌战略思维的精细化调整。

接下来，我还将讲述两个基业长青的企业的故事，一个是经历百年风雨的德国博世，另一个是有着 40 余年跌宕起伏发展历程的 TCL。德国博世距今已经有 130 余年历史了，经过两次世界大战的洗礼，两次重建工厂，创始人罗伯特·博世先生一生坎坷，现在这家企业被博世基金会控股，但是作为一家完全社会化的企业，博世家族在其中的影响有限。德国博世 2021 财年集团销售额为 787 亿欧元，同比增长 10.1%，息税前利润为 32 亿欧元。德国博世不仅完成了智能汽车时代的汽车半导体的战略转型，还在进军氢电市场。德国博世告诉我们，老而不僵、老而弥坚完全可行。

现在几乎是 TCL 创立 40 余年以来状态最好的时期。带领 TCL 从"电话大王"到"彩电大王"，从最早涉足全球化到面对种种挑战发起多次全新的冲锋，从产品型公司进军到半导体、光伏产业的科技型公司，李东生因此被称为"最能折腾的企业家"。但他有这样一句朴实的话，似乎一直影响着 TCL 的生命周期进化，那就是"正确的价值观比商业逻辑更长期有用"，可见他的"折腾"实际上是一个积极向上、艰苦探索的过程。TCL 今天的成就和李东生对苦难、辉煌的理解有很大关系，也和他在面对挑战时的坚韧和耐心有关。实际上，从生命周期上看，TCL 绝对是一家价值被低估的企业。

结语

大多数企业的辉煌都是苦难造就的，展望未来 50~100 年，甚至更长的时间周期，绝大多数的中国企业不会面临德国博世所遇到的极端挑战，也很少会像 TCL 那样百转千回。

诚然，我们也很清楚企业家内心不足为外人道的焦虑和困惑，企业家面临着种种不确定性风险和先进性挑战。在这样的情况下，理性面对当前挑战，平复心态、梳理问题，进而形成面向未来的良好战略姿态尤其重要。直白地说，企业家应对挑战的主要工具是战略管理的变革，而不是在焦虑中东张西望地寻找偏方。

但从更长的周期来看，风暴终究会过去，新的周期必然会开启，商业机会永存，企业家价值不可替代。企业作为一艘靠企业家精神的能动性和创造力驱动的大船，经得起风雨，扛得住严寒，也必然会走出阴霾，这是企业家在责任担当要求下必备的"极致理性"。

历史向前，大浪淘沙，生命需要顽强的信仰，更需要大爱的滋养，企业家唯有构建真正的企业生命体，创业之路才能生生不息。

我们必须意识到，
"洼地优势"不可能永远存在，
"洼地"会被"填平"、经济增长会回归常态。

1

面对新经济周期历史性转换的挑战，
企业需要快速适应变化，
调整自身的商业模式和战略管理姿态，
专注于成为创新驱动者并
承担为生产力赋能的职责，
聚焦于创造商业利润这个最本质的要求，
进而最大限度地维持自身的稳定性。

2

企业家更多地还是需要从
市场和科技角度寻找重塑
企业生命周期的方法，
其次才是思考在大时代的站位问题。
过度敏感，过度被外界环境干扰，
反而容易形成新的投机思维。

3

4 如果是一家全球化的公司，
就要以文明构建者的角色深入
投资的国家（地区）的本地化建设之中，
尊重所在国（地区）的历史和消费者，
帮助合作伙伴成功，
成为商业制度文明的构建者。

5 理性面对当前挑战，
平复心态、梳理问题，
进而形成面向未来的
良好战略姿态尤其重要。
直白地说，企业家应对挑战的
主要工具是战略管理的变革，
而不是在焦虑中东张西望地寻找偏方。

我们为何出发

当我们回看近些年，很难用简单的关键词做概述。不确定性、踟蹰、探索……不少人夹杂着复杂的情感。

我们到底应该如何认识所处的环境？特别策划的《大周期》应运而生。毫无疑问，无论于个人，还是于企业，甚至于国家而言，周期都以一种或无形或有形的方式真实运转着。本书力图挖掘"周期"的要义，赠予读者两面镜子：宏观审时度势的放大镜和微观条分缕析的显微镜。

事实上，这些年正和岛书系已陆续出版了 10 余本图书，我有幸参与二三。尤其欣喜的是《本质》《打胜仗》出版后得到诸多正向反馈：时常被企业管理者圈点，均已发行超过 10 万册。显然这并不是终点。正如卡里·纪伯伦在《先知》中所提醒的："我们已经走得太远，以至于忘记了为什么出发。"虽然我们已然在路上，但并未迷失。

文字工作者实为匠人，竭力雕琢出精美的艺术品，传递出特有的品质感。做书的过程让我不断思考：我们为何出发？如何出发？

1. 记录中国商业的"光荣与梦想"

"文以载道，歌以咏志，诗以言情。"有价值的内容需回应所处时代的人们关切的问题。

先人为我们做出了榜样。梁启超、鲁迅等人以笔为剑，"借报章鼓簧天下"，或主笔或主编，执掌中国舆论之牛耳，几度掀起惊天狂澜。

如今，我们正处于一个不断分化与进化的社会。商业实践在滚滚前行，若干有志之士矢志不渝，它们需要生动、丰富的注解。因此，记录当下并照亮未来的路变得格外有意义。正和岛书系力求呈现商业发展过程中的活化石与电光石火，解读中国新商业文明的相关课题。

2. 理性地判断，建设性地表达

这是正和岛书系乃至整个正和岛秉持的原则。

"影响有影响力的人"并不是件容易的事情。如今，信息浩如烟海，高价值的纸质读物尤为稀缺。编辑作为优质思想的"捕猎人"和萃取者，更需保持挑剔而冷峻的眼神，而又不失开放的心态与热忱的心肠。

每一次创作都是沟通，每一本书都应传递有深度、广度和温度的内容。我们秉持善意，保持敬畏，希望做得好一点，能在助推企业成长的道路上留下一点印记。

3. 事在人为

优秀的作者是优质内容的灵魂。

从操作模式上，《大周期》充分发挥了正和岛的平台优势，汇聚多个领域的翘楚，呈现他们对时与势、事与市的洞见。书中的20 余位作者横跨宏观经济、产业、企业经营、管理研究等领域，或来自北京大学、清华大学、中国人民大学、浙江大学等名校，或深耕于各自实践领域数十年。

在此，由衷地感谢本书中的每一位作者，他们或欣然撰稿，或认真接受我们的采访。令我们印象尤为深刻的是何志毅老师，他时常为了查验一个数据花费很多时间，而书中有多达百个数据的文章更是他和团队若干次深夜加班的劳动结晶。我们也特别感谢田涛、管清友、滕泰等老师为本书提了很多宝贵建议。正是每一位作者的严谨态度让本书变得更加有分量，他们的真知灼见将成为点亮混沌世界的火把。

作品是时间的玫瑰。本书历经盛夏、金秋、隆冬，于初春呈现在大家的面前。即便编辑团队倾心倾力，但依然因为种种原因，有不少遗珠之憾，错过如吴伯凡等多位优秀老师的观点。希望未来能有机会与更多的智者同行。

最后，感谢合作方人民邮电出版社的精益求精；感谢正和岛内容部，尤其是刘东华、黄丽陆、陈为三位领导给予编辑团队的信任；感谢同事王夏苇、田兴宇、刘靖阳、林定忠、孙允广、张亚超协力为这本书添砖加瓦；也感谢这些年不断成长的自己。

期待这本书能让您有所裨益。

曹雨欣

正和岛书系主编

联系邮箱：klcaoyuxin@126.com

2023 年 2 月于清华东路

《大周期》主创团队

出品人
刘东华

总策划
陈为

主编
曹雨欣

采编团队
王夏苇　田兴宇　刘靖阳

营销团队
林定忠　孙允广　张亚超